KB061352

치료자를 위한 자기실천 및 자기성찰 워크북

내면으로부터
심리도식치료 경험하기

Joan M. Farrell · Ida A. Shaw 공저

송영희 · 이은희 공역

학지사

✉ 역자 서문

역자들은 이 책을 번역하기 전에 Farrell과 Shaw(2014/2018)의 『심리도식치료 임상가이드: 개인 및 집단 심리도식치료 프로그램을 구축하고 실시하기 위한 완벽한 자원(The Schema Therapy Clinician's Guide: A Complete Resource for Building and Delivering Individual, Group and Integrated Schema Mode Treatment Programs)』을 번역하여 심리도식치료의 실제에 목마른 치료자들에게 단비를 내려 주었다고 생각합니다. 그렇기 때문에 이번에 다시 치료자들이 워크북 형태로 자신을 대상으로 하여 심리도식치료의 이론과 실제를 체험하도록 구성한 Farrell과 Shaw(2018)의 『내면으로부터 심리도식치료 경험하기: 치료자를 위한 자기실천 및 자기성찰 워크북(Experiencing Schema Therapy from the Inside Out: A Self-Practice/Self-Reflection Workbook for Therapists)』을 번역하여 출간하게 된 것을 기쁘게 생각합니다.

심리도식치료에서는 어린 시절 양육자와의 부정적 기억이 초기부적응도식을 형성하고, 이러한 심리도식이 성인이 되어서도 핵심사고가 되어 부정적 사건이나 스트레스를 경험할 때 활성화되고, 다시 심리도식양식이 촉발되어 심리적 문제가 일어난다고 가정하고 있습니다. 따라서 개인이 경험하는 반복적인 심리적 문제는 외부의 특정 사건보다는 그 사건이 활성화시키는 특정 심리도식과 그것에 촉발되는 심리도식양식에 의해서 발생한다고 보고 있습니다.

역자들은 (사)한국심리도식치료협회에서 발급하는 심리도식상담전문가 자격 취득 과정의 필수과정인 '심리도식집단상담'(15시간)에서 집단에 참여한 치료자들을 대상으로 하여 공동 리더로서 몇 차례의 집단상담을 2018년부터 진행해 왔습니다. 이 과정에서 참여자들은 집단 시작 전에 심리도식질문지, 심리도식양식 질문지, 어린 시절의 핵심 기억 그림들을 완성하여 현재의 심리적 및 대인관계 문제와 관련될 수 있는 어린 시절의 부정적인 기억과의 연결고리를 확인합니다. 그 후 집단상담 과정에서 심상기법과 역할극을 통해서 참여자들이 어린 시절에 충족되지 못한 욕구들을 알아차리고 안전한 환경에서 그 욕구를 표출하고 충족하며 위로받게 됩니다. 이 과정을 통해서 어린 시절에 좋은 부모로부터 당연히 채워야 했던 그들의 욕구들을 집단과정에서 충족시켜 주어 교정적 정서 경험을 체험하도록 하고 있습니다.

최근에 실시된 심리도식 집단상담에 참여한 치료자들은 집단상담을 마친 후에 후련함, 편안함, 따스함, 가벼움, 감사함, 벅찬 감정, 막혀 있던 것이 뚫린 기쁨, 설렘 등의 감정을 느꼈다고 하였습니다. 또한 집단상담 과정에서 그들은 어린 시절 상처받았던 기억들이 많이 떠올랐지만 어린 자신과 함께 머물러 주고 공감해 준 리더들과 집단원의 긍정적인 피드백과 격려에 힘을 얻었으며, 따스한 봄비 뒤에 보일 새싹이 기대되고, 앞으로는 심리적으로 자유로운 사람이 될 수 있을 것 같은 생각이 들었다고 하였습니다.

이 책은 심리치료자인 독자들이 먼저 심리도식치료의 개념적 모형을 이해하고, 치료적 관점에서 자신을 대상으로 하여 자신의 문제를 확인하고, 이를 바탕으로 개입과정(유대감과 안전 설정하기-자신의 확인된 문제 이해하기-변화 계획 세우기-변화 시작하기-변화 작업하기-변화를 유지하고 강화하기)을 자신에게 적용하도록 하는 심리도식치료 워크북입니다. 특히 이 책은 다양한 사례를 통해서 심리도식치료 개입의 핵심인 심리도식과 심리도식양식을 확인하고 이를 변화시키는 방법들이 구체적으로 기술되어 있어서 독자들은 이러한 내담자 경험을 바탕으로 자신의 내담자들에게 효과적으로 활용할 수 있을 것으로 여겨집니다.

심리도식치료에 관심이 있는 심리치료 현장의 전문가와 수련생 모두 이 책을 통하여 심리도식치료를 자신에게 실천하고 성찰하여 이 경험을 바탕으로 여러분의 내담자들을 깊이 있게 이해하고 치료할 수 있기를 기대합니다.

2020년
송영희, 이은희

서문 위치...

✉

서문

심리도식치료는 치료실에 등장하는 내담자의 자기패배적인 생활 패턴 속의 잘 사라지지 않는 이야기를 평가하고 부적응적 양식과 자기패배적 패턴을 세심하게 다루는 증거기반 접근법입니다(Young, Klosko, & Weishaar, 2003). 심리도식치료는 다양한 치료 작업의 통합 전략을 통해 기억과 감각 체계에 상주하는 초기의 충족되지 못한 욕구들과 기질로 인해 만들어진 편향된 신념과 정서들을 효과적으로 치유하고 재조직화할 수 있으며, 이를 교정적이고 적응적인 정서 경험으로 대체할 수 있습니다.

치료자라 하더라도 우리는 자신의 어린 시절 경험과 현재의 사건들에 대한 심리도식양식 반응이 일으키는 주관적이거나 상호 주관적인 반응에 초연할 수 없습니다. 만약 그것들이 제대로 분석되지 않거나 치유되지 않은 채로 남겨진다면 그 당시 인생의 주제(초기부적응도식들)와 대처 양식들은 치료자와 내담자 모두를 방해해 형편없는 치료 결과를 낳을 수도 있습니다. 아무리 능숙한 치료자라도 치료실에서 어려운 고비가 왔을 때 느끼게 되는 정서적 괴로움에 힘이 빠지곤 하기 때문입니다. 안정을 되찾고 시점의 혼란과 꽉 막힌 듯한 느낌을 해결하려다 보면 우리는 우리 스스로를 안정시키기 위한 감정적 궤도, 즉 부적응적 대처 양식을 야기하는 강렬한 반응성 상태(내담자와 있을 때 우리가 굴복적·회피적·처벌적·부적응적·분리적 혹은 방어적인 모습을 보이는)에 있다는 것을 알아차리게 될 것입니다. 이 대단한 책은 개인적인 맥락과 전문적인 맥락 모두에서 이러한 여러분의 심리도식을 해결하는 방법도 알려 줄 것입니다.

James Bennett-Levy가 편집한 심리치료자를 위한 자기실천 및 자기성찰 가이드 시리즈는 실무자들의 자체 작업으로 만들어지고 실증적으로 타당화되었다는 장점을 가진 자기실천·자기성찰의 인지행동 심리치료 버전으로, 임상가의 지식의 보고로서 큰 이바지를 할 것입니다. 저는 제 친애하는 동료인 Joan Farrell과 Ida Shaw가 이 귀중한 책 시리즈에 참여하여 그들의 심리도식치료를 위한 세계적인 여행, 연구, 임상 및 수련

감독 작업을 바탕으로 하여 유용한 책을 쓰게 된 것이 아주 기쁩니다. 이 저자들은 훌륭한 창의적 임상가 및 연구 수행자일 뿐 아니라 경계성 성격장애 등의 어려운 치료 집단을 효과적으로 다룰 수 있는 수년간의 경험을 가진 국제적인 트레이너들로도 알려져 있습니다. 『내면으로부터 심리도식치료 경험하기』에서는 다양한 예시 설명이 나옵니다. 수치심과 부적절함을 조장할 수도 있고, 완벽함과 자율성을 요구하거나, 진정성을 억누르고, 최고의 희생을 요구하거나, 단절, 불신, 통제력 상실에 대한 무력한 굴복을 제안하는 우리의 오랜 내면화된 마음속의 짐과 관련된 이 설명들은 분명히 독자들의 마음에 반향을 일으킬 것입니다.

아름다우리만큼 확실하고 분명한 목소리와 사려 깊고 적절한 사례의 예시 및 정교하고 유익한 도표와 설명들을 통해 저자들은 심리도식양식을 확인하는 전략들과 우리의 정서적 신념과 반응들을 치유하면서 자신의 촉발요인을 착실하게 인식하기 위한 구체적 기술들을 보여 줍니다.

『내면으로부터 심리도식치료 경험하기』는 치료자인 독자들에게 건강하고 적응적인 인생 패턴을 강화하는 동안 패배적인 인생 패턴을 약화·감소시키는 유의미한 치료 전략으로 안내하는 중요한 가이드를 제공합니다. 우리 치료자들은 치료 중에 빚어지는 여러 가지 차질을 마주했을 때 확실한 발판을 선택해 밟은 후, 충족되지 못한 내담자들의 욕구를 효과적으로 충족시키기 위해 필요한 보살핌을 주기 위한 우리 안의 건강한 성인 양식 상태로 남아 있어야 합니다. 그것이 너무 어려운 것이라 할지라도 말입니다.

우리는 세월이 흘러도 변치 않는 소중한 자료가 될 이 책에 대한 지지와 자신감을 이렇게 나눌 수 있어 정말 기쁩니다.

뉴저지 인지치료센터 및 뉴저지 심리도식치료협회
설립자 및 임상 책임자
Wendy T. Behary(임상사회복지사)

뉴욕 심리도식치료협회 설립자 및 임상 책임자
Jeffrey E. Young(박사)

✉

차례

✿ 역자 서문 / 3

✿ 서문 / 5

제1장 『내면으로부터 심리도식치료 경험하기』 소개 — 11

제2장 심리도식치료의 개념적 모형 — 21

제3장 참여자를 위한 안내 — 55

제4장 진행자를 위한 안내 — 81

워크북 모듈 개관 — 95

제1부

유대감과 안전: 심리도식치료 자기실천을 위한 단계 설정하기   97

모듈 1 유대감과 안전 — 99

모듈 2 자신의 기준선 설정 — 113

제2부

심리도식치료 개념을 이용하여 확인된 문제 이해하기　131

모듈 3 자신의 초기부적응도식의 발달 이해하기 — 133

모듈 4 아동기 경험 이야기와 심상 평가 — 142

모듈 5 자신의 심리도식치료 자기개념화 — 152

제3부

변화 계획: 자기모니터링, 문제 분석 그리고 목표　165

모듈 6 자신의 현재 생활에서 양식의 작동 — 167

모듈 7 자신의 심리도식치료 변화 계획 — 181

제4부

변화의 시작: 양식 인식과 양식 관리　195

모듈 8 자신의 부적응적 대처 양식의 인식 — 197

모듈 9 자신의 부적응적 대처 양식을 위한 관리 계획 — 208

모듈 10 자신의 역기능적 비판 양식 인식 — 220

모듈 11 자신의 역기능적 비판 양식을 위한 관리 계획 — 233

모듈 12 자신의 건강한 성인 양식 강화하기 — 245

모듈 13 진행 상황을 검토하고 추후 변화 계획하기 — 256

제5부

경험적 양식 변화 작업   271

모듈 14 자신의 화난 혹은 충동적인/비훈육된 아동 양식의 인식 — 273

모듈 15 자신의 취약한 아동 양식 인식하기 — 288

모듈 16 자신의 취약한 아동 양식을 위한 관리 계획 — 303

모듈 17 자신의 역기능적 비판 양식과 싸우기 — 315

모듈 18 자신의 취약한 아동 양식 치유하기 — 329

제6부

변화를 유지하고 강화하기   343

모듈 19 자신의 행복한 아동 양식을 발견하고 강화하기 — 345

모듈 20 자신의 건강한 성인 양식에의 접근 강화하기 — 356

제7부

요약 자기성찰적 질문   373

✿ 참고문헌 / 377

✿ 부록Ⅰ / 383

✿ 부록Ⅱ / 385

✿ 찾아보기 / 387

제1장
『내면으로부터 심리도식치료 경험하기』 소개

『내면으로부터 심리도식치료 경험하기: 치료자를 위한 자기실천 및 자기성찰 워크북』의 독자 여러분을 환영한다. 이 책은 자신에게 심리도식치료를 적용하고 그 경험의 과정을 성찰해 보는 것, 즉 내담자들의 경험과 그들과 함께 일하는 방식을 이해하는 측면에서 자신에게 그것이 개인적으로는 어떤 의미가 있는지, 전문적으로는 어떤 의미가 있는지 등을 목표로 치료자 집단들을 수년 동안 촉진시킨 것의 결과물이다. 우리 둘은 모두 자기실천(Self-practice) · 자기성찰(Self-reflection) 과정이 (치명적이지 않은 경우에 한하여) 심리치료 훈련의 중요한 요소라고 생각한다. 자기실천 구성요소는 자기실천 · 자기성찰 경험의 절반에 불과하다. 다른 중요한 요소는 바로 자기성찰이다. 성찰적 질문은 자기실천 · 자기성찰 참여자가 개인적 경험을 전문적 적용으로 전환할 수 있게 한다. 이렇게 개인적인 경험에 주로 집중하는 것이 바로 자기실천 · 자기성찰과 개인상담의 차이점이다. 자기실천 · 자기성찰은 개인적인 부분과 전문적인 부분에 동시에 집중할 수 있도록 둘 사이에 명시적 연결점을 만드는 것을 목표로 하고 그것에 집중할 수 있도록 만들어졌다(Bennett-Levy, Thwaites, Haarhoff, & Perry, 2015).

우리는 우리가 제공하는 심리도식치료의 일부로서, 10년이 넘는 기간 동안 열 개의 나라에서 하루 과정의 심리도식치료 자기실천 · 자기성찰 프로그램을 진행했다. 자기실천 · 자기성찰의 이점에 대한 우리의 믿음은 우리의 개인적인 경험과 훈련 프로그램에 참여했던 치료자들의 피드백 그리고 그것을 뒷받침하는 연구 결과들(Bennett-Levy et al., 2015)을 토대로 하고 있다. 우리는 자기실천 · 자기성찰 유형의 집단과 개인 치료 모두에서 이것을 경험할 수 있었다. 우리는 심리도식치료의 자기실천이 전 생애에 걸쳐 계속해서 진행될 수 있는 과정이라고 본다. 우리가 훈련기간에 수행한 작업이 우리의 건강한 양식을 강화하고, 어렵고 독특한 성격장애를 가진 내담자들과 작업하는 동안 안정감을 유지하는데 기여한 것으로 느낀다. 이 책의 시작 부분에서 발췌한 참여 치료자의 피드백은 치료자 자기인식, 심리도식치료의 개입에 대한 이해 그리고 내담자의 경험에 대한 더 나은 이해 측면에서 매우 긍정적이었다. 심리치료자들과 교육자들을 실습시키면서 동시에 이 책을 써서 더 큰 집단의 심리치료자들에게 심리도식치료 경험을 나눌 수 있다는 점이 아주 매력적이었다. 지금껏 심리도식치료 개입을 사용하는 워크북은 전혀 없었기 때문이다.

이 장에서 우리는 자기실천 · 자기성찰에 대한 간략한 소개를 한 다음, 심리도식치료 훈련에서의 이 요소를 포함한 근거에 대해 더 상세하게 논의하고, 자기실천 · 자기성찰을 평가하는 연구에 대한 간단한 설명을 한 뒤, 나머지 책의 '평면도'를 제공할 것이다.

자기실천 · 자기성찰이란 무엇인가

자기실천 · 자기성찰은 지도에 의한 자기실천과 서면으로 적힌 자기성찰 프로그램을 결합한 심리치료자 훈련 프로그램이다. 그것은 스스로에게 심리도식치료 프로그램을 적용시키는 구조화된 경험을 자신의 자기성찰을 돕기 위한 질문과 함께 제공한다. 자기성찰적 질문은 이 경험이 자신의 이해와 내담자들과의 작업에, 그리고 여러분의 심리도식치료에 대한 이해에 어떻게 영향을 끼치는지 등, 심리도식치료 개입에 대한 여러분의 경험의 성찰을 포함하고 있다. 20개의 모듈로 이루어진 프로그램의 단계들은 우리가 내담자들에게 사용하는 심리도식치료와 근본적으로 같은 진행 방식을 따른다. 이 치료자 워크북과 내담자 워크북의 차이점은 바로 이 책에서는 여러분 자신의 경험에 대해서 계속 집중하면서도 동시에 심리도식치료 개입의 이유에 대한 정보 그리고 실제 작업에서의 방향과 수단을 제공한다는 점이다. 심리도식치료와 심리도식치료 개입의 시행에 대한 더 많은 정보는 Farrell과 Shaw(2012), Farrell, Reiss와 Shaw(2014)의 연구를 참고하라.

자기실천 · 자기성찰의 논리적 근거

이 워크북은 광범위한 심리치료자들과 심리학도들에게 도움을 주고자 만들어졌다. 여러분은 아마 심리도식치료에 대해 더 배우는 데 관심이 생긴 상태일 수도 있고, 심리도식치료 훈련의 초기 단계에 있을 수도 있으며, 혹은 경험 많고 공인된 심리도식치료자나 슈퍼바이저일 수도 있다. 심리치료자들의 자기치료는 그 전통이 Freud 때까지 거슬러 올라간다. 전통적인 개인치료는 치료자 자기에 집중한다. 자신의 신념들, 가정들, 정서들과 치료적 관계에서의 대인관계 과정에서 촉발되는 내용을 알아차리고, 성찰하며, 건설적으로 활용하는 치료자의 능력은 인지치료에서의 성공적 치료 결과를 만드는 가장 중요한 부분으로 여겨져 왔다(Safran & Segal, 1996). 심리도식치료 교육을 받은 대부분의 심리치료자는 그들의 초기부적응도식과 심리도식양식들을 알아볼 수 있게 하는 영 심리도식 질문지(Young Schema Questionnaire: YSQ)와 심리도식양식 목록(Schema Mode Inventory: SMI)을 포함하는 자기평가를 완료한 바 있을 것이다. 그들은 또한 내담자의 것과 같은 포맷을 이용한 자기 자신의 심리도식치료 상담 사례 개념화를 만들어 내야 했을 것이다. 내담자와 작업할 때 자신의 심리도식 활성화와 심리도식양식 촉발요인을 인식하고 반응할 수 있는 것은 심리도식치료를 배우고 관리하는 데 근본적인 부분이다. Haarhoff(2006)는 엄격한 기준, 특권의식 및 자기희생과 같은 주제가 훈련 중인 심리도식치료자들에게서 찾을 수 있는 가장 일반적인 심리도식임을 발견하였다. 그녀는 치료자들의 훈련과 슈퍼비전에서 내담자들과 작업할 때 활성화되곤 하는 심리도식들의 잠재적 치료 방해 효과에 대해 제대로 이해하도록 돕는 것이 중요하다고 제안했다. 그녀는 특권의식 심리도식이 학습자의 입장에서 불편함에 대한 과잉보상일 수도 있다고 추측하였다. 자기성찰은 심리도식치료 슈퍼비전에 있어 필수불가결한 부분이다. 그것들이 발생할 때 자기 자신의 감정, 느낌, 사고 그리고 태도에 대한 의식적 이해와 그것들을 끊임없이 좇고 인식하는 능력은 치료자들과 슈퍼바이저들이 가져야 할 가장 중요한 능력이다.

　치료자의 자기에 대한 중요도는 심리도식치료 모델에서 특히 강조된다. 심리도식치료 모델은 성인기의 심리적인 문제가 아동기와 청소년기에 충족시키지 못한 핵심 욕구의 결핍에서 발생한다고 가정한다. 결과적으로, 정서적 학습의 간극이 발생하며, 건강한 발달의 경우에는 부모 또는 초기 양육자가 채워 준다. 심리도식치료에서 충족되지 못한 욕구와 발달적 간극(예: 불안정 애착)은 치료자(혹은 집단)와의 교정적 정서 경험을 통해 채워지게 된다. 이 때문에 Young(Young, Klosko, & Weishaar, 2003)은 심리도식치료의 치료자 스타일을 '제한된 재양육'이라고 이름 붙였다. 제한된 재양육에서 심리도식치료자는 내담자와 함께 머무르고 내담자에게 잘 적응할 수 있어야 하며, 전문적인 한계 내에서 '좋은 부모', 즉 따뜻하고, 배려하고, 인정해 주며, 정서적 자각과 표현을 지지하고 필요하다면 그 한계점을 설정할 뿐만 아니라 궁극적으로 자율성을 지지하는 존재가 되어야 한다. 이러한 기능들은 치료자들에게 많은 자기자각, 자신과 내담자의 감정에 대한 편안함과 대인관계적 기술들을 요구한다. 심리도식치료 훈련에서 치료자들에게 자기치료가 장려되며, 때로는 강력하게 추천된다. 치료자들은 이 시간들을 심리도식 국제치료자 자격취득을 위한 학점으로서 인정받을 수 있다. 하루 과정의 자기실천 집단 심리도식치료는 집단 심리도식치료 자격증 과정의 일부로서 필수 사항이다. 게다가 2인의 또는 집단 역할극 연습은 치료자들로 하여금 (비록 내담자의 역할을 연기하는 것이기는 하지만) 심리도식치료 개입을 경험할 수 있는 또 다른 기회를 준다는 점에서 심리도식치료 훈련의 중요한 요소이다. 심리도식 치료자 교육에서 역할극에 집중하는 것은 더 많은 개입 훈련을 받은 치료자들이 주로 강의 중심의 교육을 받은 치료자들보다 훨씬 더 좋은 치료 결과가 나타났다는 것이 연구 결과로써 지지된다(Ten Napel-Schutz, Tineke, Bamelis, & Arntz, 2016). 여기서 쓰인 자기성찰 요소들은 여러분의 자기실천 경험이 내담자들에 대한 이해와 그들과 함께 할 향후 훈련에 어떤 영향을 끼치는지에 대한 특정한 성찰을 가능하게 한다. 따라서 이것은 치료자들을 위한 개인 심리치료에서의 개인적인 자기인식에 중점을 두는 것을 넘어서서, 특히 전문적인 훈련에 있어 자기실천 · 자기성찰의 효과에 중점을 둔다. 자기실천 · 자기성찰은 여러분의 일상적인 삶과 전문적인 삶 모두에서 잠재적인 이점을 제공할 것이다.

연구 결과: 심리치료자에게 있어 자기실천·자기성찰의 이점

여러 해 동안 진행된 워크숍에서 나온 자기실천·자기성찰의 이점에 대한 우리의 믿음은 이러한 프로그램의 인지행동치료(cognitive behavioral therapy: CBT) 버전에 대한 Bennett-Levy 등의 연구에 의해 제공된 실증적 검증에 의해 강화되었다. CBT 자기실천·자기성찰에 대한 실증적 검증은 Bennett-Levy 등 (2015)의 연구와 최신 학술지 논문들(Davis, Thwaites, Freeston, & Bennett-Levy, 2015; Haarhoff, Thwaites, & Bennett-Levy, 2015; Farrand, Perry, & Linsley, 2010)에서 자세히 설명되어 있다. 우리는 이러한 연구 결과들을 여기에 간단히 요약하였으며 더 많은 세부사항을 알기 위해서는 원본 출판물을 찾아보기 바란다.

CBT를 위한 자기실천·자기성찰을 평가하는 실증적 연구들의 증가는 이 프로그램이 모형에 대한 이해, CBT 기술, 치료자로서의 자신감, 모형에 대한 믿음을 향상시킨다는 것을 보여 준다. 참여자들은 '더 깊은 인식' 치료법이라고 표현한다. 그들은 또한 치료자들이 계속해서 학습할 때 중요하게 여기는 향상된 성찰 기술, 중요한 초인지 능력에 대해서도 언급한다. 자기실천·자기성찰은 인간관계 기술을 향상시키고 내담자에 대한 공감을 증가시키는 등 내담자에 대한 치료자들의 태도를 변화시킴이 입증되었다. 참여자들은 '개인으로서의 자신'과 '치료자로서의 자신' 모두에 대한 통찰력과 변화, 향상된 성찰 능력, 각각의 내담자에 대해 더 개별화된 접근을 하게 된 것 등을 언급한다.

자기실천을 통해 치료자들은 내담자들이 요구받는 것과 같은 변화의 어려움을 경험한다. 그것은 초보자나 경험이 많은 실무자 모두에게 이점으로 여겨진다. 경험이 부족한 심리치료자들은 일반적인 지식과 개입 기술 분야에 대한 향상을 보인다. 비교적 경험이 많은 치료자들은 대인관계 기술, 예술적 기교, 유연성과 성찰 기술과 같은 초역량 분야의 향상을 보인다. 심지어 어떤 치료자들은 자기실천·자기성찰이 치료자의 회복 탄력성을 증가시키고 소진 성향을 감소시킨다고 보고한다(Haarhoff, 2006). Bennet-Levy 등 (2015)은 자기실천·자기성찰이 치료자들의 훈련과 발달에 있어 일반적인 이해와 절차적 기술을 통합하고, 대인관계적이고 기술적인 개념을 통합하며 개인으로서의 자신과 치료자로서의 자신 사이의 의사소통을 향상시키는 것과 같은 중요하고 독특한 역할을 하는 잠재력이 있음을 제안한다. 아직 검증되지는 않았으나 심리도식치료 자기실천·자기성찰에도 같은 효과가 나타날 것으로 여겨진다.

워크북의 각 장과 모듈에 대한 소개

제2장에서는 심리도식치료에 대한 개념적 모형과 개입에 대한 개요를 제공한다. 이것은 심리도식치료 훈련을 마치지 않은 사람들에게는 개요로서, 그리고 심리도식치료에 익숙한 사람들에게는 워크북의 준거틀로서 유용할 것이다. 향후 학습을 위하여 몇몇의 주요 서적들을 추천한다. 이론에 관해서는 『심리도식치료(Schema Therapy: A Practitioner's Guide)』(Young et al., 2003), 개입에 대해서는 『심리도식치료 임상가이드(The Schema Therapy Clinician's Guide)』(Farrell et al., 2014)와 『심리도식치료 실제(Schema Therapy in Practice)』(Arntz & Jacob, 2012)를 추천한다. 특정 성격장애에 집중하고 싶다면, 『자기애적 성격을 치료하기(Disarming the Narcissist)』(Behary, 2014)와 『경계성 성격장애를 위한 집단 심리도식치료(Group Schema Therapy for Borderline Disorder)』(Farrell & Shaw, 2012)를 추천한다. 『Wiley-Blackwell 심리도식치료 핸드북(The Wiley-Blackwell Handbook of Schema Therapy)』(van Vreeswijk, Broersen, & Nadort, 2012)은 다수의 선구적인 심리도식치료 전문가들에 의해 집필된 책으로, 여러 부문의 심리도식치료와 관련한 장이 있어 또 다른 훌륭한 자료가 될 것이다.

제3장에서는 참여자로서의 여러분에게 워크북 모듈과 자기성찰의 과정에 어떻게 접근하는지를 제공한다. 치료자들이 성찰하는 방법에 대해서 꼭 알아야만 하는 것은 아니다. 여기에는 자기성찰을 위한 구조와 여러분의 성찰 기술을 구축하기 위한 제안이 포함되어 있다. 치료자들의 훈련에서 여전히 등한시되곤 하지만 개인 계획을 수립하는 데 중요하다고 생각되는 자기돌봄에 대한 내용도 제공된다. 처음 세 개의 장을 종합해 보면, 여러분의 자기실천·자기성찰 활동을 향상시키고 『내면으로부터 심리도식치료 경험하기』에서 가장 좋은 이점을 얻어 내기 위한 노력을 지원하도록 설계되었다. 제3장은 여러분 자신을 위한 '안전 계획'을 발전시키는 것이 주요 주제이기 때문에 모듈을 시작하기 전에 필히 제3장을 먼저 읽어야 한다.

제4장은 집단의 형식에서 사용할 수 있는 워크북에 대해 설명하고 있다. 우리는 심리학 수련생과 정신의학 레지던트에서부터 숙련된 심리도식치료 수련감독자들까지의 다양한 집단의 치료자들에게 자기실천·자기성찰을 소개했다. 결국 그 경험은 새로운 자기인식과 그들 내담자들의 심리도식치료에서의 경험에 대한 향상된 자기인식으로 이끈다. 연습에서 자신의 취약한 아동 양식이 촉발되는 경험은 치료자가 내담자들을 이 심리도식양식과 연결시키는 데 필요한 용기에 대한 이해를 증가시킨다.

자기실천·자기성찰 프로그램을 진행할 때 심리도식치료 슈퍼바이저들이 제한된 재양육을 사용하여 슈퍼바이저, 멘토 및 치료자의 역할을 이행하여야 하기 때문에 심리도식치료 슈퍼바이저와 심리도식치료 집단 슈퍼바이저는 크게 다르지 않다. 자기실천·자기성찰 집단을 진행하는 것은 내담자 집단을 이끄는 것과는 다르지만, 우리는 재양육적 입장, 예를 들면 "당신이 취약한 아동 양식 상태에 있을 때 보호받게 될 것이다."라고 말하는 것을 치료자와 내담자가 듣는 것은 똑같이 중요하다는 것을 발견했다. 자기실천·자기성찰 과정에의 참여를 촉진하는 핵심 요소는 참여자가 자기성찰을 공유할 때 안전하다고 느끼도록 하는 것이다. 제4장에서는 자기실천·자기성찰 진행자들과 참여자들 모두에게 유용한 것으로 확인된 지침에 대해 이야기할 것이다.

심리도식치료 자기실천·자기성찰을 위한 20개의 모듈은 심리도식치료의 단계에 대략적으로 근거한 6개의 부분, 즉 유대감과 안전, 평가와 개념화, 양식 바꾸기 작업 [인지적·경험적(정서 중심) 및 행동적 패턴 파괴 개입으로 나뉨], 자율성으로 이루어져 있다. 모듈의 진행은 내담자와 함께 진행하는 단계를 반영한다. 모듈은 순차적이기 때문에 그것들이 각자 만들어진 순서대로 진행하는 것을 추천한다. 내담자용 워크북과 비교했을 때, 이 치료자용 워크북은 몇 개의 중요한 차이점이 있다. 우리는 이 개입의 '이유'들과 그 개입을 어떻게 시행해야 하는지에 대한 정보를 '노트' 부분에 제공한다. 제3장에서 설명할 3인의 치료자 예시를 기반으로 하는 각 활동에 대한 사례들이 주어질 것이며, 각 모듈을 위한 자기성찰 질문들도 함께 제공된다. 이 책이 자기실천 워크북이기 때문에 생기는 또 다른 차이점은 모듈 13에 있는데, 여러분이 지금까지 해 왔던 작업들을 개관하고 아동 양식에 대한 경험적 작업의 더 깊은 단계로 나아갈 것인지 혹은 모듈 19와 20의 건강한 양식 작업으로 넘어갈 것인지 결정할 수 있다는 점이다.

워크북의 모듈

- 제1부: 자기실천 · 자기성찰을 하기 위한 단계 설정하기
- 제2부: 심리도식치료 개념 사용 시 확인된 자신의 문제 이해하기
- 제3부: 변화 계획: 자기모니터링, 문제 분석 그리고 목표
- 제4부: 변화의 시작: 양식 인식과 양식 관리
- 제5부: 경험적 양식 변화 작업
- 제6부: 변화를 유지하고 강화하기

워크북 모듈 체계

모듈 1에서는 여러분이 워크북을 진행할 때 사용할 수 있는 안전 조치들을 제공한다. 이 조치들에는 제3장에서 설명할 여러분의 개인적인 안전 계획이 포함될 수 있다. 모듈 2는 삶의 질에 대한 자기평가 질문지와 YSQ와 SMI 질문지 가운데 선정된 질문들이다. 나머지 워크북 모듈은 다음과 같은 부분들로 이루어져 있다.

- **노트**: 심리치료자들을 위한 모듈을 심리도식치료 맥락에 적용시키기 위해 제공되는 추가적인 학문적 혹은 임상적 자료
- **예시**: 세 명의 치료자 중 한 명으로부터
- **훈련**: 자기실천 부분
- **자기성찰적 질문**
- **과제**(모든 모듈에 있지는 않음)

몇몇 모듈에는 하나 이상의 훈련 부분이 있다. 여러분은 한 회기당 하나의 훈련을 하고, 다음 회기에 이어서 다른 훈련을 진행할 것인지 결정할 수 있다. 다만, 모듈 하나에 한 주를 써야만 하며, 훈련이 많은 경우에는 3주를 더 쓸 수 있다. 스스로의 속도에 맞춰 진행하라. 주당 몇 시간을 할애할 것인지 정한 이후 계속해서 그렇게 진행하는 것을 추천한다.

자기실천 · 자기성찰에의 참여

자기실천 · 자기성찰 과정에서 참여 정도는 도움을 얻는 정도와 높은 상관이 있다 (Bennett-Levy & Lee, 2014). 마치 심리도식치료 중인 내담자들이 그러하듯이 참여도가 자기실천 · 자기성찰의 이점에 영향을 미치는 것은 그리 놀라운 일이 아니다. 의무적인 참여가 필수적인 경우(예: 훈련 프로그램의 참여)와 선택적인 경우(예: 직장에서 진행하고 그것을 따로 확인하지 않음) 그리고 사생활의 안전과 보호 정도의 양이 제공되는 경우를 포함하는 모든 경우에서 참여도에 영향을 끼치는 몇몇 요인이 발견되었다. 만약 자신이 워크북을 이용하기로 결정했다면, 그 말은 곧 그것에 규칙적이고 지속적인 양의 시간을 쏟을 수 있어야 하며 자신에게 필요한 안전과 사생활을 위해 제공되는 매체(혼자 진행, 두 명이서, 혹은 집단)를 사용하기를 제안한다. 모듈 13의 평가에서 제안했듯이, 여러분은 단계 중에 할 수 있는 무언가가 있다. 그것은 인지적 작업 중 하나일 수도 있지만, 정서 중심적이거나 경험적인 작업은 아닐 것이다. 물론 심리도식치료에서 요구되는 사항들을 준수하는 것을 늘 기억하며, 인지적 · 경험적 그리고 행동적 패턴 파괴하기라는 세 개의 모든 구성요소가 통합될 수 있다는 것을 명심하라. 이 작업은 이전의 다른 치료자들이 그랬듯이 개인적 인생과 치료자로서의 삶 모두에 변화를 가져다줄 것이다.

제2장
심리도식치료의 개념적 모형

이 장에서는 이론적 근거, 잠재적 이점들, 연구 결과들의 개요 등을 제공함으로 써 치료자들에게 자기실천·자기성찰을 이용하도록 소개한다. 이 장의 목적은 이 워크북의 내용을 구성하는 심리도식치료의 모형, 주요 개념, 단계 그리고 개입 방식을 간단하게 소개하는 것이다.

배경

심리도식치료는 성격장애 내담자들이나 전통적인 인지치료가 듣지 않거나 재발한 내담자들을 효과적으로 다루기 위한 Young과 다른 사람들의 노력으로 만들어졌다 (Young, 1990; Young et al., 2003; Arntz, 1994; Farrell & Shaw, 1994, 2012; Farrell & Shaw, 2014). Young은 개인치료를 중심으로 한 심리도식치료의 개념적 모형을 더 발전시켰 다(Young et al., 2003).

동시에 우리는 경계성 성격장애 내담자들을 다루는 데 중점을 둔 집단 모형을 개별 적으로 발전시켰다(Farrell & Shaw, 1992, 2012; Farrell et al., 2014; Zarbock, Rahn, Farrell, & Shaw, 2011). 우리는 정서적 학습의 간극을 메우고 애착과 정서적 조절과 관련한 교 정적 정서 경험을 제공하는 경험적 개입을 발전시키는 데 집중했다. Young과 같이,

우리는 집단의 욕구를 충족시키기 위해 확장된 제한된 교정적 가족 경험들을 포함하는 제한된 재양육 치료 스타일을 이용한다. 우리는 심리도식에 초점을 맞추는 것에서 Young의 심리도식양식 개념을 이용하는 것으로 옮겼고, 우리의 모형은 심리도식치료의 집단 버전으로서 인정받았다. 최근에 아동과 청소년들을 위한 심리도식치료(Loose, Graf, & Zarbock, 2013; Romanova, Galimzyanova, & Kasyanik, 2014)와 커플을 위한 심리도식치료(Simone-DiFranscesco, Roediger, & Stevens, 2015)가 개발되었다.

심리도식치료는 포괄적이며, 이론적으로 논리적인 모형이다. 심리도식치료는 인지-행동적, 게슈탈트 그리고 정서 중심 치료법 등의 다른 심리치료 모형의 개입들을 통합하지만, 여전히 독특하다. 심리도식치료는 애착이론과 발달심리학(예: Bowlby의 애착이론, Cassidy & Shaver, 1999에 요약되어 있음), 신경생물학(Siegel, 1999) 등의 연구 결과와 일치한다. 심리도식치료의 독특한 측면 중 하나는 바로 치료 목표를 달성하기 위한 경험적·인지적 그리고 행동적 패턴 파괴 개입이 완전히 통합되어 있다는 것이다. 심리도식치료 모형을 고수하기 위해서는 세 가지 유형의 개입이 모두 필요하다. 우리는 개인, 집단, 혹은 개인과 집단을 결합한 심리도식치료의 치료 효과 크기가 클 것으로 추측하는데, 다음에 기술되어 있듯이 일부는 이 통합적인 접근 방식에 기인하여 내담자의 기능 향상과 증상 감소가 촉진되며 영속적인 성격 변화가 촉진된다.

심리도식치료의 실증적 검증

경계성 성격장애 내담자들에게 심리도식치료가 효과적이라는 사실은 몇 번의 대규모 개인 심리도식치료 연구들(Giesen-Bloo et al., 2006; Nadort et al., 2009), 하나의 집단 심리도식치료 무작위 대조 시험(Farrell, Shaw, & Webber, 2009), 몇몇의 예비 연구(Reiss, Lieb, Arntz, Shaw, & Farrell, 2014; Dickhaut & Arntz, 2014)를 통해 검증된 바 있다. 심리도식치료는 C군 성격장애를 위한 대규모 다중지역 임상 시험에서도 효과적인 것으로 증명되었으며(Bamelis, Evers, Spinhoven, & Arntz, 2014), 외상후 스트레스 장애(Cockram, Drummond, & Lee, 2010), 혼합된 성격장애(Muste, Weertman, & Classen, 2009)와 법의학적 성격장애 내담자들(Bernstein et al., 2012)에게도 효과적인 것으로 증명되었다. 이러한 연구들에서 보고된 심리도식치료의 유효성에는 주요 증상들의 감소와 전반적인 정신병리학적 심각도를 낮추는 것뿐만 아니라 삶의 기능과 질을 향상시키는 것도 포함된다.

이러한 발견들은 심리도식치료의 이용을 증가시키고 다른 성격장애의 효과성을 평가하기 위한 전 세계적인 추가 연구로 이어졌다. 경계성 성격장애를 포함한 집단과 개인 심리도식치료의 결합(Wetzelaer et al., 2014), 회피성 성격장애와 사회공포증(Baljé et al., 2016), 혼합된 성격장애(Simpson, Skewes, van Vreeswijk, & Samson, 2015), 복합 외상(Younan, May, & Farrell, 출판 중) 등에 대한 연구들이 진행 중이다. 우울증 내담자(Renner, Arntz, Peeters, Lobbestael, & Huibers, 2016; Malogiannis et al., 2014), 노인병리학적 문제를 가진 내담자(Videler, Rossi, Schoevaars, van der Feltz-Cornelis, & van Alphen, 2014), 해리성 정체성 장애(Shaw, Farrell, Rijkeboer, Huntjens, & Arntz, 2015)를 위한 개인 심리도식치료 연구 또한 진행 중이다.

심리도식치료 프로그램은 20회기에서부터 2년에 걸쳐 점점 줄어드는 일정을 가진 것에 이르기까지의 여러 기간에서 평가되었으며 여러 돌봄 단계(입원, 주간 병원, 주 1회 외래)와 치료 환경(공공/민간 병원, 외래 진료 의원, 법의학적 맥락)에서 실시되었다.

심리도식치료는 내담자들과 치료자들 모두에서 긍정적으로 평가된 접근법이다(de Klerk, Abma, Bamelis, & Arntz, 2017; Spinhoven, Giesen-Bloo, van Dyck, Kooiman & Arntz, 2007). 게다가 각 치료 양상에 따른 심리도식치료의 비용적 효율성에 대한 증거 또한 계속해서 증가하고 있다(van Asselt et al., 2008; Bamelis et al., 2015).

주요 심리도식치료 개념

핵심 아동기 욕구

심리도식치료 모형은 성인기의 문제가 충족되지 못한 아동기의 핵심 발달적 욕구들에 기인한다는 병인론을 주장한다. 이러한 기본적 욕구들은 다음과 같다.

- 애착
- 감정과 욕구에 대한 표현의 자유와 인정

• 자기통제력을 발전시키기 위한 현실적 한계

• 자율성, 역량 그리고 정체성

• 자발성과 놀이

[그림 2-1]에 심리도식치료 모형에서의 정신병리학적 병인론이 요약되어 있다.

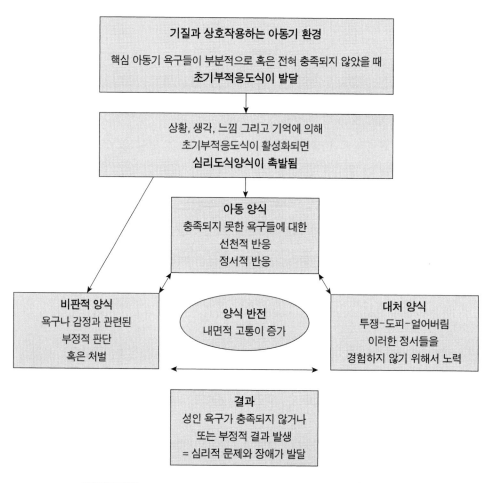

그림 2-1 심리도식치료 개념에서의 심리적 문제와 장애의 병인론

초기부적응도식

심리도식치료의 병인론적 모형에서는 아동기의 정상적이고 건강한 발달적 욕구가 충족되지 않을 때 초기부적응도식들이 발달한다고 가정한다. 초기부적응도식은 우리 자신, 세상 그리고 타인들에 대한 무조건적이고 부적응적인 신념들을 포함하는 심리 학적 구성 개념이다. 그것들은 충족되지 못한 주요 아동기의 욕구들, 선천적 기질 그 리고 초기 환경의 상호작용 결과인 것으로 생각된다. 〈표 2-1〉은 Young 등이 확인한 18개의 초기부적응도식을 다섯 가지 핵심 아동기 욕구를 중심으로 정리한 것이다.

표 2-1 초기부적응도식과 충족되지 않은 욕구들 간의 관계

초기부적응도식	충족되지 않은 욕구
단절과 거절 • 유기/불안정 • 불신/학대 • 정서적 결핍 • 결함/수치심 • 사회적 고립/소외	안전한 애착: 돌봄, 수용, 보호, 사랑, 인정
손상된 자율성과 수행 • 의존/무능 • 위험/질병에 대한 취약성 • 융합/미발된 자기 • 실패	자율성, 역량, 정체감
손상된 한계 • 특권의식/과대성 • 부족한 자기통제/자기훈련	현실적인 한계, 자기통제
타인 지향성 • 자기희생 • 복종 • 승인 추구/인정 추구	욕구와 감정에 대한 자유로운 표현
과잉 경계와 억제 • 부정성/비관주의 • 정서적 억제 • 엄격한 기준 • 처벌	자발성, 유희성

표 2-2 워크북 모듈에서 우리가 살펴볼 열 가지 심리도식의 발달과 표출

심리도식	충족되지 않은 욕구	초기 환경	아동기 표출	성인기 표출
유기/불안정	안전, 안심	예측할 수 없는, 외로운	공포, 매달리는, 연결의 부족	다른 사람들을 믿을 수 없다고 인식됨
정서적 결핍	정서적 지지, 공감	차가운, 억제하는, 분리된	외로운, 공허한	공허함, 연결의 부족
결함/수치심	수용, 애정	거부하는	비교에 자신이 없는, 자의식이 강한	비판에 지나치게 민감한, 불안한 정향, 수치스러운
사회적 고립/소외	소속감	고립된	외로운, 고립감	외로운, 고립감
자기희생	아동의 욕구 인정	부모의 욕구 중시	타인의 욕구 중시	타인의 욕구에 과도하게 예민함
승인 혹은 인정 추구	유일하고 중요한 자신에 대한 인정	승인을 위하여 자기억제; 사회적 지위 중시	자아·정체성의 발달을 희생하고 타인에게 승인받고 어울리는 것에 집중	가식적이거나 만족스럽지 않은 인생 결정들
정서적 억제	정서적 지지와 인정; 정서 표현 격려	억제하는, 규칙 중심	분노/공격성, 즐거움, 놀이, 자발성을 억제하는	합리성에 집중, 감정 표현 곤란
엄격한 기준/과잉비판	현실적인 기준 설정	요구적인, 완벽주의적, 회피적	높은 기준들, 비판을 피하기 위한 노력, 즐거움이 거의 없음	과비판적, 완벽주의적, 엄격한 규칙들, 손상된 인간관계들.
실패	격려, 힘과 능력에 대한 인정	아동이 실패 예측	무능감, 열등감	이것과 실패할 걸 뭐하러 시도하나?
특권의식/과대성	현실적인 한계 설정	우월감	특별한 사람, 원하는 것은 무엇이든 할 수 있다는 생각	우월감, 권력과 통제에 집중

출처: Farrell & Shaw (2012)에서 개작.

초기부적응도식에 대한 심리도식치료적 정의는 아동기와 청소년기로부터 비롯되는 기억과 신체 감각, 감정 그리고 인지를 포함하는 것이며 이 초기부적응도식은 개인적인 삶을 통해서 정교하게 다듬어지게 된다. 그것들은 들어오는 경험들을 걸러 낼 수 있고 초기부적응도식을 확증하기 위하여 그것들의 의미를 왜곡한다. 이러한 초기부적응도식은 가끔 아동기에 적응적 역할을 하기도 한다(예: 박탈되거나 학대당하는 상황에서의 생존에 관한 것). 하지만 성인기가 되면 그것들은 의식적 자각에 강하게 잡혀 있거나 자주 나타나지 않는다 하더라도 부적절하고 역기능적이며, 제한적이게 한다. 심리도식치료는 한 개인이 가진 초기부적응도식의 개수와 활성화의 빈도, 지속 시간 그리고 강도가 부분적으로 그 개인의 심리적 고통과 문제의 심각성을 결정한다고 추측한다. 예를 들어, YSQ에서 경계성 성격장애를 가진 사람들은 열여덟 가지의 초기부적응도식 대부분에서 높은 강도를 보였다(Young et al., 2003). 비내담자 모집단(치료자들 포함)은 활성화되는 빈도가 낮고, 낮은 수준과 더 작은 수의 초기부적응도식을 보인다. 그러나 대부분의 사람은 최소한 어느 정도의 초기부적응도식을 보인다. 성격적 특성과 비슷하게, 초기부적응도식은 언제나 존재하지만 촉발되기 전까지는 잠복해 있다. 〈표 2-2〉에 자기실천ㆍ자기성찰에서 작업할 열 가지 초기부적응도식을 그것들과 관련된 충족되지 않은 욕구들, 전형적인 아동기 환경들과 아동기 및 성인기 표출의 반응들을 제시한다.

심리도식양식

부적응적 심리도식들이 활성화되면 긴장된 상태가 발생한다. Young(Young et al., 2003)은 이러한 상태들을 '심리도식양식들'이라고 칭한다. **심리도식양식들은 개인이 경험하는 현재의 정서적ㆍ인지적ㆍ행동적 그리고 신경생리학적 상태로 정의할 수 있다.** 그것들은 완전히 통합되지 않은 개인의 측면을 반영한다. 역기능적 양식들은 다중 부적응적 심리도식들이 활성화되었을 때 가장 자주 발생한다. 양식의 네 가지 기본적인 범주—선천적 아동 양식, 역기능적 비판 양식, 부적응적 대처 양식 그리고 건강한 양식—가 〈표 2-3〉에 정의되어 있다.

표 2-3 심리도식양식

선천적 아동 양식	취약한 아동	성인기에 심리도식들이 활성화될 때 촉발되는, 아동기에 충족되지 못한 욕구에 대한 선천적 반응
	화난 아동	
	충동적인/비훈육된 아동	
역기능적 비판 양식	처벌적 비판	아동기 돌봄자(부모/유모/교사 등, 청소년기 또래 집단)의 부정적 측면에 대한 선택적 내면화. 처벌적 비판은 혹독하고 처벌적이며, 요구적 비판은 닿을 수 없는 기준과 기대 설정
	요구적 비판	
부적응적 대처 양식	과잉보상자(완벽주의적 과잉통제자, 과대, 가해자-공격, 승인 추구자)	충족되지 않은 욕구들에 대한 생존 반응 남용과 심리적 외상-심리도식이 활성화되면 도피(회피성), 투쟁(과잉보상) 그리고/또는 얼어버림(굴복)의 다양한 반응이 촉발됨.
	회피성 보호자(분리된 보호자, 분리된 자기위안자)	
	순응적 굴복자(모든 심리도식에; 초기부적응도식이 사실인 것처럼 행동하는 사람)	
건강한 양식	행복한 아동	적응적이고 기능적일 때의 양식으로서, 행복감과 성취감을 동반함.
	건강한 성인	

부적응적 심리도식양식

선천적 아동 양식

선천적 아동 양식들은 주요 욕구들이 적절하게 충족되지 않았을 때 나타나는 아동의 타고난 반응들과 관련되어 있다. 이러한 양식들은 종종 안전 혹은 안정 애착과 같은 핵심 욕구가 충족되지 못한 아동기에 경험한 것과 비슷한 강렬한 정서적 상태로의 퇴행으로 경험된다. 이러한 양식들에서 사람들은 그들의 실제 나이에 비해 훨씬 어려 보이며 어린아이 같은 감정을 느낀다고 말한다. 아동 양식을 경험할 때는 감정이 지배적이다.

취약한 아동 양식

취약한 아동 양식에는 몇몇의 다른 형태와 강도가 있다(예: 유기된, 학대받은, 불안한,

외로운, 의존적인, 굴욕당한 등). 심리도식치료에서 내담자가 경험하는 다양한 형태는 개인적인 이름으로 구별되고 언급된다(예: '작고 외로운 조니' '놀란 멜리사'). 취약한 아동 양식에서 개인은 공포, 외로움, 불안, 무가치, 사랑스럽지 않은, 비관적인 그리고 연약함과 같은 강렬한 감정과 함께 충족되지 못한 욕구의 정신적 스트레스를 경험한다. 이 양식에서 개인은 어린 아동의 무기력함을 느끼며 다른 사람의 도움과 보호를 찾게 된다. 이 양식은 현재 상황에 대해서 자신의 반응이 너무 크고 심리도식 문제들에 접촉했다는 일반적인 건강한 사람의 인식에서부터 유기된 아동 양식의 극심한 고통을 끝내기 위해 자살 시도를 하는 경계성 성격장애 내담자의 절박감에 이르기까지 많은 수준의 강도를 가지고 있다.

화난 아동 양식

화난 아동 양식은 핵심 욕구가 충족되지 못한 것에 대한 또 다른 선천적 반응으로, 분노, 좌절 그리고 조급함을 포함하며 부적절한 방법으로 분출될 수 있다. 그 개인은 격분하여 요구적이고, 통제하려 하고, 폭력적이고, 타인들을 평가절하할 수도 있다. 한 예로, 핵심 욕구가 거부되었을 때 어린 아동이 보이는 울화 행동이 있다. 성인의 경우, 화난 아동 양식은 불균형적인 강도와 아동 같은 형태의 분노가 특징이다.

충동적인/비훈육된 아동 양식

이 양식들은 비핵심 관련 욕구들을 충족시킬 수 없을 때의 이기적이거나 통제되지 않는 행동들이 포함된다. 이 양식의 극단적인 형태에서 그 개인은 난폭하거나 타인을 조종하는 것처럼 보인다. 자기훈련이 부족한 아동은 일상적 과제들을 끝내는 데 어려움이 있다. 이 양식의 성인은 더 재미있는 활동을 하기 위해 지루한 작업, 단조로운 과제, 혹은 집안일을 미루거나 포기한다. 이러한 양식들은 충족되지 않은 욕구들과 아동기의 건강한 한계의 부재의 결과로 나타난다.

역기능적 비판 양식

Young은 이러한 양식들을 원래 '부모' 양식이라고 불렀다(Young et al., 2003). 우리는 이것들이 아동기와 청소년기 동안의 다양한 애착 형태(예: 부모, 교사, 친구 등)의 부정적 측면들의 선택적 내면화를 반영하기 때문에 '비판자' 양식으로 부른다. '부모'에 비해 더 일반적인 용어인 '비판자'는 청소년기나 아동기의 부모들로 하여금 더 쉽게 치료에 참여하게 만들 뿐만 아니라 방어를 촉발시키는 것과 가족 간의 충성심에 대한 분쟁을 피할 수 있도록 한다. 이 두 개의 양식은 주로 생각을 통해 경험하게 된다. 양식 전환은 아동 양식에서 발생할 수 있으며 그다음으로 관련된 감정들을 경험하게 된다.

처벌적 비판 양식

이 양식에서 개인은 자신이 벌을 받아도 마땅하다고 느낀다. 머릿속으로 혹은 자기진술을 통해 자신 혹은 타인들을 비난한다. 처벌적 비판의 메시지가 한번 말로 표현되고 나면, 그것들은 대인관계 행동이 되며 부적응적 대처 양식으로 식별된다(예: 가해자-공격 양식). 처벌적 비판 양식은 지킬 수 없는 규칙이나, 규칙의 본질 그 자체가 아닌 것에 대한 반응이다.

요구적 비판 양식

반대로 요구적 비판 양식은 규칙의 본질에 집중하여 모든 것에는 그것을 하기 위한 '알맞은' 방법이 있다고 믿는다. 이 양식에서 높은 기준들이 설정되며 완벽하게 그것들이 지켜지기를 기대한다. 높은 성취를 위한 엄청난 압박을 경험하게 된다. 언제나 성취해야 할 무언가가 남아 있게 된다. 종종 두 비판적 양식이 결합된 상태로 경험하게 된다.

부적응적 대처 양식

'부적응적 대처 양식'은 주로 행동이나 습성으로 이루어진 생존 기반의 대처 방식—투쟁(과잉보상), 도피(회피), 얼어버림(굴복)—의 과용으로 정의된다. 이 세 가지 대처 방식은 정신적 고통(슬픔, 불안, 분노, 공포 등)에서 그 개인을 보호하려는 목표를 가지고 있다. 이러한 양식들은 대개 의식하지 못하고 작동되기 때문에, 심리도식치료의 목표는 성인으로서 그들의 욕구를 충족시키기 위해서 내담자들이 그것들(대처 방식들)의 사용을 인식하도록 하고 보다 건강하고 적응적인 반응으로 바꾸도록 조력하는 데 있다. 부적응적 대처 양식들은 방어기제의 개념과 비슷한 데가 있다. 이러한 행동들은 치료자들과 내담자들 모두에게 성격장애의 증상들을 설명할 수 있다. 심리도식치료에서 세 가지의 전반적인 대처 방식은 과잉보상, 회피, 굴복으로 분류된다.

과잉보상적 대처 방식 양식

과잉보상적 양식 또는 '투쟁' 양식들은 개인이 자신의 심리도식이나 촉발된 심리도식에 정반대로 행동하도록 하는 양식들을 포함하고 있다.

가해자-공격 양식

이 과잉보상적 양식에서 개인은 심리도식의 활성화(예: 결함/수치심)에 맞서 싸우는 방법으로써 다른 사람에게 고통(언어적으로, 정서적으로, 또는 육체적으로)을 주려 한다. 이것이 심각한 형태가 되었을 때 가해자-공격 양식은 반사회적 혹은 범죄적 행동을 포함할 수도 있으며 가학적 특성을 가지게 된다.

완벽주의적 과잉통제자 양식

이 양식에서는 자신 또는 타인들에 대한 극도의 통제를 시도함으로써 지각되거나 실제적인 위협으로부터 자신을 보호하는 데 중점을 둔다. 경계심, 어느 정도의 편집증 그리고 타인에 대한 통제로 특징지어지는 의심이 많은 형태도 확인되었다.

자기과시자

이 양식에서 사람들은 특권적 · 경쟁적 · 과장적이며, 그들이 원하는 것은 무엇이든 획득하기 위하여 출세 지향적인 행동을 한다. 그들은 특별한 대우를 바라며 자신이 일반적인 사람들의 규칙을 따를 필요가 없다고 믿는다. 그들은 그들의 가치감과 우월감을 부풀리기 위해 자만하는 방식으로 행동한다.

관심/승인 추구 양식

이 양식에서 개인은 항상 특별한 존재로 인정받고 과장된 방식으로 승인을 받기 위해 노력한다.

회피성 대처 방식 양식

회피성 방식('도피')은 신체적 · 심리적 또는 사회적 철수와 스트레스 또는 정서적 고통에 대한 회피를 수반한다.

분리된 보호자 양식

이 회피성 양식에서 개인은 자신의 욕구나 감정으로부터 단절된다. 이 양식이 고통스러운 감정들을 제거하는 것처럼 보인다고 할지라도, 그것은 긍정적인 경험이 아니며 그 개인이 실제로 원하는 것 또는 욕구에 대한 정보에 접근하는 것을 방해하게 된다. 이 양식에서 신체적으로는 함께 있는 것처럼 보이지만 심리적으로는 철수되어 있다. 이 양식에서 분리의 정도는 '사고의 혼란스러움' 혹은 상호작용에서의 잠깐의 집중력 상실에서부터 심각한 해리까지 다양하다. 더 극단적인 형태에서 무감각하고, 우울하며, 공허함을 느낀다. 이 양식은 내담자들이 치료를 시작할 때 주로 보이게 되는데, 그 이유는 치료자들과 그들의 문제에 대해 이야기할 때 촉발될 수 있는 두려움 또는 다른 고통스러운 감정으로부터 취약한 아동 양식에 있는 개인을 보호하기 위해 작동하기 때문이다. 그것의 형태는 정서적인 문제를 드러내지 않고 협동적이며 피상적인 '좋은 내담자' 형태에서부터 로봇처럼 반응하는 사람의 형태에 이르기까지 다양하다. 이것은 아주 흔한 보호적 양식이며, 특정 상황에서의 어느 정도의 분리된 보호자 양식은 건강한 사람들도 흔하게 경험한다.

분리된 자기위안자 양식

이 회피성 대처 양식에서 개인은 자신의 감정을 제대로 느끼지 못하도록 하는 활동들에 참여함으로써 감정을 차단한다. 이러한 활동들은 자극적이거나(일, 비디오게임, 난잡한 성관계, 도박, 위험한 운동, 각성제 과용) 진정시키는(과식, 장시간 TV 시청, 몇몇 컴퓨터 게임, 과도한 수면, 진정제 과용) 형태를 보인다. 중요한 점은 그 활동이 그 개인으로 하여금 불편한 정서적 경험으로부터 충분히 주의를 돌리게 하거나 진정시킬 수 있는 가이다.

회피성 보호자 양식

이 양식에서 개인은 신체적으로 그 어떤 것에도 당면하지 않는다. 예를 들면, 사회적 활동, 일, 혹은 강한 감정을 촉발시킬 만한 위협을 경험할 것 같은 모든 상황을 피한다.

화난 보호자 양식

이 양식에서 개인은 분노라는 장벽을 쌓아 타인들을 멀리 밀어냄으로써 자신을 보호하려고 시도한다. 타인을 해치지는 않지만 그들과 거리를 두기 위하여 방어적이며, 욱하고, 정떨어지는 행동을 보인다. 이 양식에서 개인은 타인들과의 관계를 끊는다.

순응적 굴복자 대처 방식 양식

세 번째 대처 방식('얼어버림')은 활성화된 심리도식에 굴복하거나 포기하는 것을 뜻한다. 예를 들어, 만약 촉발된 심리도식이 결함/수치심 심리도식이라면, 굴복자 반응 상태의 개인은 그 심리도식의 메시지(나는 결함이 있고 부끄러워해야 한다)가 옳다고 받아들이게 되고, 그것에 맞추어 행동하게 되며, 절대 도전을 하지 않고, 무능하게 보이지 않기 위해 열심히 일한다. 자기희생 심리도식에 굴복한 사람은 자신의 욕구들을 희생해 가면서 자신의 욕구들을 충족하기 전에 타인들의 욕구를 충족시키기 위하여 행동하고 가치 판단을 하게 된다. 순응적 굴복자는 수동적이고, 순종적이며, 심리도식의 자기패배적 패턴을 유지하게 하는 사람들과의 상황을 추구한다.

〈표 2-4〉에는 심리도식치료에서 양식과 심리도식 간의 관계가 제시되어 있다.

표 2-4 양식과 도식 간의 관계

양식	연관된 심리도식 촉발인
취약한 아동 양식 (학대받은, 외로운, 불안한, 의존적인) 충족되지 않은 아동기 욕구에 대한 인식; 주로 정서적 경험	단절과 거절 초기부적응도식 • 유기/불안정 • 불신/학대 • 정서적 결핍 • 결함/수치심 • 사회적 고립/소외 손상된 자율성과 수행 초기부적응도식 • 의존/무능 • 융합/미발달된 자기 • 위험 또는 질병에 대한 취약성 • 실패

화난 아동 양식	손상된 한계 초기부적응도식
(충동적인/비훈육된) 아동기 지도와 교육의 부족: 주로 정서적 경험	• 부족한 자기통제/자기훈련 • 특권의식/과대성
역기능적 비판 양식	과잉경계 및 억제 초기부적응도식
(요구적, 처벌적) 돌봄자들 또는 아동기와 청소년기의 중요 인물들의 부정적 측면의 내면화	• 엄격한 기준/혹평 • 처벌 • 부정성/비관론 • 정서적 억제
부적응적 대처 양식	타인지향 초기부적응도식
(회피성, 과잉보상, 순응적 굴복자) 고통스럽거나 부정적 감정에 대한 투쟁, 도피 혹은 얼어버림 반응	• 승인 추구/인정 추구 • 자기희생 • 복종

건강한 심리도식양식

심리도식치료는 강점 기반의 접근법이다. 심리도식치료에서는 두 가지 유형의 건강한 양식(건강한 성인 양식과 행복한 또는 만족한 아동 양식)이 식별된다. 내담자들이 적응적 방식으로 그들의 욕구를 충족시키기 위하여 그것들에 접근할 수 있는 능력을 키우도록 이들 양식을 강화시키는 것이 심리도식치료의 목표이다. 건강한 양식들은 성격장애 내담자들에게서는 심각하게 미발달된 경향을 보인다. 건강한 성인 양식의 개념은 Bennett-Levy 등(2015)이 '새로운 존재의 방식(New Ways of Being)'으로 언급한 것과 비슷하다. 심리도식치료에서는 부적응적 대처 양식을 줄이고 건강한 대처 양식을 강화시키는 것 사이의 균형을 강조한다. 심리도식치료 결과 연구들에서 증상뿐 아니라 삶의 질과 건강한 기능에 대한 평가는 이러한 초점을 반영한다(예: Giesen-Bloo et al., 2006).

건강한 성인 양식

이 양식은 성인기에 기능해야 하는 유용하고 적응적인 생각들, 행동 그리고 기술들을 포함한다. 이 양식은 취약한 아동 양식을 양육하고, 인정하고, 지지하며, 화난 아동 양식과 충동적 아동 양식에 대한 한계를 설정하고, 행복한 아동 양식을 촉진하고 지원하며, 부적응적 대처 양식들과 싸우고 결국 대체하며, 역기능적 비판 양식들을 중화하거나 완화하는 우리의 건강하고 유능한 부분이다. 이 양식의 성인은 일하는 것, 양육하는 것, 책임감 있게 행동하는 것, 의무에 충실하는 것, 지적·미적·문화적 이해와 취미와 같은 즐거운 성인 활동을 추구하는 것, 합의된 성관계를 하는 것 그리고 건강한 식단과 적절한 운동과 같은 건강 유지 절차를 제정하는 것과 같은 적절한 기능을 수행한다.

행복한 아동 양식

행복한 아동 양식에서 개인은 그의 핵심 정서적 욕구들이 모두 충족되어 있기 때문에 만족감을 느낀다. 이 상태에서 개인은 놀기 좋아하고, 걱정이 없으며, 자기를 인정하며, 연결되어 있고, 긍정적이며, 유능하다. 행복한 아동 양식으로의 접근은 즐겁고 재밌는 활동을 하기 위해 필요한데, 사회적 환경에서는 특히 그렇다. 많은 내담자는 노는 것이 허락되거나 권장되지 않았으므로 좋아하는 것과 싫어하는 것을 탐구하고 초기 형태의 사회적 상호작용에 참여할 기회를 놓쳤다. 행복한 아동 양식은 취약한 아동 양식의 고통에 중요한 균형을 제공한다. 행복감과 즐거움의 경험은 고된 심리도식 치료 작업을 위한 동기부여를 상승시키고 인생이 더 나아질 거라는 희망을 가질 수 있게 한다.

양식 관점에서 심리적 문제와 정신병리 이해하기

삶에서 나타나는 다양한 수준의 심각도를 가진 심리적 장애, 증상 그리고 문제들은 양식과 심리도식의 작동이라는 관점에서 설명되고 이해될 수 있다. 양식 개념은 내담자들과 임상가들 모두가 사용하기 쉬운 언어를 제공하며 자기실천·자기성찰 워크북의 모듈에서 강조되고 있다. 전형적인 부정적 대처 반응—공격, 적의, 조작, 착취, 지배, 인정 추구, 자극 추구, 충동성, 물질 남용, 지나친 추종, 과의존, 과도한 자기의존, 강박성, 억제, 심리적 철수, 사회적 고립, 그리고 상황적·심리적 회피—은 양식 관점에서 모두 이해될 수 있다. 심각한 성격장애로 고생하고 있는 내담자들의 경우 양식이 아주 빠르게 전환될 수 있으며, 이로 인해 급격한 행동 변화나 내담자의 대인관계 곤란

심리도식들이 활성화되면 양식들이 촉발된다. 다음과 같은 세 가지 촉발 패턴이 가능하다.			
아동 양식 ➡ (정서)	대처 양식 ➡ (행동)	또 다른 양식 전환이 일어날 수도 있고 아닐 수도 있다. 근본적인 욕구가 충족되지 않았거나, 부분적으로 충족되었거나, 부정적 결과가 일어남	
아동 양식 ➡ (정서)	비판 양식 ➡ (인지)	대처 양식 ➡ (행동)	또 다른 양식 전환이 일어날 수도 있고 아닐 수도 있다. 근본적인 욕구가 충족되지 않았거나, 부분적으로 충족되었거나, 부정적 결과가 일어남
비판 양식 ➡ (인지)	아동 양식 ➡ (정서)	대처 양식 ➡ (행동)	

그림 2-2 양식 전환의 패턴

과 정서적·행동적 불안정의 한 원인이 되는 불균형한 반응을 야기할 수 있다. [그림 2-2]는 양식 전환과 변경의 세 가지 주요 패턴을 보여 준다. 양식들은 또한 많은 회피성 내담자들의 경우와 같이 견고하게 고정될 수 있다.

다양한 장애의 양식 개념화 가설은 두 개의 대규모 연구에서 실증적으로 검증되었다(Lobbestael, van Vreeswijk, & Arntz, 2008; Bamelis, Renner, Heidkamp, & Arntz, 2010). 〈표 2-5〉에 주요 발견들이 요약되어 있다. 심리치료자들의 양식들 역시 포함되어 있다. 알다시피, 이러한 양식들은 실증적으로 탐구된 것은 아니지만 훈련 중인 수많은 치료자의 관찰에 그 토대를 두고 있다.

표 2-5 집단에 따른 양식 개요

	아동 양식	대처 양식	비판적 양식	건강한 양식
경계성 성격장애	유기된, 화난	분리된 보호자, 가해자 공격,	처벌적	거의 없음
자기애성 성격장애	외로운, 격분한	자기과시자, 분리된 자기위안자	요구적	건강한 성인(지지된)
반사회성 성격장애	학대받은, 유기된, 격분한	교활한 가해자 공격 혹은 포식자 형태	처벌적	건강한 성인을 지지할 수도 있으나, 그것의 징후는 거의 없음
회피성 성격장애	외로운	회피성 보호자, 분리된 자기위안자	처벌적	거의 없음
의존성 성격장애	의존적인	순응적 굴복자	처벌적	거의 없음

강박성 성격장애	외로운	완벽주의적 과잉통제자	요구적	약간 있음
편집성 성격장애	굴욕당한, 학대받은	의심 많은 과잉통제자	처벌적	거의 없음
건강한 심리치료자	취약한 아동	완벽주의적 과잉통제자, 분리된 보호자 혹은 분리된 자기위안자	요구적	함께 함

양식 관점에서의 심리도식치료의 목표

심리도식치료의 가장 중요한 목표는 바로 개인이 그의 일·직업, 의무, 책임, 만족스러운 인간관계, 건강한 성생활, 취미, 오락, 흥밋거리 등을 포함한 충만한 삶을 유지할 수 있도록 그의 건강한 성인 양식을 발달시키는 것이다. 역기능적 양식들이 촉발되었을 때, 다음과 같은 기능들을 수행하도록 하기 위해서는 다음과 같은 양식들에 접근해야 한다.

- **취약한 아동 양식 돌보기**. 이것을 하기 위해서는 취약한 아동 양식이 두려움, 슬픔, 외로움 등의 감정이 촉발되었을 때 그것을 위로해 주고, 동시에 혹은 근본적 욕구가 충족될 수 있도록 행동하는 내면적 '좋은 부모'가 함께 해야 한다.
- **부적응적 대처 양식을 인식하고** 부정적 결과를 거의 또는 전혀 가져오지 않는 적응적 대처 행동(예: 감정이 일어나는 것을 스스로 느끼고, 타인과 친해지며, 욕구를 표현할 수 있도록 하는 것)으로 **대체하기**. 분리된 보호자와 같은 부적응적 대처 양식을 기본 값으로 삼는 대신 그 개인이 처한 성인 상황의 현실에 부합하고 욕구를 충족시키는 적극적인 선택이 이루어진다.
- **화난 혹은 충동적인/비훈육된 아동 양식의 행동**을 감정과 욕구를 표현하기에 적절하고 효과적인 방법으로 **대체하기**(예: 욕구와 화를 적극적인 성인의 방식으로 분출할 수 있는 능력). 화난, 충동적인/비훈육된 행동들에 대한 장기적 결과를 고려한다.
- **역기능적 비판 양식의 힘과 통제를 감소시키기**. 내면화된 처벌적 비판을 없애고, 그것을 스스로 건강하고 긍정적인 방식으로 동기부여할 수 있는 능력으로 대체한다.

그리고 자신의 실수를 인정하고, 필요할 때만 응징하고, 현실적인 기대와 기준을 세우도록 요구적 비판 양식을 완화한다.
- **행복한 아동 양식을 자유롭게 하기.** 그럼으로써 그 개인은 삶의 즐거움을 제공하고 놀이를 허용하는 것에 대해 배우기 위해 환경을 탐험할 수 있다.

이상은 자기실천 · 자기성찰 워크북의 목표이기도 하다.

심리도식치료의 단계

심리도식치료 과정은 각자의 목표가 있는 일반적인 단계로 이루어져 있다(Young et al., 2003). 총 3개의 치료 단계가 소개될 것이며, 각 단계들의 순서는 내담자가 나타내는 문제, 양식, 욕구 그리고 각 개인과 치료자의 호흡에 기초하여 폭넓게 이용될 수 있다. 이 같은 순서는 워크북의 모듈을 따르고 있다.

유대감과 정서 조절
- 심리도식치료 개념에서 평가, 교육 그리고 나타난 문제에 대한 이해
- 취약한 아동과 연결하기(안전)
- 부적응적 대처 양식들을 우회하거나 극복하기
- 정서 조절과 대처 기술(필요하다면)

심리도식 양식 변화
- 부적응적 양식을 적응적 선택으로 대체하기
- 역기능적 비판 양식에 맞서 싸우고 도전하기
- 심상 재구성하기와 같은 제한된 재양육과 교정적 정서 경험을 통해 취약한 아동 양식을 치유하도록 돕기
- 화나고 충동적인 아동을 건강한 성인의 행동으로 재경로화하기

자율성

- 건강한 성인 양식과 행복한 아동 양식의 발달과 이러한 양식에의 안정적인 접근
- 개별화: 타고난 성향들을 따르고, 즐거움과 만족감을 주는 활동을 추구하며, 성인의 역할에 맞는 책임감을 받아들이기
- 건강한 관계들을 발달시키기
- 향후 접촉과 관계된 선택에 따라 심리치료의 점진적 종결

심리도식치료 평가

질문지

심리도식치료의 심리도식과 양식들은 YSQ(Young, 2017)와 SMI(Lobbestael, van Vreeswijk, Spinhoven Schouten, & Arntz, 2010)라는 2개의 타당화된 검사를 사용하여 측정한다. 심리도식들은 강도에 따라 평가되며, 양식들은 그들의 빈도에 따라 평가된다. 우리는 모듈 2의 단축형 질문지 양식을 여러분의 기준 척도로 활용한다.

YSQ

YSQ는 열여덟 가지 심리도식을 확인하는 90문항의 자기보고식 검사이다. 각 문항은 '완전히 나와 다르다'에서부터 '나와 완벽하게 일치한다'까지의 6점 척도로 평가된다. 몇몇 국가에서 평가한 결과 수렴타당도, 변별타당도, 요인타당도 및 검사-재검사 안정성이 입증된(Bach, Lee, Mortensen, & Simonsen, 2015에 요약되어 있음) YSQS3 단축형(Young Schema Questionnaire 3 Short Form)이 심리도식을 측정하는 데 적합한 척도로 나타났다. YSQ는 현재 www.schematherapy.org에서 확인할 수 있다.

SMI

SMI(Lobbestael et al., 2010)는 열네 가지 양식을 확인할 수 있는 118문항의 자기보고식 검사이다. 각 문항은 6점 척도('전혀 그렇지 않다'부터 '항상 그렇다'까지)로 평가된다. SMI는 여러 나라에서 평가되어 요인타당도, 내적 일관성, 구성타당도 그리고 소집단

간의 변별 능력을 지지하는 일관성 있는 결과들을 보였다(Sheffield & Waller, 2012; Bach et al., 2015에 요약되어 있음).

심상

심리도식치료에서는 욕구들이 어떻게 충족되었는지에 관한 아동기 기억으로의 접근이 심상 작업을 통해 이루어진다. 우리는 내담자들에게 심상을 통하여 특정 욕구(편안함, 안전, 안심, 보호에 대한 욕구 등)가 나타나고 있을 때의 부모와의 상호작용으로 거슬러 올라가도록 지시한다. 우리는 어떤 일이 일어났는지, 아이가 어떻게 느꼈는지, 만약 욕구가 충족되었다면 아이가 어떤 행동을 취했는지 등을 묻는다. 우리는 심각한 성격장애 내담자들에게는 관계 유대감이 만들어지고 안전지대 이미지가 확고해지는 치료의 후반부가 되기 전까지는 평가를 위한 심상 작업을 사용하지 않는다(Farrell & Shaw, 2012에 요약되어 있음). 부적응 양식들의 근원에 접근하여 돕기 위한 심상 작업을 할 때 이 책을 이용하기 위해서는 치료자 안의 '건강한 성인 양식'이 충분히 튼튼하고 건강해야 한다.

심리도식치료 사례개념화

심리도식치료 사례개념화(자기실천의 맥락에서, '자기개념화'를 나타냄)는 내담자와 치료자의 협력적 노력이다. 심리도식치료 사례개념화에서는 현재의 문제들이 어떻게 형성되었으며, 어떻게 심리도식들과 양식들이 그것을 유지시키고 있는지와 앞으로의 심리도식치료 계획 등에 대한 치료자와 내담자의 공동의 이해를 기술한다. 이해가 증가해 감에 따라 나타나는 지속적인 수정의 결과로 사례개념화는 현재의 주된 문제와 인생 패턴들, 발달적 근원들, 핵심 아동기 기억 혹은 이미지들, 충족되지 못한 핵심 욕구들, 가장 연관된 심리도식들, 현재의 심리도식 촉발인들, 도식 양식들, 기질적 요인들, 핵심 인지 왜곡 등을 포함한다. 완전한 개념화에서는 치료 관계, 심리도식들과 양식들이 치료 회기 중 행동에 미치는 영향, 그리고 내담자에 대한 치료자의 개인적인 반응을 기술한다. 개념화의 요소들에 대하여 철저하게 이해하면 치료자는 언제든지 개입 전략을 선택할 수 있다. 단축된 개념화 형태는 모듈 5에 개발되어 있다. 완전 사례개념화 양식은 국제심리도식치료협회(International Society for Schema Therapy: ISST)의 웹사이트(www.schemasociety.org)에서 확인할 수 있다.

심리도식치료 개입

치료자 스타일과 개입 모두로서 제한된 재양육

제한된 재양육은 양식 변화 작업의 유효 성분 중 하나로 보이는 치료자 스타일이며 동시에 개입이기도 하다. 이것은 아동 양식의 충족되지 못한 욕구를 위한 교정적 정서 경험, 부적응적 대처 양식 행동을 대체할 건강한 행동에 대한 본보기와 역기능적 비판 양식들의 부정적 내면화에 대한 도전을 제공한다. 제한된 재양육 작업 동안 심리도식치료자들의 행동은 전문적인 치료 관계의 한계 내에서 내담자들의 욕구를 충족시킬 수 있도록 '좋은 부모라면 응당 할 법한 행동을 하는 것'으로 요약된다. 즉, 이것은 첫째, 취약한 아동 양식에게 보호, 인정 그리고 위안을 주고, 둘째, 화난 아동 양식에게 감정을 분출하고 경청되는 기회를 제공하며, 셋째, 충동적인/비훈육된 아동 양식에게 공감적 직면과 한계 설정을 제공하는 것이다. 취약한 아동 양식과 작업할 때 우리는 부모가 어리고 겁을 먹은 아이에게 이야기하는 것처럼 소리 내어 말해야 한다. 부적응적 대처 양식을 직면시킬 때에 우리는 거의 훈련 담당 교관만큼 확고하면서 동시에 내담자로 하여금 우리가 양식 기저의 감정과 욕구들에 공감한다는 사실을 알 수 있도록 해야 한다. 내담자들이 아동 양식 및 미발달된 건강한 양식 상태에 자주 있기 때문에 성격장애나 복합외상 내담자들의 치료 초기에는 적극적인 재양육이 필요하다. 추후에 건강한 양식들이 사용 가능해지면 치료자의 역할은 청소년의 '부모'에서 결국 성인으로 변화하게 된다. 이러한 치료의 후반부에서 내담자들은 여전히 치료자와의 연결을 필요로 하지만 그들 자신이 내면화한 자신의 건강한 어른 양식으로부터 나오는 자신의 '양육'으로 대부분 해결할 수 있을 것이다. 특정 심리도식치료 기법들의 언어, 정교함 및 사용은 내담자의 발달 단계, 동반 장애 그리고 심리적 건강도에 따라 적용되어야 한다(즉, 경계성 성격장애 내담자에게 유용한 몇몇 기술과 전문용어는 자기애성 성격장애 내담자들에게는 적절하지 않을 수 있다). 취약한 아동 양식이 드물게 촉발되고 훨씬 강한 건강한 성인 양식을 가지고 있는 비교적 건강한 내담자들과 작업할 때는 그에 따라 재양육 스타일이 조정될 수 있다.

제한된 재양육의 목표는 내담자들과 활동적이고, 지지적이며, 진실한 관계를 형성해 내담자들로 하여금 그들의 취약성을 드러내고 감정과 욕구를 표현하기에 충분히 안전하다고 느낄 수 있는 환경을 제공하는 데 있다. 치료자의 심리치료적 관계에서의 제한된 재양육 제공은 안정 애착과 정확한 미러링(따라 하기) 작업의 형태로 정서적 학습의 중요한 간극을 메우며, 이는 종종 처음으로 내담자에게 중요하고 가치 있다는 느낌을 갖게 한다. 처음에 치료자는 아동기의 정서적 욕구들이 적절한 전문적 영역의 한계 내에서 충족될 수 있는 방법으로 결손을 보충하려고 노력한다. 〈표 2-6〉은 각 양식 경험에 필요한 제한된 재양육 반응과 그에 부합하는 내담자들의 충족되지 않은 욕구들을 보여 준다. 심리도식 치료자들은 적절한 재양육 접근을 선택하기 위하여 일단 이러한 욕구들과 내담자의 성인 양식의 강도를 평가한다. 예를 들어 치료자가 위안 욕구가 충족되어야 할 심각한 정서적 박탈 심리도식의 내담자와 만났을 때, 내담자 주변으로 숄을 늘어트려 포근하게 감싸 준 후 침착하게 '좋은 부모'가 할 법한 메시지를 말로 표현하는 것과 같다. 제한된 재양육을 이루는 이러한 새로운 경험, 상호작용, 그리고 암묵적인 태도는 내담자들의 건강한 성인 양식을 형성하는 구조물이 될 것이다. 시간이 지나면서 치료 관계의 경험은 내담자들이 효과적인 방식으로 그들의 욕구들을 보살필 수 있는 능력을 조성하게 되고 결과적으로는 자율적이고 건강한 대인관계적 기능을 가지도록 할 것이다. 욕구에 대한 이러한 접근은 내담자들이 그들의 욕구 충족 경험을 전혀 갖지 못한 치료 초반부터 그들의 욕구를 충족시키는 방법을 가르치는 데 집중하는 대다수의 다른 치료 모델들과 극명한 대조를 이룬다.

워크북에서 치료자의 역할은 참여자의 건강한 성인 양식의 일부분으로서 '좋은 부모' 역할을 하는 것이다. 여러분 자신의 '좋은 부모'로 행동한다는 것은 취약한 아동 양식의 경험에 대처할 때 온화하게 행동하고, 심리도식이나 양식들과 같은 여러분 자신을 이루는 기본적인 양상의 변화를 성취하는 데 걸리는 시간을 평가할 때 인내심을 가져야 한다는 것이다. 〈표 2-6〉은 자기성찰의 본보기로 삼을 수 있는 '치료자의 행동'으로써 좋은 부모의 예시들을 제공한다.

표 2-6 양식-욕구-개입(욕구들을 충족시키는 방법)

심리도식 양식 경험	미충족된 아동기 욕구	치료자 개입: 제한된 재양육
취약한 아동 슬픔, 외로움, 그리고 불안에 대한 강렬한 감정들을 경험함. 정서적 고통과 공포에 압도될 수 있으며 부적응적 대처 양식으로 전환	안정된 애착(안전성, 예측 가능성, 안정적인 토대, 애정, 양육, 관심, 수용, 칭찬, 공감, 지도, 보호, 인정 등을 포함함)	위안, 안정, 안심 등을 제공함으로써 언급된 욕구들을 충족시킨다. 담요로 감싸 준다. 발달적 수준에 맞는 구체적인 방식으로 취약한 아동과 연결한다. 경청하고, 안심시키며, 부드러운 어조를 사용한다.
화난 아동 충족되지 못했다고 지각된 핵심 욕구 혹은 공정하지 못한 대우에 대한 반응으로 분노를 직접적으로 방출함. 어린아이의 울화 행동과 같은 형태가 되기도 함	지도, 감정과 욕구의 인정, 표현의 자유, 현실적인 한계, 자기통제	경청하며 정서적 표현을 격려하고, 감정을 방출할 수 있도록 지지하고, 내담자로 하여금 안전하게 분노를 표현할 수 있도록(예: 줄다리기 등) 안내하며, 안전을 위한 혹은 부정적 결과를 예방하기 위한 한계를 설정한다. 내담자가 응답하는 충족되지 않은 욕구의 확인을 돕고 내담자가 매우 화났을 때는 생각하는 데 어려움이 있음을 이해한다.
충동적인/비훈육된 아동 제한이나 타인의 욕구에 대한 고려 없이 즐거움을 위한 즉각적인 욕망에 기반한 즉흥적인 행동을 보임.	현실적인 한계와 자기통제, 감정과 욕구의 인정, 지도.	부드럽지만 확고한 한계를 설정하고 지도를 제공하며 건강한 이완 훈련들을 가르친다. 내담자로 하여금 현존하는 욕구들을 확인하도록 돕는다.
행복한 아동 - 이 양식이 미발달되었을 수 있음 사랑받고 있으며 연결되어 있고 만족스러우며 흡족한 기분을 느낌	즉흥성과 놀이, 양육, 관심, 인정, 수용, 탐험과 놀이 격려	내담자와 즐거운 시간을 보내며 이 즐거움을 미소와 웃음이라는 시각적 요소로 보여 준다. 내담자를 놀이에 초대하여 함께 논다.
처벌적 비판 자기 자신과 타인들을 구속하고, 비판하며, 처벌함. 가혹하고 거부적이며 모 아니면 도와 같은 판단을 내림	역기능적 비판 양식들이 아동의 욕구를 억제하고 거부함-특히 애정, 양육, 칭찬, 수용, 지도, 인정, 그리고 감정 표현에 대한 욕구	역기능적 비판 메시지를 멈춘다. 한계를 설정하여 결과적으로 이 양식을 사라지게 만든다. 취약한 아동의 욕구를 지지하고 연결한다.
요구적 비판 자기 자신과 타인에 대해 높은 기대치와 책임감 정도를 설정하고, 그것을 성취해야 한다고 압력을 넣음		내담자와 함께 메시지에 도전하여 적절한 기준과 기대가 만들어지도록 재평가한다. 취약한 아동의 욕구를 지지하고 연결한다.

회피성 보호자 타인들을 멀리하고, 인간관계를 끊으며, 자신 안으로 철수하여 고립되고, 신체적으로 회피하며 분리된 자기위안자를 이용하고 해리됨	충족되지 못한 아동기의 욕구가 있다면 무엇이든 이러한 부적응적 대처 양식을 만들 수 있기에 모든 욕구가 이것들의 기저를 이룬다. 이것들은 도피, 투쟁, 얼어버림의 생존 반응들의 변형이며 과용되고 자동적이다. 가장 즉각적인 욕구는 유대감과 공감적 직면이다. 장기적 욕구는 적절한 성인의 삶에 맞는 건강한 대처 방식을 배우는 것이다. 이것은 치료의 목표이기도 하며 건강한 성인 양식의 발달을 필요로 한다. 부적응적 대처 양식은 비상시 대비를 위해서 남겨 둘 필요가 있다.	기저 욕구에 대해 확인한다. 취약한 아동의 경우 유대감이다. 정서적 행동을 격려한다. 만약 화난 보호자가 만들어진 경우 한계를 설정하고 그것과 연결되게 한다.
과잉보상자 반격하고 통제하려는 대처 방식. 초기부적응도식과 정반대로 행동함. 때로는 적응적이기도 함(예: 일에서 완벽주의적이고 과잉통제적인 경우)		내담자가 기저 욕구를 확인하고 과잉보상 방식이 그 욕구를 충족시키고 있는 것은 아닌지 평가해 보도록 돕는다. 내담자의 취약한 아동 양식에 연결한다. 집단에 손상이 가는 것을 제한한다.
순응적 굴복자 심리도식에 굴복하여 그것이 사실인 것처럼 행동함(예: 자기희생의 경우 타인을 위해 자신의 욕구를 포기함. 만약 결함/수치심의 경우 자신을 무능력하게 받아들이고 아무것도 하지 않음)		충족되지 않은 욕구를 확인하고, 대처 양식이 그것을 충족시키는지 확인한 후, 욕구들이 충족되도록 한다. 취약한 아동 양식에 연결한다.
건강한 성인 – 이 양식이 미발달되었을 수 있음 개인의 욕구를 건강하고 어른스러운 형태로 충족시키며 적절한 성인의 삶에서 요구되는 것들을 이행함. 인생의 기쁨을 즐길 수 있으며 건강한 관계를 형성하고 유지할 수 있음	자율성, 역량, 정체감에 대한 인정과 지지. 아동기 욕구 충족의 부족이 건강한 성인 양식의 미발달을 불러온다. 충족되지 못한 욕구가 많을수록 건강한 성인 양식은 덜 발달된다.	역량을 잘 사용할 수 있도록 초대하고 강점이 뭔지 알아보고 사용할 수 있는 기회들을 만든 후 정확한 긍정적 피드백으로써 알려 준다. 자율성에 대해 인정하고 허용한다.

심리도식치료 개입의 세 가지 주요 요소

　모든 심리도식치료의 측면들을 정의하는 것은 바로 경험적 또는 정서 중심적 작업, 교정적 정서 경험으로부터 얻은 새로운 인식 및 통찰과 행동 패턴 파괴하기 사이에서 유지되는 균형이다. 우리는 심리도식치료의 목표와 개입 방식들을 양식 인식, 양식 관리 그리고 양식 치료 혹은 경험적 양식 작업이라는 연속된 3개의 주요 요소로 나누는 것이 더 유용하다는 사실을 발견했다. 내담자들(그리고 워크북을 이용하는 치료자들)은 각 요소에 따라 각자 다른 양의 작업이 필요할 것이다.

양식 인식하기

이 요소는 약간의 경험적 측면과 함께 주로 인지적인 개입들을 포함하고 있다. 목표는 내담자들로 하여금 그들의 양식 경험, 촉발되는 심리도식, 그리고 기저 욕구들을 확인할 수 있도록 가르치는 것이다. 서로 다른 측면의 경험들(생각, 감정, 신체 감각 그리고 기억들)을 확인하는 것은 내담자들이 현존하고 있는 심리도식을 인식할 수 있도록 돕는다. 현재의 상황과 아동기 기억을 연결하는 것은 내담자들이 그들의 양식과 심리도식들의 뿌리를 이해할 수 있도록 하게 한다. 내담자들은 그가 현재 처해 있는 양식을 인식한 후에야 그들이 이 양식 상태에 있을 건지 혹은 그것에 접근하여 건강한 성인 양식 기술들을 사용할 것인지 하는 의식적인 결정을 내릴 수 있게 된다.

양식 관리하기

이 회기들은 행동 변화를 계획하기 위해 새로 개발된 내담자들의 양식 인식을 사용한다. 양식을 인식하는 것은 제일 처음 해야 할 일이며 꼭 해야 할 것이지만 양식을 변화시키는 과정으로 나아가기에는 부족하다. 다음 단계는 바로 내담자들과 함께 그들의 욕구를 충족시키고 '양식 관리 계획'이라는 대안 실행 계획을 수립하고 평가하는 데 있어 양식 주도의 대응 효과에 대한 평가가 뒤따른다.

인지적ㆍ행동적 그리고 경험적 기법들이 바로 양식 관리 계획을 발전시키고 사용할 때 쓰이는 주요 개입이다. 이 단계에서는 바꾸어야 할 장벽이라면 무엇이든(예: 부적응적 양식 행동을 유지시키는 인지적 왜곡, 신념, 혹은 행동들) 하나씩 확인하고 거기에 도전하게 된다. 양식 관리 계획의 적용에는 치료적 변화가 치료 상황 밖의 행동에까지 일반화되는 것을 보장해 주기 위해 필요한 행동적 패턴 파괴 작업을 포함한다.

양식 치유: 경험적 양식 작업

경험적 양식 작업에는 시각적 심상화, 심상 재구성하기, 양식 대화, 양식 역할극, 치료 관계에서의 교정적 정서 경험, 긍정적 경험들을 상징화하는 창작 활동 등을 포함한다. 정서적 수준에서 양식을 변화시키기 위해, 우리는 내담자와 함께 '경험적 해독제'라는 것을 발전시킨다. 내담자들은 가끔 "저는 제가 결함이 있거나 방임된 것이 아니라는 걸 **머리로는 알겠는**데 제가 결함이 있고 방임된 것처럼 **느껴져요**."라고 말한다. 이 말은 깊은 수준의 변화를 위해서는 양식의 정서적 수준과 경험의 암묵적 수준을 겨냥

해야 한다는 것을 보여 준다. 자신이 결함이 있지 않다는 것 혹은 실패자가 아니라는 것을 '아는' 것은 그가 그렇게 '느끼'는 것을 없애지 못한다. 내담자들이 인지적·행동적 기술을 배웠음에도 불구하고 불행하고, 비참하고, 자신의 능력만큼 발휘하지 못하게 되는 것은 이러한 정서들(암묵적 지식)이 그들의 수치심, 자괴감, 거절에 대한 공포 등과 결합되기 때문이다. 경험적 양식 회기에서 진행되는 창조적이고 상징적인 작업들은 심리도식-부정 사건의 정서적 재경험과 회상을 촉진할 수 있는 미술 재료들 또는 유인물을 포함한다.

〈표 2-7〉에 이 세 가지 요소의 양식에 따른 목표들이 기술되어 있다.

표 2-7   양식에 따른 심리도식치료 요소의 목표

심리도식치료의 양식 인식 요소 개관: 주로 인지적 개입	
양식 인식 목표: 양식들에 대한 자신의 경험을 알아보고, 양식이 시작되는 지점, 결국에는 양식의 선택점을 확인하고 아동기 경험들과의 연결점을 이해한다.	
대처 양식	스스로 확인할 수 있고, 현재의 건강한 방식으로 욕구들을 충족시키지는 못하는 과거의 생존 전략들로 본다.
역기능적 비판	이러한 메시지들을 확인하고, 그것들을 정확하지 않은 내면의 잘못된 부정적 사고방식이라고 인정한 후 그것들은 '내가 아니다'라고 본다.
취약한 아동	나타나는 슬픔, 공포, 외로움 등의 감정들이 분리되지 않고 일어나도록 허용한다. 이러한 감정들을 촉발된 상황에 말려들게 되는 충족되지 않은 아동기의 욕구들에 대한 일반적 반응으로서 이해한다.
화난/충동적인 아동	이러한 화난 양식이 현재 작동 중임을 인식하고 이것이 충족되지 않은 욕구에 대한 반응으로 본다. 이 양식의 기저 욕구를 확인하는 방법과 이 양식의 결과들에 대해서 가르친다.
행복한 아동	놀기 좋아하는 명랑함을 인식하고 허용한다. 행복한 아동 양식에의 접근을 방해하는 양식들은 무엇이 있는지 확인한다.
건강한 성인	스스로가 건강한 성인 양식 상태에 있으며, 이 양식에 접근할 수 있다는 것을 인식한다.
심리도식치료의 양식 관리 요소 개관: 행동적 패턴 파괴 개입	
양식 관리 목표: 선택점들을 확인하고 욕구를 충족시키는 건강한 행동들을 발달시킨다.	
대처 양식	스스로 확인할 수 있고, 현재의 건강한 방식으로 욕구들을 충족시키지는 못하는 과거의 생존 전략들로 본다.
역기능적 비판	이러한 메시지들에게 계속해서 의문을 던지고 결국 중단시키는 전략들을 가지고 사용하게 되며, 이 메시지들을 건강한 부모의 메시지로 대체한다.

취약한 아동	치료자와 집단이 좋은 부모로서 취약한 아동 양식의 욕구를 충족시키고, 그들의 행동을 복제할 수 있도록 허용한다. 취약한 아동 양식에 대한 동정심을 발달시킨다.
화난/충동적인 아동	기저 욕구를 확인하고 욕구를 건강하게 충족시킬 수 있기 위한 자기주장, 의사소통 그리고 다른 기술들을 발달시킨다.
행복한 아동	장난기 많은 이미지 모음을 가지고 이 양식에 접근할 수 있는 시간을 할애한다.
건강한 성인	이 양식에 접근할 수 있으며, 다른 양식들과 함께 건강한 성인 양식의 목표를 달성하기 위한 기술들을 발달시키고 사용한다. 치료자의 건강한 성인 양식을 내면화시킨다.
심리도식치료의 양식 치유 요소 개관: 경험적, 정서 중심 개입	
경험적 양식 작업 목표: 제한된 재양육를 통해 욕구들을 충족시킬 수 있는 교정적 정서 경험들을 할 수 있도록 한다. 이러한 개입들은 경험적 양식 변화 모듈 14부터 18과 모듈 19에 기술되어 있다.	
대처 양식	효과를 입증하기 위하여 양식 역할극을 수행한다. 유인물에 있는 연습을 이용하라.
역기능적 비판	심상 재구성하기, 인형 작업, 비판 단지, 양식 역할극 등을 통해 내면의 비판을 없애거나 제한시킨다.
취약한 아동	제한된 재양육, 심상 재구성하기 그리고 교정적 정서 경험을 제공한다.
화난/충동적인 아동	분노를 방출할 수 있게 하고 제한된 재양육을 통해 분노를 다른 즐거움으로 대체할 수 있도록 한다.
행복한 아동	놀이 작업이나 보물상자 작업을 한다.
건강한 성인	재구성하기 행위자, 역량 경험

심리치료에 대한 경험의 암묵적 수준과 명제적 수준 모두를 다룰 필요성

초기부적응도식을 변화시키는 초기 접근법은 내용, 즉 명제적 측면에 초점을 맞추었다(Beck, 1976). Greenberg와 Safran(1990)은 이성적인 언어기반 인지 시스템이 정서와 관련된 시스템과 독립적이라는 증거를 제공하였다. 이것은 암묵적인 심리도식들만이 정서적 시스템에 직접적으로 연결되어 있다는 것, 즉 관련된 고통스러운 감정들에 대한 중요한 변화를 위해서는 그것들이 활성화되고 변화되어야 할 필요가 있다는 것을 의미한다. Beck과 함께 훈련받은 Young은 특히 정서와 기억을 구체적으로 다루기 위해 정서 중심 개입(예: 게슈탈트의 적응과 경험적 치료 개입)의 경험적 개입들이 포함된 심리도식의 개념을 확장하는 데 중요한 역할을 했다.

우리의 초기 연구 또한 경계성 성격장애 내담자들과 함께 작업하면서 정서적 수준의 경험을 해야 할 필요성을 다루었다(Farrell & Shaw, 1994). 우리는 우리의 임상적 관찰과 Lane과 Schwartz의 연구(1987)에 영향을 받았다. 그들은 Piaget 학파의 인지 발달 단계와 평행적이지만 독립적인 '정서적 인식의 수준'에 대한 가설을 제시하며, 이러한 단계들이 심리적 장애의 발달에 중요한 역할을 한다는 것을 시사했다. 우리는 치료 중이던 경계성 성격장애 내담자의 낮은 정서적 인식 수준이 발견했다. 우리는 그들의 정서적 인식을 끌어올리기 위한 경험적 개입을 개발하였고, 성인의 삶을 비효율적으로 만드는 과도한 생존 전략에 갇혀 있도록 만드는 초기 정서적 학습의 간극을 채웠다(Farrell & Shaw, 1994). Lane과 Schwartz는 정서적 인식의 수준이 진단과는 무관하며 정신병리의 정서적 수준에 대한 우리의 이해에 중요한 기여를 할 수 있는 중요한 구성 요소로 간주한다.

Bennett-Levy 등(2015) 또한 그들의 인지행동치료(CBT) 자기실천 · 자기성찰 워크북에서 명시적 의미, 명제적 체계, 암묵적 의미(즉, 암묵적 경험 체계)를 다룰 필요성을 기술했다. 이러한 인식은 심리도식치료의 토대가 되었고, 심리도식치료의 정서 중점적 개입은 경험의 암묵적 수준을 다룰 수 있도록 개발되었다. 정서 중심적 혹은 경험적 개입을 인지적이며 행동적인 패턴 파괴 개입들과 합치는 초기 통합이 바로 심리도식치료의 주요 공헌이었다(Edwards & Arntz, 2012). 경험의 측면들 또한 인지적 · 정서

표 2-8 양식과 경험의 통로에 따른 심리도식치료 개입들

부적응적 양식 종류	아동	비판	대처
경험의 통로	정서	인지	행동
심리도식치료 요소	양식 치유, 경험적 작업	양식 인식	양식 관리
개입 예시	제한된 재양육, 미충족된 욕구와 관련된 교정적 정서 경험, 정서적 학습의 간극을 채우는, 심상 작업, 심상 재구성하기, 양식 대화, 이행 대상들, 좋은 부모 각본, 비판 인형	양식 경험에 따른 교육, 양식 촉발을 확인할 수 있는 능력, 양식을 모니터하는 능력, 인지적 왜곡 작업에 참여할 수 있는 능력	건강한 성인 양식에의 접근이 강화되며, 필요한 경우 기술 훈련이 제공된다. 건강한 행동으로 욕구를 충족시키고 사용을 통하여 개선되는 계획들이 개발된다.

적·행동적 통로들로서 묘사되어 왔다(Arntz & van Genderen, 2009). 이 세 가지 통로는 세 가지 유형의 부적응적 양식과 잘 관련되어 있다. 심리도식치료의 요소들과 개입들은 양식 변화 작업에 접근하는 방식으로서 통로 또는 양식들과 연결될 수 있다. 〈표 2-8〉은 양식과 경험의 통로, 심리도식치료의 요소들 및 개입 예시들 간의 관계에 대한 개관을 보여 준다.

심리도식치료의 기초 프로그램

36개의 집단 심리도식치료 회기와 12개의 개인 회기를 결합한 심리도식치료의 기초 프로그램에 대한 상세한 개관은 Farrell 등(2014)에서 살펴볼 수 있다. 이 프로그램은 주된 양식 집단에 따라 배열되는 양식 인식, 양식 관리와 경험적 양식 작업의 세 가지 주요 요소를 다루고 있다. 각 회기에는 중점적인 요소와 양식에 따라 각자의 목표와 계획이 있다. 이 워크북의 많은 자기실천 훈련은 이 프로그램으로부터 개작되었다. 심리도식치료가 처음인 치료자들을 위해 이 프로그램은 내담자들과 함께 작업할 때 보편적인 안내로써 쓰일 수 있다. 마치 '요리책'처럼 정해진 매뉴얼 그대로 심리도식치료를 따라 하는 것은 추천하지 않는다. 내담자가 현재 처해 있는 심리도식양식과 치료자와의 관계가 언제나 고려되어야 한다. 예를 들어, 내담자가 취약한 아동 양식 상태에 있을 때, 치료자가 가장 중요하게 해야 할 것은 그 순간 현존하는 내담자의 욕구를 충족시키는 것이지, 문제 해결이 아니다.

어떤 사람이 심리도식치료로부터 혜택을 받을 수 있는가

심리도식치료는 성격장애를 가지고 있거나 만성적 우울과 불안을 나타내는 내담자들에게, 다른 치료 방법이 실패했을 때, 재발되었을 때, 개인적인 성장을 바라는 내담자들에게 적절한 치료적 선택이 될 수 있다. 심리도식치료는 '초진단적'이라고 말할 수 있다(Farrell et al., 2014). 이 장의 초반에서 논의되었다시피 심리도식치료 접근은 특정 증상이나 장애가 아닌 부적응적 심리도식과 도식 양식들에 초점을 맞추는 치료이다. 여러 가지 성격장애가 부적응적 심리도식과 역기능적 양식의 존재에 따른 것이라는 가설이 세워졌으며 실증적으로 검증되었다(예: Lobbestael et al., 2008; Bamelis et al., 2010). 이러한 개념들은 성격장애, 복합외상, 우울 그리고 대부분의 불안장애의 기제와 증상들을 설명할 수 있다. 따라서 부적응적 심리도식들과 역기능적 양식들은 증상으로서 치료의 대상으로 삼을 수 있다. 양식들은 또한 정신의학적 진단을 받은 사람들 외에서 발견되는 '정상적인' 한계 내에서 대략적으로 기능하지만 '일상생활의 문제'들을 경험하는 일반적인 사람들(심리치료자들을 포함)의 덜 심각한 역기능적 행동 또한 설명할 수 있다. Young은 그의 자립 안내서 『인생으로의 재초대(Reinviting Your Life)』에서 이것들을 인생의 덫이라고 말했다(Young & Klosko, 1993).

심리도식치료는 또한 여러 치료 기간에 맞게 변형될 수 있다. 3년간의 개인 회기는 경계성 성격장애 증상의 감소와 삶의 질 증가에 효과적이라는 사실을 입증했을 뿐만 아니라(Giesen-Bloo et al., 2006), 불특정적인 일반적 형태로 진행된 30회기의 집단 심리도식치료 또한 효과적인 것으로 밝혀졌다(Farrell et al, 2009). 추가적인 발달 단계에 대한 연구와 함께 여러 종류의 장애를 위한 짧은 치료 계획(20회기 또는 4주간의 집중적인 입원치료)을 검증하기 위한 몇 번의 연구들이 이루어지기도 했다(Farrell & Shaw, 2016에 요약되어 있음).

심리도식치료에서 문화의 효과

심리도식치료는 미국에서 시작되어 유럽으로 빠르게 퍼졌으며 호주에까지 이어졌다. 국제심리도식치료협회(www.shematherapysociety.org)에서는 심리도식과 양식 및 다지역 국제 효과성 실험과 같은 심리도식치료의 개념을 입증하는 비교문화적 연구를 강력하게 지원한다. 초기부적응도식과 양식의 발달에 대한 문화적 영향에 대한 쟁점 또한 심리도식치료에서 다루고 있다. 초기부적응도식은 미충족된 아동기 욕구에 대한 반응으로서 개인의 기질과 상호작용하며 발달된다. Bronfenbrenner(1970)는 부모와 자식 간의 관계성이 사회와 단절되며 만들어지는 것이 아니며, 지역사회, 사회, 경제, 심지어 정치적인 더 거대한 사회적 구조에 포함되어 있다는 점을 지적했다. 이러한 문화적 효과를 이해하는 현시점에서는 세대 구성원은 물론 문화적 영향에 관해 알아보

는 것이 최상일 것이다. 예컨대, 부모들에게 아이들을 재우려면 아이들을 먼저 울려야
한다고 조언했던 Benjamin Spock의 영향 아래 있던 1950년대에 자라난 사람들의 경
우가 있을 것이다. 그들이 취약한 아동 양식 상태에 있을 때, 현존하는 미충족된 욕구
는 바로 달래 주기가 될 것으로 추측할 수 있다.

　문화는 당연히 심리치료자들 자신에게도 영향을 미친다. 그들을 훈련시킬 때에도,
우리는 미충족된 핵심 아동기 욕구들을 바라보고 반응하는 방식이 문화마다 많이 다
르다는 것을 관찰해 왔다. 노르웨이에서 취약한 아동 양식의 제한적 재양육의 타당성
측면을 입증할 때 들었던 말은 "우리는 아이들에게 그런 식으로 말하지 않아요."였다.
흥미롭게도, 그 말을 했던 치료자들은 우리에게 그러한 검증을 받는 것이 얼마나 좋은
지에 대해서도 언급했다. 반대로 그리스에서의 훈련과정 중 치료자들은 그들의 검증
에 매우 열정적이었지만 제한된 재양육의 또 다른 측면인 한계를 설정하는 데 더 어려
움을 느꼈다. 노르웨이 치료자들은 그리스인들에 비해 한계를 설정하는 것에 어려움
을 덜 느꼈다. 물론 이런 것은 비교적 작은 크기의 집단에서 관찰한 것에 따른다. 내담
자를 평가할 때 고려해야 하는 또 다른 문화적 요인들에는 종교와 영성, 민족적 및 인
종적 정체성, 사회경제적 지위, 성적 지향, 국적, 성별 등이 있을 것이다.

요약

　이 장에서 우리는 심리도식치료의 주요 개념들과 그것의 목표, 과정 그리고 개입들
에 대해 설명했다. 심리도식치료의 일반적인 목표는 강도와 빈도 그리고 부적응적 양
식과 기저 심리도식의 비유연성을 얼마나 줄였느냐에 따라 측정될 수 있을 것이다. 양
식들은 내담자들에게 사용자 친화적이며 이해하기 쉬운 언어를 제공하며 치료자들에
게는 심리치료적 개입을 위한 초점을 제공한다. 양식 언어들은 정신병리학적인 것보
다 학습의 역할에 더 집중하며, 내담자들에게 변화에 대한 희망을 준다. 우리는 워크
북 전체를 통틀어 심리도식과 양식 언어를 사용한다. 우리는 스스로 자신의 심리도식
들과 양식들을 확인하도록 요청함으로써 여기서 워크북 부분을 시작한다. 이것은 심
리도식치료의 치료와 훈련에서 취하고 있는 과정이다. 세 명의 치료자의 예는 평가과
정을 통해서 양식들과 심리도식들을 설명하고, 양식들이 치료를 안내하는 방법을 설

명한다. [그림 2-3]은 심리도식치료의 전반적인 과정을 요약한 것이고, 〈표 2-9〉는 워크북을 설명하는 예시로서의 세 치료자 중 한 명인 '줄리아'에게 그 모형을 적용한 예이다. 모듈들은 또한 실질적인 '노트' 부분을 통해 훈련들과 관련된 심리도식치료 개념 모형을 설명할 것이다.

유대감
안전이 자리 잡음. 안전 이미지가 발달됨. 관계가 발전됨.
양식 인식
양식이 촉발되는 것을 인식하는 것은 역기능적 양식의 행동이 발생하도록 하는 대신 자신의 욕구를 충족시키기 위한 건강한 행동을 선택할 수 있게 해 줌.
양식 관리 계획
건강한 성인 양식에 접근하고 현존하는 욕구를 충족시키는 건강한 행동을 취할 수 있게 하는 각각의 역기능적 양식을 위한 계획이 발달됨.
경험적 양식 작업
아동기 욕구들을 충족시키고 정서적 발달의 간극을 메우는 교정적 정서 경험들이 만들어짐. 이것들은 양식 촉발의 감소와 심리도식 치유의 토대를 제공함.
결과: 건강한 양식들이 강화됨
성인의 욕구들을 건강한 방법으로 충족시킬 수 있게 됨. 건강한 성인과 행복한 아동 양식들이 강화되며 삶의 질과 행복감이 향상됨.

그림 2-3 심리도식치료 개입의 과정

표 2-9 심리도식-양식 활성화와 개입의 과정 예시

상황	동료가 내게 힘든 케이스의 내담자를 보냈다.		
활성화된 심리도식	결함/수치심		
촉발된 양식	1. 처벌적 비판	2. 취약한 아동	3. 회피성 보호자
경험의 양상	인지적	정서적	행동적
내용	메시지: "너는 아직 그만큼 실력이 좋지 못해. 시도도 하지 마. 만약 하게 되면 네가 엉터리인 걸 다들 알게 될 거야.	수치스러운 감정, 두려움	나는 보통 도전을 피하고 눈에 띄지 않게 조용히 있는다.

미충족된 아동기 욕구	역량의 확인	가치와 노력의 확인	자율성 지지
심리도식치료 요소	양식 인식	양식 치유	양식 관리
개입 선택	교육 제공과 자기모니터링; 인지적 왜곡을 확인하고, 긍정적 증거들을 수집하고, 인지들을 재귀인시킴.	제한된 재양육 제공, 내면의 좋은 부모 발달시키기, 심상 작업하기, 심상 재구성하기, 양식 대화하기	공감적 직면 사용. 변화를 위한 장단점 리스트를 만듦. 욕구 충족을 위한 계획 세우기, 필요한 경우 기술 훈련 제공. 결과 분석 후 계획 개선
이용된 개입	왜곡과 흑백논리에 도전. 아동기의 '실패'에 대해 재평가	스스로에게 건강한 성인 양식의 좋은 부모로부터의 확인과 안심을 줌.	장단점 목록을 만든 후 도전해 보기로 결정함.
욕구가 충족되었는가	예	예	예
심리도식 플래시 카드 (경험을 요약해 두기 위한)	"아무리 내가 유능하지 않아서 수치심과 두려움을 느꼈더라도 나는 이것은 어릴 적 경험에 의한 것일 뿐 현재는 옳지 않다는 것을 안다. 그런 이유로, 나는 어렵다고 묘사된 새로운 내담자의 의뢰를 받겠다. 나는 나의 취약한 아동이 지금 무엇을 하고 있는지 알고 있는 나의 건강한 성인이 그녀를 안심시켜 주도록 할 것이다."		

제3장
참여자를 위한 안내

이 장은 이 자기실천·자기성찰 워크북을 시작하기 전에 꼭 읽어야 할 장이다. 이 장은 안전 계획을 발달시키는 것과 자기성찰 과정을 위한 도움을 포함한 자기실천·자기성찰 접근에의 계획을 세우는 데 도움이 될 것이다. 이 장은 다섯 개의 부분으로 나뉘어 있다.

① 프로그램을 통해 어떤 것을 기대할 수 있을지
② 자기실천·자기성찰에서 쓰이는 형식들에 대한 설명
③ 실질적인 논점들, 안전장치, 좋은 자기돌봄
④ 자기성찰의 과정
⑤ 스무 가지 자기실천·자기성찰 모듈에 설명 예시로 쓰일 세 치료자에 대한 소개

자기실천 · 자기성찰 프로그램을 통해 무엇을 기대할 수 있나

개인적 성장과 치료자로서의 향상된 자신감에 대한 경험

숙련된 치료자이건 훈련생이건 관계없이, 자기실천 · 자기성찰 과정에 집중한다면 여러분은 치료자로서의 자기 자신과 한 개인으로서의 자신에 대해 배울 수 있게 될 것이다. 인지행동치료 훈련생들에 대한 Bennett-Levy와 Lee(2014)의 연구에 의하면, 자기실천 · 자기성찰의 혜택을 받은 정도는 이 과정으로 인해 '삶이 바뀌었다'고 말하는 사람에서부터 제대로 집중하지 못했던 사람에 이르기까지 상당한 정도로 각기 달랐다. 일반적으로, 과정에 잘 참여하는 참여자가 더 큰 혜택을 받았다고 보고하므로 참여를 촉진하는 요소들을 살펴보는 것이 중요하다. 우리는 이 자기실천 · 자기성찰 워크북을 통해 치료자들이 그들 자신의 감정을 더 편안하게 느끼고 정서 중심적 개입들을 사용할 때 자신감을 향상시키고 내담자들의 강한 정서적 표현을 더 편안하게 느낄 것으로 기대한다. Bennett-Levy와 Lee(2014)는 인지행동치료 자기실천 · 자기성찰 프로그램을 완수한 훈련생들의 자신감이 향상되는 것을 확인했다. 우리는 심리도식치료 자기실천 · 자기성찰에도 같은 효과가 나타날 것으로 기대한다. 이러한 추측들은 인지행동치료 자기실천 · 자기성찰에서도 그래왔듯이 실증적으로 검증될 필요가 있다(Bennett-Levy et al., 2015에 요약되어 있음).

만약 여러분이 훈련 중인 심리도식 치료자라면, 우리는 여러분의 내담자들과 함께 사용할 심리도식치료의 정서 중심적 개입들을 자기실천을 통해서 경험하는 것이 특히 중요하다고 생각한다. 심리도식치료의 경험적 요소는 보통 치료자들에게 덜 친숙할 것이기 때문에 실행 시 가장 큰 불안을 느끼는 요소이다. 우리 중 대다수는 주로 인지적이거나 인지행동적 모형을 주로 훈련받았으며 비교적 최근에 와서야 정서 중심적 작업이 포함되었다(예: Beck, 2011; Bennett-Levy et al., 2015). 다른 사람들은 전통적인 것과 새로운 형태의 것(예: 정신화기반 치료; Bateman & Fonagy, 2016)에 관계없이 정신역동적 접근을 처음 훈련받았다. 주로 후자의 접근 방식으로 훈련된 경우, 치료자들은 욕구들을 충족시키게 하는 제한적 재양육의 접근과 심리도식치료자들의 적극적이며 지시적인 개입 방식에 덜 친숙해했다. 숙련된 심리도식치료자들은 초심자와 다른 욕구들을 가질 것이다. Bennett-Levy와 동료들은 숙련된 인지행동치료자들에 대한 일련의 연구를 통해 이러한 문제를 다루었다. 그들은 성찰적 실천에 대한 지속적인 참여가 슈퍼바이저와 트레이너 역할에서 중요한 역량과 초역량의 발달에 도움을 준다고 제안하였다. 연구는 또한 자기실천 · 자기성찰이 심지어 평균 18년 이상의 전문 경력 기간을 가진(인지행동치료 이후 평균 수련 기간이 9년인) 인지행동치료자들에게도 자가진단 인지행동치료 기술과 공감 기술에 대한 괄목할 만한 변화를 가져올 수 있다는 점을 입증했다(Davis et al., 2015). 즉, '치료자로서의 자신'과 '한 개인으로서의 자신'이라는 두 가지의 수준 모두에게 영향을 미치는 것으로 확인되었다. 참여자들은 자기실천 · 자기성찰을 따르면서 자기확인적 역기능적 신념들이 유의하게 적어졌다고 평가했다(Davis et al., 2015).

내담자들의 취약한 아동 양식(슬픔, 두려움, 외로움 등의 불편한 감정을 경험하게 하는 상태)에 접근하는 것은 심리도식치료 훈련을 처음 시작하는 치료자들에게 가끔 어색하게 여겨지곤 하며, 불편하고 심지어 압도적으로 느끼게 할 수 있다. 만약 여러분이 심리도식치료가 처음이라면, 여러분 내담자들의 감정을 확인하고 때로는 억제할 수 있도록 함께 있기 위해서는 먼저 자신의 감정과 자신의 취약한 아동 양식의 경험에 편안해지는 것이 중요하다. 화난 아동 양식 상태의 내담자들이 욕구를 분출하는 것을 격려하는 일이 쉽지 않기 때문에 분노는 치료자들이 어려워하는 감정 중 하나이다. 심리도식치료를 수행하려면 내담자의 감정 표현을 뒷받침하기 위하여 그들의 욕구를 충족시킬 수 있도록 해야 한다. 감정의 표현은 핵심 아동기 욕구 중 하나이다. 그것은 심리치료를 찾는 많은 사람이 경험해 보지 못한 것이다. 정서적 억제와 정서적 박탈은 내담자들에게 흔하고 때로는 치료자들에게도 흔한 초기부적응도식이다. 이 워크북은 여러분 안에서 활성화될 수 있는 심리도식들과 강한 감정 표현에 반응하여 촉발된 양식들을 확인하도록 도와줄 것이다. 이러한 인식은 현재에 존재할 것인지 그렇지 않을 것인지(예: 분리)를 선택할 수 있는 기회를 제공할 것이다. 워크북에서 여러분은 또한 내담자와의 치료 회기 중 여러분의 역기능적 양식들이 촉발되었을 때 여러분의 건강한 성인 양식(특히 좋은 부모의 역할 부분)에 접근하는 방식을 배울 것이다.

다음은 Joan이 그녀의 정서적 학습의 간극에 관하여 자기성찰 작업을 통해 표현한 개인 예시이다.

> 심리치료자로서 일을 하는 초기에, 나는 내담자들이 격앙된 목소리로 강한 분노를 표현할 때 내가 굉장히 불편해했다는 것을 알아챘다. 나는 누군가 목소리를 높이기만 하면 엄마가 "옆집 사람들이 뭐라고 생각하겠니?"라고 말하며 혼나곤 했던 집안에서 자랐다. 거기에 경찰서장인 아버지도 계신 덕에 결과적으로 나는 감정 표현(특히 분노의 경우)을 거의 하지 않고 지냈다. 그러다 감정 표현적 치료에 대해 알아 가기 시작했을 때 나는 이러한 불편감을 처리하는 법을 배우고 내 감정과 촉발점들을 알아볼 수 있는 치료자 훈련 집단에 참여하기로 결정하게 되었다. 다른 치료자 집단 구성원들과 함께 '안전판 뒤에 숨어서' 격렬하게 분노를 표출한 여러 번의 회기가 지난 후에 나는 현재에 머물 수 있었고, 결국 어떤 심리도식도 활성화시키지 않고 다른 사람의 분노에서 오는 에너지를 잘 넘길 수 있게 되었다. '안전판 뒤에 숨어서'는 나의 취약한 아동 양식을 돌보는 내 건강한 성인의 '좋은 부모' 부분의 예시이다. 그러한 보호를 허락하는 것은 결과적으로 내담자들의 극심한 감정들과 함께 일하기 위해 나의 건강한 성인 양식에 접근할 수 있는 능력을 갖게 했다.

아동기 욕구가 어떤 방식으로 완벽하게 미충족되었는지에 관한 기억을 확인하라

심상 재구성하기는 심상 후에 보고를 듣기에 인지적 개입(예: 인지적 재귀인, 부정적 주요 신념들에 모순되는 왜곡과 증거의 확인)을 담고 있는 정서 중심 개입이다. 이 개입은 취약한 아동 양식 부분의 워크북 모듈에 포함되어 있다. 이러한 훈련들의 예를 들면, 여러분의 아동기에 좋은 부모가 필요했지만 그런 역할을 할 사람이 아무도 없었던 때의 기억으로 돌아가는 것이 있다. 여러분은 워크북대로 작업하며 확인했던 자신의 문제와 연관된 확인된 심리도식들 중 하나와 연결시키는 데에 그 기억을 사용하도록 지시받는다(신체적 또는 성적 학대를 받은 것과 같은 심대한 심리적 외상의 기억을 이용하는 것은 삼가기를 권한다). 그다음 여러분은 '무엇이 일어나야 했는지', 즉 좋은 부모가 거기 있었다면 여러분 자신의 작은 아이의 욕구를 돌보는 장면을 적어 보는 작업을 하면서 그 경험의 결과로 나타난 자신 혹은 타인들에 대한 부정적 메시지(즉, 주요 신념)를 확인하는 단계를 거치게 된다. 이 글을 쓴 후에는 이미지에서 이 새로운 경험을 만들어 내고 그것이 '좋은 부모'와 함께 노는 것을 상상하도록 요청받는다. 만약 괜찮다면, 여러분은 그렇게 만들어진 새로운 경험을 자신의 목소리로 녹음해서 다시 들어볼 수도 있다. 이 형태는 치료자와 함께 심상으로 재구성하기 작업을 하면서 좀 더 친밀한 경험을 할 수 있도록 해 준다. 마지막 과제는 바로 이러한 심상 재구성하기 경험을 토대로 한 새로운 메시지를 만드는 것이다. 이것은 약간의 일시적인 정서적 불편함을 야기할 가능성이 있지만, 그 감정들에 대한 해결책과 긍정적인 감정을 촉진하기 위한 심상 작업을 가지고 있는 훈련이다. 모듈 13에서는 자신의 자기실천·자기성찰의 진척을 평가하는 과정을 거친 이후 취약한 아동 양식과 경험적 훈련을 더 진행하기로 결정하거나 모듈 19와 20으로 건너뛰고 여러분의 자기실천·자기성찰 작업을 마무리하게 될 것이다.

내담자들은 때때로 심상으로 재구성하기 개입에 대해 약간의 두려움을 가지거나 그것에 참여하는 것을 꺼리기도 한다. 그 개입 방식에 대해 여러분이 느끼는 편안함과 그것에 대한 직접적 경험은 여러분의 내담자가 그것을 시도하도록 격려하고, 그들에게 무엇을 기대해야 할지를 알려 주고, 심지어 여러분도 그것을 경험했다고 말할 수 있는 자신감과 진실성을 가질 수 있게 해 줄 것이다. 우리는 우리가 그렇게 하지 않았을 때 경계하는 내담자들에게 위험을 감수하도록 영향을 주기는 어렵다고 생각한다. 자기실천·자기성찰 워크숍에서 우리는 참여 치료자들로 하여금 워크북과 같은 지시를 이용하는 심상 재구성하기 작업을 집단으로 진행한 바 있다. 많은 이가 상당히 극심한 아동기 기억에서 온 예시들을 이용했지만, 마지막에는 약간의 안도감을 느꼈고, 기억과 관련된 그들의 부정적인 핵심 신념과 모순되는 다른 메시지를 느꼈다.

아동기 심리적 외상에의 심리도식치료적 접근은 내담자들이 무엇이 일어났는지 상세하게 말하며 재경험하는 데 있는 것이 아니고, 좋지 않은 일이 일어나기 전에 경험에 대해 말하는 것을 멈추고 심상을 이용해 그의 욕구를 충족시킬 수 있도록 '좋은 부모'가 보호해 주는 새로운 결말을 만드는 데 있다. 우리는 내담자들로 하여금 그들에게 일어난 가장 나쁜 일로 시작하는 것을 권장하지 않지만, 이러한 주의 사항이 언제나 지켜지는 것은 아니다. 이 워크북에서 우리가 심리적 외상에 가장 가까이 다가서는 것은 바로 아동기에 욕구를 가지고 있었지만 결국 그것이 충족되지 못했던 기억과 관련된 감정을 경험할 때의 훈련을 제공하기 위해서이다.

초기부적응도식과 관련된 핵심 신념들을 확인하라

핵심 신념들은 우리가 초기 경험들로부터 배운 메시지와 규칙의 결과이다. 다른 인지행동치료 접근들과는 다르게, 심리도식치료는 초기부적응도식에 관련된 핵심 신념들을 다루는 것이 치료의 필수적 부분임을 주장한다. 이러한 이유로, 그것은 워크북에 포함되어 있다. Nordahl, Holthe와 Haugum(2005)은 초기부적응도식 수준과 성격 병리 사이의 관계와 치료 종료 시 증상 완화를 예측하는 초기부적응도식 교정 능력을 실증적으로 증명하였다. 심리도식치료에서는 핵심 신념들을 초기부적응도식의 인지적 측면으로 본다. 초기부적응도식 활성화의 강도와 빈도 감소가 바로 심리도식치료의 초점이다. 따라서 핵심 신념들을 다루는 것은 심리도식치료의 필수적인 부분이다.

여러분은 약간의 정서적 활성화를 경험할 수 있다

심리도식치료를 경험하는 동안 여러분은 강렬하고 가끔씩은 불쾌감을 주는 감정들을 경험하게 될 것이다. 심리도식치료는 개인의 기질과 결합하여 초기부적응도식의 발달로 이끄는 미충족된 욕구를 확인하기 위해 아동기의 환경까지 거슬러 올라가는 '깊이 있는' 접근 방식이다. 초기부적응도식이 활성화되었을 때, 그것은 한 개인의 현시점에서의 정서적·인지적 그리고 신체적 상태인 심리도식양식들을 촉발시킬 수 있다. 심리도식양식들은 활성화된 심리도식과 대처 방식의 결합이다. 활성화된 결함/수치심 심리도식이 굴복자 대처 방식(심리도식을 진실로서 받아들이게 하는)과 결합된 경우 취약한 아동 양식을 촉발시킬 수 있다. 이 양식 상태에서 내담자는 부모나 보호자에게 수치심을 느끼고 수용될 수 없는 것을 알았을 때 어린아이가 느끼는 어떤 방식으로 '잘못되거나 나쁜' 상태의 수치심, 무가치감의 어떤 형태를 경험한다. 물론 심리도식치료와 이 워크북의 초점은 이러한 감정들의 토대를 마련하는 미충족된 욕구들을 충족시킬 수 있는 개입을 제공하는 데 있다. 내담자나 치료자들은 불쾌감을 주는 정서적 상태에 혼자 남겨지지 않는다. 교정적 정서 경험들로 인도하는 경험적 또는 정서 중심적 개입은 제한된 재양육으로 일컬어지는 치료자의 접근과 함께 이루어지는 경험적·인지적 그리고 행동적 패턴 파괴 개입을 통합한 심리도식치료의 필수적 요소이다. 우리는 심리도식치료 연구들에서 입증된 큰 치료 효과 크기(Giesen-Bloo et al., 2006; Farrell et al., 2009)의 기반이 되는 것은 네 가지 유형의 개입을 모두 포함하는 것이라고 생각한다. 따라서 이것이 바로 이 워크북 부분에서 정서를 활성화시키고 초기부적응도식과 관련된 핵심 신념의 확인과 같은 경험적 훈련을 제공하는 명백한 이유이다.

심리도식치료는 변화과정에서의 정서의 역할에 대해 전통적인 인지행동치료 접근들과는 다소 다른 견해를 가지고 있다. 심리도식치료는 감정과 표현 그 자체가 변화를 위한 적절한 조건이라고 보는 경험적 치료와 주로 인지적 기술들을 통해 감정을 관리하는 데 초점을 맞춘 인지행동치료적 접근의 중간 지점으로 설명할 수 있다. 경험의 정서적 · 인지적 그리고 행동적 측면에 대한 심리도식치료의 관심과 그것들을 다루기 위한 특정한 치료적 개입의 사용(경험적 · 인지적 · 행동적 패턴 파괴)은 더 깊은 수준의 변화에 필요한 모든 요소를 제공한다.

워크북 훈련으로부터 예상되는 어렵거나 부정적인 경험이 있는가

워크북을 사용하면서, 여러분은 일부 개인적 치료에서 도움을 받을 수 있는 심리도식이나 양식을 알아차리게 될 것이다. 이 워크북에 소개된 경험적 작업이 치료자 참여자들에게 정서적 손상을 야기할 일은 희박할 것이다. 물론 때에 따라 작업은 어려울 수 있으며, 소수의 참여자에게는 훈련이 불쾌감을 주거나 부정적 경험이 될 수도 있다. 따라서 우리는 우리가 내담자들에게 하듯이 치료자들이 각자의 안전 계획을 발달시키고 사용하는 것을 강조한다. 내담자들은 가끔 심리도식치료의 정서 중심적 작업이 그들이 지금까지 받아 온 다른 치료들과 다르다고 느낀다. 그들은 가끔 이것을 버겁거나 심지어 두렵게 여기기도 한다. 우리는 내담자들에게 심리도식치료가 그들이 할 수 있는 가장 어려운 치료법이 될 수 있지만 또한 그들의 삶에서 가장 큰 변화를 만드는 치료법이 될 수 있을 것이라고 말해 준다. 우리는 그들에게 그들의 대처 양식이 심리적 외상이나 미충족된 아동기 욕구로부터 살아남을 수 있도록 해 주었고 지금도 자기실천 · 자기성찰 과정 중에 내담자 자신을 보호하기 위해 작동하고 있다고 안심시킨다. 우리는 여러분에게도 이 안심을 제공한다. 심리도식치료에서의 부적응적 대처 양식 개념은 만약 감정이 너무 강렬해지는 경우 그 개인의 성격에 따른 보호적 반응(회피, 과잉보상, 굴복)이 촉발되어 투쟁, 도피, 얼어버림의 방식을 통해 그 감정들을 약화시킨다는 것이다. 그것들이 여러분의 내담자들에게 하는 것과 같이, 이러한 기본적인 대처 전략들은 치료자로서 여러분의 정서적 고통에 제한적인 요소로 작용할 것이다.

만약 여러분이 자신의 자기실천 · 자기성찰 작업을 진행할 때 빈번하게 촉발되는 대처 양식들을 알아차리게 된다면, 이것은 여러분이 관련된 심리도식을 찾아보고 남은 아동기 욕구와 그것과 연결된 현재의 성인 욕구를 확인하고 그것을 어떻게 충족시킬 수 있는지 본 후에 조금 더 천천히 진행하라는 메시지이다. 그것은 또한 여러분이 개인치료를 할 때도 고려하여야 할 상황일 것이다.

자기실천 · 자기성찰의 구성 방식

혼자서 스스로 자기실천 · 자기성찰 워크북을 사용할 때

여러분은 지리적인 혹은 직업적인 고립, 사생활을 위한 개인 선호도, 혼자서 더 잘할 수 있다는 생각 등으로 인해서 워크북의 프로그램을 혼자서 진행하고 싶어 할 수도 있다. 만약 혼자서 진행하기로 정했다면, 이 자기실천 · 자기성찰 작업 진행을 지탱해 줄 구조를 설정하는 것이 중요하다. 도움이 될 만한 구조 중 하나로는 규칙적인 시간을 따로 정해 주중의 일정으로 하는 것이다. 혼자 작업을 진행할 때, 작업 중에 나타나는 의도치 않은 강렬한 정서적 반응이 있을 경우를 대비해 안전 계획을 가지는 것이 훨씬 더 중요하다. 이 문제에 관해서는 이후의 안전장치 부분에서 더 논의하게 될 것이다.

동료와 함께 자기실천 · 자기성찰 워크북을 사용할 때

Bennett-Levy 등(2015)의 연구는 그들의 자기실천 · 자기성찰 과정에서 참여자들이 동료들과 함께 '친구'로서 작업을 함께 하고 그에 따른 성찰을 공유할 때의 이점을 서술하고 있다. 이러한 종류의 상호작용은 자기성찰을 확장시키고, 격려와 지지를 제공하며, 안전 수준을 한 단계 높이는 역할을 한다. 분명한 것은 파트너들 간에 높은 수준의 신뢰가 형성되어야 한다는 것이다. 여러분은 또한 비슷한 정도의 심리도식치료 경험과 전문적 단계의 파트너를 고르고자 할 것이다. 우리는 심리도식치료 모형에 익숙지 않은 치료자들이 워크북에서 진행할 문제를 고를 때 치료자로서의 그들의 작업에 관련된 문제를 선택하기를 권장한다. 더 숙련된 심리도식치료자들은 그들의 개인적 일상생활에서의 문제에 초점을 맞추기를 권장한다. 두 가지 유형의 초점을 합친 경우도 좋다. 또 잊지 말아야 할 것은 바로 토론하는 시간을 균등하게 나누어 어떤 한 명이 치료자 역할을 더 많이 맡는 경우의 관계를 지양해야 한다는 것이다.

집단으로 자기실천 · 자기성찰 워크북을 사용할 때

우리가 임상적 심리도식 집단에서 발견했듯이, 작업 집단의 치료적 요인들은 치료자 자기실천 · 자기성찰 작업의 효과를 증폭시킬 수 있다. 우리는 한 참여자의 경험 공유가 또 다른 이의 공유를 이끌고 이러한 상호작용적 과정이 계속되는 것을 쉽게 목격한다. 만약 한 사람의 자기성찰이 다른 사람을 촉발시키면 그 상호작용적 과정이 그 에너지를 증폭시키고 촉진시켜 추가적인 통찰력이나 감정을 활성화시키는 경험으로 이끌게 되는 것이다. 보편성이나 사회학습과 같은 치료적 요인들이 자기성찰 작업에 추가되어 그 참여도를 높이는 것이다. 또한 집단의 지지와 확인은 소속감과 과정에의 참여와 동기를 높일 수 있다. 하지만 집단의 유형이 경험에 영향을 미치기도 한다. 훈련 관련 집단, 일터의 집단, 동료 슈퍼바이저 형식, 대학 학위 프로그램 및 블로그를 공유하는 가상 집단에 이르기까지 많은 유형의 집단이 자기실천 · 자기성찰에 참여할 수 있다. 집단의 유형은 참여자들이 경험할 안전과 비밀 유지의 양 그리고 결과적으로는 얼마나 많은 개인적 자료를 공유하는지에 영향을 미칠 것으로 예상할 수 있다. 작업장의 위계적 집단들은 계급 위치상 가장 높거나 가장 낮은 사람들과 함께 작업하는 것을 금지할 수 있다. 이러한 구성으로 작업할 때, 우리는 동료들과의 참여자로서의 편안함 수준에 따라 큰 집단을 더 작은 집단으로 나누는 방법을 선택할 수 있다. 이 방법이 계급의 효과를 완전히 제거하지는 않지만 안전 수준에는 도움이 되는 것 같다. 우리는 또한 집단 모두에게 공유된 개인적인 자료에 대해 비밀을 지키도록 요청하고, 동의하면 손을 들어 달라고 공개적으로 요청한다. 우리가 촉진하는 심리도식치료 자기실천 · 자기성찰 집단은 제4장에서 논의한다.

슈퍼비전을 위해 자기실천·자기성찰 워크북을 사용할 때

심리도식치료 슈퍼비전(심리도식치료자 자격 인증기관인 국제심리도식치료협회에 정의된)에서는 치료자 개인이 치료적 작업에 미치는 효과가 주요한 초점이 된다. 우리는 주기적으로 어떤 심리도식이 활성화되고 어떤 양식들이 촉발되는지, 치료자의 건강한 성인 양식에 어떻게 접근하는지 검토한다. 여러분의 슈퍼비전에서 자기실천·자기성찰 작업을 논의하는 것은 심리도식치료의 슈퍼비전 방식과 일치할 것이다. 여러분은 개인치료 회기를 활용할 수 있는 것과 같은 방식으로 이 목적을 위해 정기적인 슈퍼비전 회기를 수행할 수 있다. 자기실천·자기성찰 작업에 대한 검토가 슈퍼비전 계약의 유일한 목적이 될 것인지, 아니면 가끔씩 사용될 것인지는 슈퍼바이저와 수련생에게 달려 있다.

요약하자면, 자기실천·자기성찰의 여러 가지 선택에는 그에 상응하는 장단점이 있기 때문에 여러분은 여러분의 필요와 가능한 선택지를 확인하고 평가해 보아야 한다.

실천적인 문제

안전장치

심리도식치료에서 경험적 혹은 정서 중심적 작업이 중요하기 때문에, 우리는 자기실천·자기성찰 참여자들이 워크북의 경험적 작업을 안전하게, 결과에 대한 과도한 불안 없이 수행할 수 있도록 안전장치를 구축하는 데 주의한다. 안전적 측면들 중 특히 세심하게 고려해야 할 것은 바로 이 작업을 할 때의 시기 선택이다. 우리는 심리도식치료의 훈련 중에 이 작업을 하는 것이 도움이 된다고 생각한다. 하지만 만약 여러분이 성격적 불안정성을 겪고 있는 기간(예: 연인과 헤어졌거나 중요한 상실, 죽음을 겪었을 때)이라면 이 워크북을 혼자 사용하기에 적절한 시간이 아닐 것이다. 반면에, 그러한 기간 중에도 치료자로서 계속 작업을 진행한다면 자기실천·자기성찰은 여러분의 활성화된 심리도식들, 촉발된 양식들과 기저 욕구들을 확인하는 데 특별히 유용하게 쓰일 수 있을 것이다. 자신의 심리적 건강에 미치는 워크북의 효과를 지속적으로 평가하는 것은 여러분에게 아주 중요한 일이다. 심리도식치료는 내담자들과 함께 훈련하며 나타나는 불쾌감을 주거나 고통스러운 감정들을 치유하기 위한 기회로 본다. 심리도식치료자들은 내담자들의 심리적 고통을 모니터하고 안전 조치와 교정적 정서 경험을 실행한다. 자기실천 · 자기성찰의 개별적 형태에서는 발생할 수 있는 불유쾌한 감정들에 대해 지원을 제공하거나 욕구를 충족시켜 줄 치료자가 없다. 그러한 이유로 우리는 안전장치들을 더 추가했고, 만약 **여러분이 압도되어 어쩔 줄 모르게 되었을 때는 잠시 멈추어** 휴식을 취하고 다음과 같은 문항들을 따르라는 전반적인 제안을 한다.

예시: 나의 자기실천 · 자기성찰 안전장치 계획

- 나의 안전 장소 이미지(모듈 1에서 개발됨)
- 나의 비상 계획
- 나의 건강한 성인 양식에 접근하기 위한 훈련(모듈 12와 20)
- 지원 시스템에의 연결(예: 저자들이 감독하는 구글 그룹)
- 전문 치료자 혹은 슈퍼바이저와 상담하기

Bennett-Levy 등(2001)은 그들의 연구들에서 자기실천 · 자기성찰에 참여하던 중 인지행동치료 훈련생들이 가끔씩 고통스러운 정서적 경험들을 했다고 말했으며, 이것은 일시적인 혹은 영구적인 탈퇴를 포함한 안전장치 전략들의 필요성을 강조하도록 유도하였다. 만약 여러분이 자기실천 · 자기성찰 훈련을 진행하던 중 강한 불쾌감을 주는 감정에 갇혀 빠져나갈 수 없게 된다면 다시 균형을 찾게 될 때까지 동료 지원집단, 슈퍼바이저, 혹은 치료자들의 도움이 필요할 것이다. 이것은 절대 실패가 아니다. 그것은 여러분의 정서적 학습의 초기 간극인 미충족된 아동기 욕구들의 경험이라고 지적한다. 심리도식치료는 내담자들에게 그러하듯이 치료자들에게도 이러한 간극을 메우도록 만들어졌다. 어딘가 갇힌 것에 대한 인식은 여러분이 미충족된 심리도식 활성적 그리고 양식 촉발적인 욕구들을 검사해 볼 수 있는 신호, 즉 여러분의 '덫'을 극복하는 통로로 쓰일 수 있다.

자기돌봄 계획에 대한 지원

치료자의 자기돌봄은 자주 무시되는 아주 중요한 주제이다. 자기희생 심리도식은 치료자들에게서 자주 발견되는 심리도식들 중 하나이다(Haarhoff, 2006). 우리가 내담 자들에게 자신의 욕구들을 확인하고 그것을 건강하고 효과적인 방식으로 충족하도록 가르치는 것과 마찬가지로, 치료자들인 우리도 그렇게 해야만 한다. 자기실천·자기 성찰 프로그램은 이러한 일을 수행하는 데 효과적이며 가끔씩은 추가적 자기돌봄 지 원을 위한 개인적 치료도 필요할 수 있다. 심리도식치료의 핵심은 욕구를 충족시키는 것이다. 이 과정을 통해 여러분의 욕구를 마주보며 성찰하라. 만약 특정 모듈을 작업 하기에 적합하지 않은 시기라고 느껴진다면 하지 말라. 대신 현재의 욕구들을 돌보는 데 시간을 투자하라. 비판적 양식으로부터의 부정적 메시지를 경계하라. 그 메시지들 은 이 과정에 전혀 도움이 되지 않으며, 그것을 위한 자리는 더 이상 없다는 것을 기억 하고 쫓아내라. 완벽하기를 바라지 말라. 그것은 이룰 수 없는 목표이다. 자기실천 훈 련들은 여러분이 인식하지 못했던 초기부적응도식이나 부적응적 대처 양식들을 확인 하도록 이끌 것이다. 여러분은 여러분의 임상적 작업들이 어떻게 영향을 미치는지를 살펴보고 치료자로서의 자신의 능력에 대해 의문을 가지기 시작할 수 있다. 이 과정을 겪으며 여러분이 더 유능하며 공감적인 치료자가 되어 감을 인식하는 것은 아주 중요 하다. 치료자가 정서적 건강의 모범이어야만 한다면, 세상에 존재하는 치료자는 거의 없을 것이다.

탈진 예방

우리 모두는 희망과 열정을 가지고 '남을 돕는 직업'군에 들어왔지만, 상처받은 타인 을 위해 엄청난 정서적 지원을 해야 하는 부담이 큰 업무를 지속하기 위해서는 우리 자 신의 복지와 예방적인 자기유지에도 힘써야 함을 기억해야 한다. 심리치료자들을 위 한 자기치료적 주제에 대한 문헌의 수가 빠르게 증가하고 있다(Perris, Fretwell, & Shaw, 2012). 일반적으로 '탈진(burnout)'이라는 용어는 돌봄자들의 정서적 소진, 탈인격화, 개인적 성취감의 감소 등의 상태를 설명하는 데 사용된다. 탈진은 동료, 친구, 혹은 가 족의 친밀한 정서적 관계의 결여와 부적절한 지지와 연관되어 있다. 추가적 위험요소들에는 심리적 외상 과거력이 있는 내담자와 작업하고, 개인적 심리적 외상력을 가지고 있을 때의 치료에 대한 높은 공감적 접근이 포함된다.

첫 번째 두 가지 위험요인은 심리도식치료가 활용되는 내담자 모집단, 특히 심리적 외상이 만연한 경계성 성격장애 모집단에게 공감, 제한된 재양육으로 내담자의 욕구를 충족시키고, 높은 수준의 연결과 투명성을 유지하며, 치료 회기에 진정으로 존재하는 측면에 초점을 맞추는 심리도식치료 모형에 특별히 적용된다. 심리도식치료는 치료적 관계 내의 치유과정에 의존하면서 인지적·경험적·행동적 전략을 통해 핵심 정서적 욕구에 초점을 맞춘다. 따라서 심리도식치료자로서 진실하고 제한된 재양육과 관련된 작업에 지속적인 에너지를 가지고 있어야 한다. 우리는 자신의 정서적 욕구를 진지하게 인식하고 받아들여야 한다. 치료자로서 자신을 돌보는 데 있어서 중요한 한 부분은 자신의 정서적 욕구에 대한 정서적 인식과 수용이다.

치료자의 자기돌봄은 자신의 취약한 아동 양식이 촉발되었을 때 핵심 정서적 욕구들을 충족시킬 수 있도록 성실하게 돌보는 데 있다. 물론 이 욕구는 내담자들에 의해 충족되거나 내담자들의 욕구 충족을 희생시키는 방향으로 충족되어서는 안 된다. 예를 들어, 내담자들이 충족되지 못한 욕구들에 대한 슬픔을 표현했을 때 그 경험들과 관련된 우리의 심리도식을 활성화시키거나 우리의 취약한 아동 양식을 촉발시킬 수도 있다. 만약 치료 회기 중 취약한 아동 양식이 촉발되는 것을 인식하게 되면, 여러분은 자신의 취약한 아동 양식의 욕구들을 인정하고, 욕구 충족을 잠시 미룬 후, 건강한 성인 양식으로 건너가 회기를 마저 진행하는 방법을 찾아야 한다. 자신의 취약한 아동 양식을 인정하는 것은 아주 간단한데, 바로 스스로에게 "나는 나의 슬픔과 안정을 위한 욕구를 알아차렸고, 조금 있다가 오늘 이 욕구를 충족시킬 것을 약속할게."라고 말하는 것이다. 그리고 나서 정말 중요한 것은 꼭 그날 현존하고 있는 자신의 취약한 아동 양식의 욕구에 대해 다시 한번 돌아보고 그것을 충족시키기 위한 행동을 해야 한다는 것이다. 이것은 모듈 20의 '나의 양식들 훈습하기' 양식에서 더 논의될 것이다.

좋은 자기돌봄의 예시에는 친밀한 관계에서의 애정, 양육, 지지 등과 같은 욕구들이 확실히 충족되게 하는 것과 자신의 힘든 경험을 털어놓았을 때 자율적이고 독립적인 감정을 유지한 채로 조언을 받고 지지받으며 심적으로 연결되어 있다고 느끼는 것 등이 있다. 심리도식치료에서 정의하듯, 관계와 유대감은 복지의 핵심 요소들이다.

자신의 핵심 욕구 돌보기

심리도식치료는 핵심 욕구들에 초점을 맞추는 접근이다. 내담자들 중에는 가끔 이러한 욕구들(양육, 애정, 인정, 자율성, 공감적 한계 등의 적응적 관계적 질을 제공하는 애착 형태에 대한 욕구)이 아동기 때부터 한 번도 충족된 적이 없어서 건강한 정서적 성숙과 발달이 되지 않은 경우도 있다. 심리도식치료에서 우리는 심리도식치료의 치료적 방식의 일환으로 제한된 재양육라는 전문적 경계 내에서 내담자들의 욕구를 충족시킨다. 이 모형은 제한된 재양육에 의한 교정적 정서 경험이 특히 경계성 성격장애를 가진 내담자들에게 있어서 심리도식치료의 가장 중요한 개입이라는 것을 주장한다. 성공적인 제한된 재양육은 치료과정 중 현시점에서의 핵심 욕구들에 대하여 적절하게 반응할 수 있는 정서적 인식과 능력 등과 같은 치료자의 대인관계적 기술들에 주로 의존하는 것으로 여겨진다.

모든 사람이 그러하듯, 심리도식치료자들도 제한된 재양육의 실천을 방해할 수 있는 각자의 한계들(예: 엄격한 기준, 결함, 자기희생의 주제들)을 가지고 있다. 이러한 개인

표 3-1 심리도식치료자로서 자신의 핵심 정서적 욕구들을 스스로 돌보는 방법 예시

유대감	자율성	역량	건강한 제한	자발적인, 즐거움
• 친밀한 관계를 맺기(가족, 동료, 친구들 등) • 감정을 표현하고, 안전지대에서 방출하며, 사적인 생각과 걱정들을 공유하기 • 계속해서 열정적으로 자신의 취약한 아동과 함께하는 내면의 대화를 유지하기	• 매일의 행동을 통해 자신의 핵심 가치들을 키우기 • 자기인식과 관련된 선택하기. 자신의 창조성을 위한 발산 수단 찾기 • 심리치료와 관련되지 않은 흥밋거리(여행, 취미 등) 찾기	• 영감을 주는 워크숍을 수강하고, 전문적인 분야와 관련된 독서 계속하기, 슈퍼비전 활용하기 • 지식을 심화시키기 위한 특별한 분야에 집중하기 • 이미 알고 있는 것을 확인하고, 학회에서 훈련을 시키거나 논문을 발표하기	• 자신의 사생활과 직업적인 삶 속에서 조직되어 있다. • 목표를 설정한다. • '해야 할 일' 목록을 따른다. • 충동적인/비훈육된 아동 양식들이 촉발되었을 때에 주의한다.	• 친구나 동료, 아이, 혹은 애완동물과 함께 노는 시간을 확보한다. • 즐기는 레저 활동을 위해 시간을 뺀다. • 필요한 만큼의 시간을 반드시 확보하고 즐거워 보이는 놀이가 있을 경우 열린 마음으로 대한다. • 함께 게임하거나 동물원 또는 놀이공원에 갈 친구들을 만든다.

적이며 타고난 천성을 고려해 볼 때, 제한된 재양육 모형 내에서 작업하는 것은 인지적 또는 행동적 접근보다 치료자 자신의 심리도식들과 역기능적 대처 양식들을 촉발시킬 가능성이 높다. 우리는 슈퍼바이저로서의 경험을 통해 우리 자신의 심리도식이 활성화되고 양식들이 촉발되는 것은 피할 수 없는 것임을 알게 된다. 심리도식치료자들의 자기돌봄, 즉 자신의 욕구들을 돌보는 것은 효과적이지 못한 제한된 재양육의 발생을 줄이거나 예방해 주며 우리 자신의 전문적이며 개인적인 복지를 향상시키는 기회를 준다. 치료자들이 자신의 핵심 정서적 욕구들을 돌보기 위한 몇 가지의 방법에 대한 예시가 〈표 3-1〉에 소개되어 있다.

자신의 심리도식 그리고/혹은 양식들이 촉발되었을 때

치료자의 미해결된 부적응적 심리도식과 양식은 치료과정에서 방해를 하여 내담자와 치료자 모두에게 정서적 고통을 야기할 수도 있다. 다음은 치료자의 부적응적 심리도식과 양식에 관련된 치료적 위험의 몇몇 예시이다.

회피성 대처 양식

만약 치료자가 회피성 대처 패턴을 가지고 있다면, 그것은 그가 치료 회기 중에 발생하는 강렬한 주제들에 대해서 내담자들과 개방적이고 직접적으로 다루는 것을 막을 수 있다. 치료자 측의 회피는 건강한 치료적 과정의 발달을 막을 수 있고 내담자를 공개적으로 좌절시키고 치료자의 회피성 대처를 더욱 강화시킨다. 내담자 좌절의 증가는 내담자와 치료자 모두에게 정서적 고통을 가중시킬 유기, 실패 등과 같은 회피성 대처와 연결된 부적응적 심리도식을 활성화시킬 수 있는 위험도 무릅쓸 수 있다.

과잉보상 양식

다양한 부적응적 심리도식에 대해 과잉보상하는 치료자는 회피성 대처 양식을 쓰는 치료자와는 반대로 내담자들에게 지나치게 대립적일 수 있다. 실패 심리도식에 과잉보상을 하는 치료자는 과제 등을 제대로 수행할 수 없는 내담자들에게 너무 성급하게 그것을 지적하고 비판할 수도 있다. 결함 심리도식에 과잉보상을 하는 치료자는 자기 자신 안에서 싫어하는 사적인 생각과 행동을 드러낼 때 내담자들이 스스로에게 결함이 있다고 느끼게 할 수도 있다. 정서적 박탈에 과잉보상하는 치료자는 치료자의 시간 관리(예: 집에 제시간에 들어가기 위한 치료 회기 종결)에 대한 중요성을 인지하지 못해서 치료 회기가 끝날 때쯤 위기 관련 이야기를 꺼내 놓는 내담자들에게 화를 낼 수도 있다. 불신/학대 심리도식에 과잉보상하는 치료자는 내담자들에게 적정한 한계를 설정하는 데 실패해 내담자와 치료자 둘 모두에게 잠재적으로 위험한 상황에 처하게 할 수도 있다. 과잉보상 문제를 가지고 있는 치료자는 건강한 방식으로 그것을 관리하지 않는다면 치료 회기 중 진행 중인 심리도식 활성화로 인해 과도하게 스트레스받고 탈진될 위험을 무릅쓸 수도 있다.

굴복 대처 양식

순응적 대처 방식(즉, 그의 심리도식에 굴복하는)을 가진 치료자는 자신의 욕구에 대해 필요한 한계를 설정하지 않거나 자신의 욕구를 옹호하지 않음으로써 탈진될 위험을 무릅쓸 수도 있다. 실패 심리도식에 굴복하는 치료자는 내담자가 차도를 보이지 않을 때 내담자에게 자신의 작업을 끝까지 수행하도록 현실적인 책임을 부과하는 대신, 치료 회기 중에 계속해서 자신을 비난할 수도 있다. 불신/학대 문제를 가지고 있는 치료자는 예를 들어 자기애를 다루는 경우 현실적인 한계를 설정하는 대신 내담자가 자신을 비난하고 괴롭히도록 허용할 수도 있다. 자기희생 심리도식에 굴복하는 치료자는 내담자 의존도를 높여 결과적으로 내담자의 욕구 정도나 범위에 맞추기 힘들게 될 수도 있다.

요구적인 비판 양식

많은 전문가는 어떤 요구적 비판은 적응적일 수 있다는 사실을 발견했다(예: 학기 중 마감 기한을 맞추거나 시간이 촉박한 일을 끝마칠 때 등). 그러나 항상 현존하는 내적인 요구적 비판은 치료자의 직무 만족을 강탈하고 치료의 진행이나 치료 시간의 길이로 불필요한 좌절감을 야기할 수 있으며 치료자의 자신감과 탁월감을 손상시킬 수도 있다. 이러한 역기능적 비판 양식은 치료자가 일과 즐거움 및 관계 활동의 불균형(탈진에 대한 또 다른 경로)을 겪게 할 수도 있다.

심리도식치료자가 치료를 수행할 때 부적응 양식의 위험을 줄이는 몇 가지 방법이 있다. 첫 번째 단계는 바로 여러분이 어떻게 느끼고 어떤 양식이 촉발되는지를 깨닫는 것이다. 여러분이 치료 회기 중 혹은 치료 회기 후, 심지어 일과 중 특정 내담자를 만날 때 강한 정서적 반응을 느끼게 되었을 때는 자기모니터링 원(모듈 6에 소개되어 있음)을 완성하는 것이 도움이 될 것이다. 이 분석은 여러분의 경험에 대한 많은 정보를 줄 뿐만 아니라 방해되는 양식들을 다루는 데 필요한 계획을 만드는 데에도 도움이 될 것이다. 물론 우리는 내담자들에 대한 우리의 반응을 다른 사람들이 그들에게 어떻게 반응할지에 대한 예시 정보로써 이용하기도 한다. 예컨대, 우리 내담자의 과잉보상 대처양식에 대한 우리의 반응처럼 여러분이 가지게 되는 개인적인 반응들이 다른 모든 사람들이 가지게 될 법한 반응일 경우, 그것이 무엇인지 분류하는 것은 중요한 일이다. 슈퍼비전과 동료 슈퍼비전은 촉발되고 있는 양식에 대한 피드백을 얻고 인식을 높일 수 있는 훌륭한 기회이다. 이런 종류의 치료자 피드백은 심리도식치료 슈퍼비전의 핵심 부분이다. 전문적 슈퍼비전과 동료 슈퍼비전 모두 자신의 욕구들(예: 인정에 대한 욕구, 자신감 구축, 건설적인 피드백, 역량 강화, 수용)을 충족시킬 수 있는 중요한 원천들이다. 만약 여러분이 자기실천 · 자기성찰 워크북을 끝냈다면 현재 고군분투하고 있는 양식에 대한 훈련들로 돌아가 한 번 더 훈련을 하거나 자신의 자기성찰을 다시 읽고 싶을 수도 있다. 만약 여러분이 회기 중 더 강렬한 촉발을 느꼈다면 개인치료 또한 이용할 만한 중요한 요소일 것이다.

안전장치 문제에 대해서 요약하자면, 우리는 내담자들(문제의 심각성 정도가 광범위한), 훈련 중인 치료자들 그리고 우리 자신이 이 워크북의 모든 훈련을 해 왔다. 우리는 정신병원에 수감된 심각한 경계성 성격장애 내담자들과 조현병 내담자들과 작업하면서도 그 어떤 부정적 효과 없이 이러한 심리도식치료 개입들을 사용한다. 우리는 여기와 모듈 1 훈련에 포함된 안전장치들이 심리도식치료 훈련 프로그램을 시작하거나 끝낸, 건강한 성인 양식을 가지고 있는 사람들에게 적절하다고 생각한다.

Ida는 나를 연습용 기니피그로 부르며 새로운 훈련을 먼저 시험해 보곤한다. 사용 후 부정적인 결과는 없었지만, 정서적 활성화를 경험했다. 정서적 활성화는 종종 훈련의 목표이기 때문이다. 이러한 훈련들은 이 장에서 설명된 안전장치를 사용한 경우에는 치료자들에게 해롭다고 생각하지 않는다. 심리도식치료자가 되기 위해서는 상당한 자기인식과 열린 마음, 진실성, 융통성이 요구된다. 워크북 훈련에 압도된 치료자는 아마 약간의 개인치료나 심지어 또 다른 치료 방식을 고려해 보고 싶을 수도 있다. 자기실천·자기성찰 프로그램을 통한 작업의 긍정적 측면을 살펴보면, 치료자들은 그들의 초기부적응도식과 부적응적 대처 양식과 관련된 '인생의 덫'을 해결하면서 일어난 개인적 성장 경험이 매우 가치 있고 정서적인 수준에서 그들의 내담자들을 이해하는 데 도움이 된다고 말한다. 우리의 판단에 의하면, 이점들이 사소한 위험보다 훨씬 더 크다.

자기성찰의 과정

심리도식치료 훈련

심리도식치료 훈련과 슈퍼비전은 자기성찰을 포함하고 있다. 치료자들은 그들의 심리도식과 양식 활성화를 모니터링하고 YSQ를 통해 그들의 심리도식과 양식에 대해 평가하는 경험을 하게 된다. 대부분의 훈련 프로그램들은 훈련 중의 치료자들이 스스로 자신에 대한 사례개념화를 구성하도록 한다. 15시간의 역할극 상호작용이 개인 심리도식치료 자격 훈련에 포함되어 있어, 치료자는 이러한 개입과 자기인식, 내담자의 경험에 대한 이해를 향상시킬 기회를 갖게 된다. 하지만 Bennett-Levy 등 (2015)이 관찰했다시피, 치료자들은 서로 다른 수준의 타고난 자기성찰 능력을 가지고 있다. 그래서 그들은 성찰을 준비하고 실제 되돌아보는 과정과 자기성찰적 글쓰기를 위한 자기성찰적 질문들을 제안하였다. 우리는 이러한 그들의 지침에 대한 요약을 다음 절에서 기술할 것이다.

자기성찰적 질문

각 모듈은 일련의 자기성찰적 질문으로 끝이 난다. 그것은 점차 심화되는 경로를 따른다.

• 훈련을 하는 동안 즉각적인 경험은 무엇이었는가? 어떤 감정, 신체 감각, 생각, 이미지 그리고 기억을 인식하게 되었는가?

- 어디에서 심리도식 활성화나 양식 촉발을 경험했는가?
- 한 개인 또는 치료자로서 스스로에 대해 어떤 것을 배웠는가? 이 훈련이 과정에 유용했는가 그렇지 않았는가?
- 여러분의 내담자들의 경험을 이해하고 함께 작업하는 데 자신의 경험이 어떻게 영향을 미치는가? 다음 내담자와의 치료 회기에서는 이 새로운 이해를 어떻게 실행할 것인가?
- 이 경험이 심리도식치료에 대한 자신의 이해에 어떻게 영향을 주었는가?

이러한 자기성찰적 질문들은 개인적인 경험으로부터 전문적인 의미로 옮겨 갈 수 있게 해 준다. 인지행동치료 자기실천·자기성찰과 같이, 심리도식치료 자기실천·자기성찰은 개인과 전문가 사이의 명확한 연계를 만드는 표적화되고 집중적인 훈련 전략으로서 설계되었다. 자기실천에 대한 이러한 접근은 사적인 영역에 주로 집중하는 개인치료와는 결과적으로 다르다.

모듈에는 또한 각 모듈에서 이루어지는 특정 훈련에 대한 경험에 관하여 문의하는 자기성찰적 질문들이 포함되어 있다.

자기성찰적 지침[1]

자기성찰 준비하기

- 노트를 펼칠 기분이 들 때까지 기다리지 말고 성찰할 시간을 정한다.
- 강한 감정, 즉 불쾌감을 주거나 고통스럽고, 흥분되거나, 즐거운 감정 등을 경험하게 될 때를 대비하라. 감정을 느끼는 데에는 따로 정답이 없다. 자신이 느끼는 것은 무엇이든 자신에게 맞는 것이다.
- 작업을 지속하기가 애매모호한 시간에 대비한다. 갑자기 포기하지 않는다. 작업 진행을 어떤 대처 혹은 비판 양식이 방해하는지 고려한다. 우리가 내담자들에게 늘 말하듯이 변화는 시간이 걸리고 또 어렵다.

---

1) Bennett-Levy 등(2015)에서 심리도식치료 자기성찰이 개작됨.

- 방학처럼 자연적으로 나타나는 휴식 시간을 의식해서 작업을 다시 시작할 수 있는 계획을 만든다.
- 개인 정보 보호와 기밀성을 보장하기 위해 노트를 보관할 계획을 수립한다.
- 어떤 사람들은 실제 물리적인 노트를 선호하지만, 다른 사람들은 암호로 보호된 전자파일을 사용한다.

자기성찰의 과정

- 여러분이 사용하려고 계획한 시간 동안(대략 30~45분 정도) 방해받지 않을 조용한 공간을 찾는다.
- 심호흡을 하고, 신체에 집중하고, 편안하게 마음을 먹는다.
- 자신이 가진 생각, 감정, 혹은 감각을 성찰한다.
- 자기실천 훈련을 자기성찰로 이행하는 과정을 가진다. 이 이행은 심호흡을 하고, 자신의 안전지대 이미지나 모듈 2에 소개된 접지 훈련을 사용하면서 이루어져야 한다.
- 상황이나 그에 수반되는 감정, 생각, 신체 감각, 행동을 회상하는 자신만의 방법을 찾는다. 일반적인 방법으로는 눈을 감고 내면에 집중하는 것이 도움이 될 것이다. 자기실천 훈련 중 성찰할 특정 상황이나 기억을 선택한다. 시각, 청각 및 후각적으로 가능한 한 상세하게 기억을 재구성한다. 어떤 사람들은 경험을 재현하기 위해 마음속으로 '영화 클립'을 재생하기도 한다. 몸 한가운데로 숨을 쉬며 감정에 대한 신체적 징후를 확인한다.
- 생각을 검열하거나 감정에 질문을 던지지 않는다. 감정이 발달할 수 있도록 충분한 시간을 준다. 만약 감정을 느끼기 시작한다면—예를 들어, 눈물이 나오기 시작한다면—바로 그것이 무엇인지 알아내려고 하지 말고 그저 있는 그대로 느끼라. 만약 감정이 뭔지 분석하기 위한 시도를 하게 되면 감정이 충분히 발달되지 않아 결국 그것이 무엇에 관련된 것인지 알 수 없게 될 것이다. 가끔 감정들은 아무 의미가 없거나 기억에 직접적으로 연결되어 있지 않기도 한다. 이런 경우는 특히 아직 말을 하기 전의 기억 혹은 경험들에 관련해 일어난다.
- 자신의 감정에 대한 반응에 열린 마음을 가진다. 그 경험이 어떨 것인지에 대한 너무 많은 선입견을 가지지 않도록 주의한다.

- 부적응적 대처 양식이 촉발되는 것을 알아차린다. 회피성 양식이 자신을 분리로 이끌고 과잉보상 양식이 성찰과정을 비판하고 무시하도록 이끌 수도 있다.
- 역기능적 비판 양식의 메시지나 규칙을 포함하는 생각(예: 이 과정이 '바보같다'거나 당신이 '뭔가 잘못하고 있다'고 생각하거나 혹은 여러분이 무의미한 성찰이나 피상적인 성찰만 떠올리는)을 알아차린다. 비판적 양식을 방에서 내보낸다.
- 스스로에게 온화하고 인정 있게 대한다. 치료자들은 인간이다. 우리는 모두 각자의 장단점을 가지고 있다. 우리는 우리의 내담자에게 촉발되는 것과 같은 종류의 양식을 경험하게 될 것이다. 우리는 인간이 아닌 다른 무언가가 될 수 없고, 이러한 인간적인 모습이 우리의 내담자들을 치유하는 데 도움이 된다.
- 성찰은 따로 할당된 만큼의 기간에만 국한될 필요가 없다. 여러분은 한 주 내내 어떤 생각에 사로잡혀 있을 수도 있으므로 그러한 것들도 노트에 함께 기록해 두면 도움이 될 것이다.
- 전 모듈을 통하여 자기성찰 질문들은 단지 제안에 가까우며 여러분을 제한하려는 의도가 아니다. 여러분은 자신의 성찰적 과정을 도울 수 있는 다른 단서들을 떠올릴 수도 있다. 그것들 또한 이용한다.
- 성찰과정에서 개인적인 부분과 전문적인 부분을 연결하라. Bennett-Levy 등 (2015)의 연구에서 자기실천·자기성찰의 사용을 통해 가장 큰 이득을 얻은 사람들은 다들 개인적 자신과 치료자로서의 자신 모두에 대해 두 가지 측면을 오가며 성찰하였다고 제안했다.

자기성찰적 글쓰기

- 주어를 자기 자신으로 설정한다(즉, '나는 ~했다'와 같은 형식을 취한다).
- 글쓰기는 생각과 연결되는 부분이기 때문에 성찰적 과정에서 핵심 요소이다. 그것은 그저 생각만 하는 것과는 다른 방식으로 생각을 자극할 수 있다.
- 다른 누군가가 읽는다는 걱정 없이 스스로에 대해 적는다. 스스로 정했을 때 말고는 이 글을 다른 사람이 읽을 일은 절대 없을 것이다. 스스로에게 솔직하고 열린 마음으로 대할수록 이 경험을 통해 더 많은 것을 얻을 수 있을 것이다.

3인의 치료자 예시: 줄리아, 페니 그리고 이언

모듈을 진행하는 동안 3명의 가상의 치료자의 경험이 예시로 이용될 것이다. 이 세 치료자는 자기실천·자기성찰 집단, 개인치료 그리고 심리도식치료 슈퍼비전에서 만난 수많은 치료자의 조합체이다. 우리가 자신을 묘사하고 있다고 생각하는 누군가를 식별할 가능성을 최소화하기 위해 개인 정보는 삭제되거나 변경되었다. 하지만 예시들이 치료자들의 일반적인 경험들을 보여 주기 때문에 그들의 이야기는 아마 아주 친숙하게 느껴질 것이다. 우리는 줄리아, 페니, 이언의 예시를 만들며 우리 자신의 경험 또한 넣었다.

우리는 그들의 작업에서 각자 다른 부분이 보이도록 신중하게 그들의 이야기를 골랐다. 줄리아는 심리도식치료 훈련 중에 있는 비교적 신입 치료자이다. 페니는 20년 이상의 실무 경력이 있고 자격을 가진 심리도식치료 슈퍼바이저이다. 이언은 치료자로 5년 동안 일해 왔으며 심리도식치료 주말과정 강의를 한 번 들었다. 그는 심리도식치료 자격증을 취득할지의 여부를 고민 중이다. 이 세 치료자는 모두 자기실천·자기성찰 프로그램의 작업에 도움이 되는 문제를 확인한다. 이러한 개관을 통해 우리는 심리도식치료 모형 언어 사용을 의도적으로 피하여 내담자가 자신의 문제에 대해 설명했을 때 그것을 심리도식치료 개념화로 옮기는 과정 또한 모듈의 평가 훈련에서 설명할 수 있다.

줄리아

나는 28세이며, 클리닉과 개인센터 두 곳에서 일하는 시간제 심리치료이다. 나는 심리학 석사이며 국가 공인 심리치료자이다. 나는 심리도식치료 프로그램 훈련과정을 끝내고 매주 슈퍼비전을 받고 있는 중이다. 내가 인식한 문제들은 치료자로서 내가 자신감이 부족하다는 것과 새로운 친구들이나 심지어 새 내담자들이 나를 좋아할지에 대해 걱정한다는 것이다. 나는 내담자들과 한계를 설정하는 것이 어려우며 가끔씩은 회기 중에 집중하지 못하는 것을 느끼기도 한다. 나는 가끔 정해진 회기 시간을 넘기기도 한다. 나는 또한 가해자-공격 양식 상태의 내담자들에게 한계를 설정하는 것에 어려움을 느낀다. 그런 회기들이 끝나고 나면 나는 고통스럽고 스스로에게 비판적이 된다. 나는 스스로에게 '멍청이' '쓸모없어'라고 말하며 기분을 풀기 위해 초콜릿과 달콤한 것들을 잔뜩 먹는다. 그러면 잠깐 동안은 기분이 나아지지만, 결국 나는 살이 쪄서 뚱뚱해지고 역겨워졌다며 스스로를 비난한다. 나는 어렸을 때부터 '충분히 잘 한다'는 것에 대해 걱정을 해 왔다. 이러한 걱정은 여자 친구와의 관계에도 영향을 미친다. 나는 그녀의 비위를 맞추려고 많은 노력을 하지만, 그러고 나서 만약 그녀가 나만큼 신경 쓰지 않고 칭찬하지 않을 때 나는 행복하지 않고 철수한다. 나는 내가 친구 관계를 망치고 있지는 않은지 걱정이 된다.

자기실천 · 자기성찰 작업을 위해 잠정적으로 확인한 내 잠재적 문제들은 다음과 같다.

① 치료 회기 중에 집중하지 못하고 한계를 설정하지 못하는 것
② 내가 완벽하지 못하거나 실수를 저질렀을 때 너무 자기비판적이 되는 것
③ 불쾌한 감정을 잠재우기 위해 단것을 너무 많이 먹는 것

페니

50세의 나는 박사학위를 가지고 있는 선임 임상심리학자이다. 기혼이며, 다 큰 아이가 둘 있다. 수년간 심리도식치료의 트레이너 및 슈퍼바이저였으며 수련생들에게 자기실천 · 자기성찰을 많이 추천하고, 스스로에게도 심리도식치료 전략을 적용하고 있다. 나는 내가 내 학생들, 가족 그리고 내 자신에게 아주 높은 기준을 가지고 있다는 것을 알고 있다. 만약 그 기준에 맞지 않으면 나는 매우 자기비판적이 된다. 나는 마치 '이 멍청한 돌대가리야.' 혹은 '너는 아무짝에도 쓸모없어.'와 같은 너무 심한 비판적 생각을 하곤 한다. 나는 오랜 시간 동안 일하도록 내 자신을 혹사하고 완벽하게 하려고 노력한다. 나는 또한 내 학생들도 혹사하고 많은 것을 요구하며, 종종 그들의 작업을 너무 세세하게 관리하려고 한다. 나는 성인이 된 내 아이에게도 종종 이렇게 대한다. 사실 나는 요구하고 싶지 않다. 가장 걱정이 되는 것은 내 내담자들에게도 그렇게 요구적이 되는 것은 아닌가 하는 점이다. 나는 1세대 일본인으로, 문화적 문제들이 나의 추진력과 완벽주의에 연관될 수 있다고 생각한다. 현재 자기실천 · 자기성찰 프로그램

에 참여하게 된 계기는 이러한 문제들이 점점 심해져서 내 개인 생활이나 직업 생활에 영향을 미치기 때문이다.

자기실천·자기성찰 작업에서 확인된 내 문제들은 다음과 같다.

① 자신 혹은 수련생들을 너무 심하게 재촉하는 것
② 수련생들을 너무 세세하게 관리하는 것
③ 가족과 있을 시간이 없을 정도로 자신의 일을 완벽하게 하려고 너무 많은 시간을 소비하는 것
④ 내담자들의 작업이 내 기준에 맞지 않을 때 요구적 부모 양식으로 대하는 것

이언

나는 35세이며, 남자이고, 심리치료자이다. 사회복지 전공 석사학위를 가지고 있으며 자격을 가진 심리치료자이다. 게슈탈트치료와 인지행동치료 훈련을 받았으며 최근 심리도식치료 훈련을 시작했다. 지난 여섯 달 동안 새 직장을 얻고 결혼을 했고, 그 덕에 전반적인 불안거리가 상당히 늘었다. 최근에 나는 부정적인 피드백을 받았을 때나 다른 방식으로 일을 하는 것이 나에게 제안되었을 때 매우 민감해진다는 것을 알았다. 자동적으로 드는 생각은 '저 사람들이 지금 내가 부족하고 멍청하다고 말하는 거지?'이다. 그래서인지 나는 가끔 상황에 맞지 않는 방어적인 반응을 보이기도 한다. 나는 몇 번인가 아내를 '통제하는 년'이라고 부르기도 했고, 그녀의 감정을 상하게 하고, 그녀를 멀리 밀어내기도 했다. 나는 동료들이 나를 피하는 것을 눈치챘고, 훈련 집단에서 파트너를 고를 때 가끔 맨 마지막까지 남아 있기도 했다.

자기실천·자기성찰을 위해 내가 확인한 문제는 다음과 같다.

① 나는 부정적 피드백에 너무 예민하고 비판받았다고 느껴지면 지나치게 방어적이 되고 화를 낸다. 이런 반응 패턴은 슈퍼바이저와 아내에게 일어난다.
② 아내에게 매우 화가 났을 때, 나는 그녀에게 부적절하고 부정적으로 함부로 말한다.
③ 나는 아내에게 내가 필요한 인정과 지지에 대해 직접적으로 요청할 수 없다.

줄리아, 페니, 이언이 자기실천 · 자기성찰 작업을 위해 스스로 선택하여 확인된 문제들은 워크북 전반에 걸쳐 나타날 것이다. 우리는 자기실천 · 자기성찰을 사용하는 이들의 진행을 따라가며 그것이 어떻게 감정과 욕구, 양식, 심리도식 그리고 선택에 대한 그들의 인식을 높이고 어떻게 변화와 치유를 위한 기회를 제공하는지 지켜볼 수 있을 것이다.

제4장
진행자를 위한 안내

이 장에서 우리는 20년 동안 자기실천 · 자기성찰 집단의 여러 형태를 진행하면서 얻은 우리의 관찰 및 제안을 나누고자 한다. 심리도식치료 자기실천 · 자기성찰이 광범위하게 실행되었음에도 불구하고 심리도식치료 자기실천 · 자기성찰을 평가하기 위해 발표된 연구는 없다. 인지행동치료 자기실천 · 자기성찰 집단들을 평가하는 광범위한 연구가 존재한다(Bennett-Levy et al., 2015; 이 장의 다음 절에 요약되어 있음). 우리가 인지행동치료 연구 결과로부터 추론할 수 있으나, 심리도식치료 자기실천 · 자기성찰 집단의 효과는 실증적 검증이 필요하다. 또한 우리는 인지행동치료의 연구 결과를 확인된 '영향을 미치는 요인'의 관점에서 요약하며, 이를 심리도식치료 자기실천 · 자기성찰 집단에 적용할 수 있다고 생각한다.

자기실천 집단에 참여한 우리 자신의 경험

우리 둘 다에게 있어 자기실천 집단의 첫 번째 경험은 우리가 처음 만난 32년 전으로 거슬러 올라간다. 우리는 집단 리더였던 한 심리치료자의 개인치료에 참여 중인 개업 심리치료자들이었다. 자기실천 집단은 주로 생체에너지론과 게슈탈트 기법들을 이용했다. 이 집단은 8명의 치료자가 몇 년에 걸쳐 한 달에 하루씩 만나도록 구성되었다.

우리 둘 모두는 이 집단이 개인적 성장, 집단 환경 내에서 자신의 촉발요인들에 대한 인식의 관점에서 도움이 되고, 자신의 경험적 개입의 편안함을 증가시키고, 집단에서의 내담자의 경험에 대한 이해를 향상시키는 것을 발견하였다.

우리는 우리가 이끄는 자기실천·자기성찰 집단의 몇몇 훈련에 일상적으로 참여한다. 10년간 이러한 집단을 주기적으로 이끌고 나니 우리는 여전히 우리 자신과 내담자들의 경험에 대해 늘 무언가를 더 배웠다는 사실을 발견한다.

예시

비판적 양식에 맞서기 위하여 설계된 훈련에서 참여자들은 그들의 메시지 중 하나와 그것과 관련된 어린 시절의 경험을 공유했고, 이어서 집단 원의 중앙에 앉아서 그들이 들을 만한 메시지를 다른 사람들로부터 들었다. Ida는 '너는 여동생처럼 예쁘지 않다'는 메시지를 선택했다. 이 지각은 그녀의 조기 출산과 처음 몇년 동안 머리카락이 거의 없었던 것으로 거슬러 올라간다. 만기 출산의 여동생은 아름다운 긴 늘어뜨린 머리를 가지고 있었는데, 어머니는 그녀의 아름다움에 대해 언급하면서 항상 빗질을 하고 컬링을 하고 있었다. 집단서 Ida에게 그녀의 진가, 가치, 아름다움에 대한 사랑스러운 메시지를 주었다. 그녀는 이 어린 시절의 경험이 그녀에게 얼마나 많은 상처를 주었는지 그리고 그녀가 취약한 아동 양식 상태에 있을 때 그 감정이 얼마나 많이 되살아났는지 그 경험이 있을 때까지는 깨닫지 못했다. 그녀는 또한 1세 때 두꺼운 어깨길이의 곱슬머리를 가진 Joan과 함께 아기 사진을 볼 때 그녀의 반응의 강도를 더 잘 이해했다. 그녀는 Joan이 그 일로 놀렸을 때 웃었지만, 그녀는 실제로 상처받았다는 것을 깨달았다. 그녀의 감정을 나누면서 의도하지 않은 상처와 놀림의 끝에 대해 사과하게 되었다.

이 예시와 같은 경험들과 우리 둘 다 심리도식치료 자기실천·자기성찰에 참여함으로써 계속 이익을 얻는다는 우리의 평가가 숙련된 심리도식치료자들에게도 자신 있게 이 프로그램을 추천할 수 있는 이유들 중 하나이다.

치료자 자기실천 집단을 이끌었던 우리의 경험

　자기실천 · 자기성찰에 참여했던 긍정적 경험을 바탕으로, 우리는 개업 치료자와 임상심리학자 그리고 정신과 의사들을 모아 집단치료 훈련의 일부로서 집단을 하나 만들었다. 이 집단들은 본래 폭넓은 경험적 집단이었으나 12년 전에 심리도식치료 모형으로 이동하였다. 이 집단의 참여자들의 보고서는 자기실천 · 자기성찰이 훈련과 개인적 자기인식 및 성장에 모두 효과적인 도구임을 시사한다.

　심리도식치료 자기실천 · 자기성찰 집단에 최소한 단 하루라도 참여하는 것은 국제심리도식치료협회의 집단 심리도식치료자 자격증을 받기 위한 조건 중 하나이다. 우리는 개인과 집단 심리도식치료 훈련 프로그램으로서 이러한 집단을 정기적으로 이끈다. James Bennett-Levy와 『내면으로부터 인지행동치료 경험하기 워크북(Experiencing CBT from the Inside Out Workbook)』과의 만남을 통해, 우리는 글로 적는 자기성찰적 요소를 추가했다. 자기성찰적 질문에 대한 답변을 적는 것은 참여자들로 하여금 그들의 생각과 감정을 타인과 나누기 전에 통합하여 정리하는 기회를 제공한다. 질문에 답변하는 것은 치료자들이 고려하지 않았을 수도 있는 자기성찰적 측면을 자극한다. 예를 들어, 경험이 개입에 어떻게 영향을 미치는지에 대한 질문은 모형에 대한 그들의 이해를 추가하고, 그 경험이 내담자들에 대한 이해에 어떻게 영향을 미치는지에 대한 질문은 그들이 하는 일에 영향을 미칠 수 있다. 이것이 우리의 자기실천 · 자기성찰 집단에서 주로 중점을 둔 인식의 종류였으며, 이러한 중요한 질문들을 일반 토론 전에 모든 참여자가 깊이 생각하는 것은 생산적이었다. 자기성찰은 또한 치료자들이 토론에서 함께 나누고 싶지 않을 수 있지만, 경험 직후에 더 많은 생각을 함으로써 이익을 얻을 수 있는 경험의 측면을 더 고려하기 위한 메커니즘을 제공한다. 우리는 많은 다양한 자기실천 경험의 토론 형식들(집단 전체, 소집단 활동 이후 전체 집단 토론 그리고 한 집단 구성원이 집단의 성찰을 요약하고 추가 토론 없이 자기성찰만 하는 구성 등)을 실험했다. 우리는 집단원이 적을수록 구성원이 다른 사람의 성찰에 자극되고 소감을 말하는 데 충분한 시간을 제공해 주며 추후에 전체 집단이 다 같이 이야기를 나눌 때 가장 이점이 크다는 사실을 발견했다. 우리의 관찰에 의하면 최적의 소집단 인원은 8명이며, 이 인원은 치료 집단에게도 마찬가지로 일반적으로 추천된다(Yalom & Leszcz, 2005).

심리도식치료 자기실천 · 자기성찰 형식

1일 심리도식치료 자기실천 · 자기성찰

여기에서 초점은 당연하게도 바로 '제한'이다. 집단은 자기실천 작업에서 참석한 사람들의 개별적인 욕구들을 토대로 하여 어떤 양식(하나 혹은 그 이상)에 집중할 것인지 혹은 심리도식치료 내담자 집단들이 일반적으로 따르는 형식을 따를 것인지 결정할 수 있다. 후자의 경우 과정은 첫째, 유대감과 안전을 설정하고, 둘째, 개인의 기본적인 대처 양식의 인식을 촉진하는 훈련을 진행하며, 셋째, 비판 양식의 통제를 줄이도록 하는 훈련을 하고, 넷째, 취약한 아동 양식의 욕구를 다루는 경험적 훈련을 진행하며, 다섯째, 짧은 경험적 행복한 아동 훈련을 하고, 여섯째, 건강한 성인 양식으로의 접근을 강화하는 훈련을 하는 것으로 이루어진다.

1일 심리도식치료 자기실천 · 자기성찰 형식 예시

훈련

1. 안전지대 이미지 훈련(모듈 1)
2. 연결을 위해 전체 집단이 포함되도록 조정한 안전 비눗방울 훈련(모듈 1)
3. 부적응 양식들의 역할을 확인하고 초점을 맞출 문제를 선택하는 문제 분석 연습(모듈 7)
4. 비판 억누르기 훈련(모듈 17)
5. 취약한 아동을 위한 좋은 부모 대본(모듈 16)
6. 장난감 가게로의 여행 심상 훈련(모듈 19)
7. 건강한 성인 양식에 접근하기 위한 양식들을 훈습하기 훈련(모듈 20)

모든 훈련은 괄호 안에 적힌 워크북 모듈에서 찾아볼 수 있다.

자기성찰적 질문

각 훈련 이후에는 그 경험에 대한 성찰적 질문들과 집단토론이 이어진다.

1. 여러분은 어떤 감각들, 생각들, 감정들을 인식했는가?
2. 어떤 심리도식들이 활성화되거나 양식들이 촉발되었는가?
3. 여러분은 어떤 자기인식을 얻었는가?
4. 내담자의 경험이 무엇일지에 대해 여러분의 경험을 통해 무엇을 배웠는가?
5. 내담자와의 작업에 적용할 수 있는 경험을 통해서 무엇을 배웠는가?

2일 혹은 3일의 주말 집단

이 형식에서 앞서 설명한 안건들은 자기성찰과 토론을 위한 추가 시간 및 각 양식 집단에 대해 하나 이상의 훈련이 추가됨으로써 확장될 수 있다.

12~20번의 집단 회기

이 형태는 이 워크북의 형식을 따르거나 심리도식치료의 전반적인 목표에 기초한 회기들을 위한 또 다른 전략적 계획을 따를 수도 있다. 우리가 알기로, 이러한 형식은 시도된 적이 없으나 Bennett-Levy 등(2015)이 설명한 인지행동치료 자기실천 · 자기성찰 훈련 프로그램처럼 생산적인 작업이 될 것이다. 이 프로그램은 참여자의 경험적 관점(심리도식치료를 할 때의 자신감, 심리도식치료 모형에 대한 향상된 이해와 개입에 대한 내담자적 경험, 자신의 개인적인 결과 등)에서 평가되어야 한다. 이러한 변화는 특정한 기간 동안을 기준으로 하는 답안을 작성하라는 지시하의 SMI(심리도식양식 목록)로 측정될 수 있으며, YSQ(Young 심리도식 질문지)도 사용 가능하다. SMI가 3개월간의 집단 심리도식치료 프로그램에 참여한 내담자들의 변화를 기록했기 때문에(Farrell & Shaw, 2016), 우리는 자기실천 · 자기성찰을 끝낸 치료자들에게도 긍정적인 변화를 기대한다.

그 이외의 자기실천·자기성찰 형식

수년간 Romanova와 Kasyanik(2014)는 내담자들과 치료자들과 함께 집단과정에서 그들이 겪었던 교정적 정서 경험들로부터 얻은 참여자의 변화에 근거한, 태어났을 때부터 시작해서 아동기를 통틀어 심리도식과 양식의 발달을 지켜보고 성인기와 심리도식의 유지를 검토한 후 미래로 확장하는 1주 길이의 집단 프로그램을 진행했다. 이러한 형식을 평가하려는 연구들은 지금껏 없었지만, 참여자들의 평가는 아주 긍정적이었다. 그들은 자신의 양식과 관련된 현재의 문제들에 관한 새로운 이해와 오래된 패턴으로부터 자유로워진 감정에 대해서 보고했다.

집단 리더의 역할

심리도식치료에서 집단 리더의 역할은 언제나 제한된 재양육을 실천하는 '좋은 부모'의 역할이다. 현재에 진실로 집중하고 자신의 경험과 감정적 반응들을 공유하는 것은 집단의 요구에 적용되기 때문에 심리도식치료의 제한된 재양육화의 모든 부분이기도 하다. 그것은 또한 집단의 안전과 응집력(집단의 욕구에 의해 달라지는)에 대해 다양한 정도로 책임을 지고 집단의 작업을 지시하는 것을 의미한다. 집단이 주로 아동 양식 상태에 있을 때, 치료자 리더에게 가장 중요한 것은 그 어린 아동의 부모가 되어 방향을 제시해 주고 억제와 지도를 제공하며, 갈등을 적극적이고 직접적으로 관리할 뿐만 아니라 애착 욕구들을 충족시켜 주는 것이다. 집단이 청소년기 양식 상태에 있을 때, 리더는 한 걸음 뒤로 물러나 더 많은 자율성을 허용해 주어야 한다. 건강한 성인 양식 상태에서는 더 지지적이고 덜 지시적인 촉진자가 되어야 한다. 심리도식치료 집단에서의 제한된 재양육의 진행은 Farrell과 Shaw(2012)의 연구에 자세히 설명되어 있다.

인지행동치료 자기실천·자기성찰에서 제안되었듯이(Bennett-Levy et al., 2015), 우리는 참여자들이 그들이 선택한 수준에서 자기실천·자기성찰에 참여하기로 결정한 것이 분명하다는 것을 확신한다. 그들의 성찰과정을 공개할 것인지 말 것인지는 각자의 선택이며 누구와 함께 작업할 것인지 파트너를 정하는 것도 자유롭기 때문이다.

심리도식치료 자기실천 · 자기성찰 프로그램을 위한 단계 설정하기

우리가 지금까지 이끌어 왔던 여러 가지 형태의 자기실천 · 자기성찰을 돌아보았을 때, 가장 성공적인 것은 심리도식치료 훈련과 직접적으로 관련된 것이었다. 이 형태의 구성원들은 두 명씩 짝을 지어 최소한 3일을 함께 보내고, 심리도식치료 집단에서 우리와 함께 내담자가 되어 보는 경험을 하고 치료자로서 다양한 개입에 대한 시범으로 집단을 이끌어 가는 경험을 하는 두 부분의 경험 훈련을 한다. 네 번째 날이 바로 작업의 초점이 내담자의 역할에서 그들에게로 이동하는 자기실천 · 자기성찰의 날이다. 우리가 이끌었던 집단 중 가장 성공적이지 못했던 하루 동안의 자기실천 · 자기성찰 집단에는 각자를 전혀 모르는 8명의 참여자가 있었다. 자기실천 · 자기성찰 프로그램을 하는 날이 처음 만나는 날이었다. 프로그램의 설계자는 그 프로그램에 대해서 자세하게 설명하지 않은 채로 일반적인 치료 공동체에 정보를 올려 두었다. 참여자들의 욕구들은 비교적 다양했다(몇몇은 심리도식치료를 경험해 보고 싶어 했고 나머지는 자격증 유지 교육 요건을 충족하기 위해서였다). 우리는 회기가 별로 성공적이지 못했다는 불편한 기분으로 하루를 마무리했음에도 불구하고 참여자들의 익명적 평가는 상당히 긍정적이었다.

우리는 이러한 성공 사례와는 거리가 있는 집단 경험을 기대치와의 불일치의 한 사례라고 본다. 우리는 집단과정과 훈련의 적극적 참여로부터 오는 꽤 많은 통찰력을 기대했다. 그들은 무엇을 기대해야 할지 확신할 수 없었지만, 분명히 그들이 경험한 것은 그들의 다양한 기대를 적절하게 충족시켜 주었다. 이러한 경험들을 통해 우리는 프로그램의 설명과 목표를 좀 더 명확히 해야 하며 시작하기 전에 그것들과 구조에 대해 직접적으로 협의해야 함을 알게 되었다. 프로그램의 내용에 대한 명확성과 구체성에 대한 이러한 관심은 프로그램의 길이가 며칠일지라도 특히 주의해야 함을 의미한다. 12일이나 더 긴 프로그램의 경우에는 합의된 구조와 유사한 기대를 갖는 것이 중요할 것이다.

심리도식치료 집단 자기실천 · 자기성찰 구조

우리는 치료 집단을 이끄는 방식과 유사한 방식으로 심리도식치료 자기실천 · 자기
성찰 일(day)을 수행한다. 먼저 심리도식치료에서 요구하는 주요한 취약성을 위한 안
정감과 유대감을 촉진하는 것으로 시작한다. 집단에 속한 개인들의 욕구, 목표 및 기
대를 평가하고 그에 따라 작업을 협력해서 계획한다.

안전성 수립

- **안전에 대한 치료자의 약속**: 집단과정에서 필요에 따라 한계를 설정하고, 감정을 확
  인해 주며, 위로와 지지의 욕구를 충족시켜 주는 것과 같은 행동을 통해 참여자들
  을 안전하게 지킬 것을 약속한다. 이러한 행동들은 모두 제한된 재양육과 일관된
  다.
- **비밀 유지에 대한 공개 합의**: 집단 활동 중에 나타나는 모든 개인적 내용은 비공개로
  유지되어야 한다. 참여자들에게 합의를 인정하기 위해 손을 들어 달라고 요청하
  고 각 구성원들과 의도적으로 눈을 마주친다.
- **선택**: 치료자들은 집단 내에서 편안하게 느끼는 만큼 많은 것을 공유하도록 권장
  된다. 개인적 내용은 그다지 필요하지 않다. 그저 관련된 양식들과 심리도식들을
  확인하는 것만으로도 충분하다. 짝을 지어 활동하는 훈련의 경우 참여자들은 그
  들의 짝을 고를 수 있으며, 소집단 훈련의 경우 우리는 그들이 원하는 대로 모일
  수 있게 한다.
- **자기돌봄의 권장**: 참여자들이 많은 고통을 느끼거나 압도당할 경우 자신을 최우선
  으로 여기도록 강력히 권고한다. 베개와 담요로 집단실에 '안전 코너'를 설정한다.
  참여자들은 언제든지 그곳에 갈 수 있다. 치료자는 안전 코너에 있는 사람들을 확
  인하고, 그 참여자가 자신을 돌보고 있고 자신이 원할 때면 언제든 집단에 다시
  합류할 수 있음을 밝힌다. 만약 그곳에서 너무 긴 시간을 보내거나 과도한 고통이
  눈에 띌 경우(예: 일종의 플래시백 등), 치료자 중 한 명이 도움을 주거나 그를 돕기
  위한 집단 모두의 도움을 제안한다. 이러한 과도한 반응은 아주 드물지만, 그럼에

도 불구하고 만약 발생한다면 그것을 다루기 위해 안전 상태를 설정하는 것은 중요하다.

유대감과 응집력 촉진하기

우리는 참여자들 간의 유대감과 집단 응집력을 구축하기 위한 집단 훈련으로 시작한다. 유대감과 응집력을 촉진하는 것은 개별적 워크북 모듈에는 설명되어 있지 않으나 Farrell 등(2014)의 작업에서 살펴볼 수 있다.

- **원형으로 인사 나누기 훈련**
- **거미줄 연결하기**: 털실 뭉치를 구성원 사이에 앞뒤로 던져 놓고 잡아당기거나 놓으면서 유대감을 느낀다. 개별 연결은 각 참여자들이 자신의 욕구들(예: 신뢰, 수용, 존중 등)을 제안하는 것으로 집단에 필요한 것을 상징한다. 이후 경험에 대해 함께 토론한다.
- **집단 이행 대상**: 치료자들은 집단의 구성원이라는 표시로 유리구슬이 꿰어진 끈을 준비한다. 구슬들은 어떤 면에서는 다르고 또 어떤 면에서는 같은 것으로, 집단의 유사성과 차이점에 대한 문제를 논의하고 리더들이 모든 것이 수용된다고 선언할 수 있는 기회를 제공한다. 참여자들은 이 끈들을 각자의 손목에 묶어 접촉 혹은 유대감의 경험으로 삼을 수도 있다.

안건 설정

- 집단 자기실천 · 자기성찰 프로그램들은 개인적인 목표 설정을 활용한다. 양식 모형들은 각 양식 훈련 내에서 개별 목표들과 경험들을 허용하면서 공통적인 초점을 제공한다.
- 특정 양식, 심리도식 및 특정 개입에 대한 작업 요청을 받아 당일의 내용이 참여자들의 욕구 및 관심사와 일치하도록 한다.
- 안건을 적극적이고 협력적으로 설정한다.

이점에 대한 기대

- 자신의 실천 경험과 이전 집단 평가들로부터 나온 중요한 점들을 함께 나눈다.
- 심리도식치료 내담자 집단의 연구 결과들을 요약한다.
- 내담자 집단에서 집단원들에게 초기 회기들에서 "심리도식치료는 여러분이 해 보았던 치료 중에 가장 힘든 것이 될 수도 있지만, 연구 결과에서 나타나듯이 만약 여러분이 끝까지 잘 참여하게 된다면 힘든 만큼 가장 좋은 결과를 만들어 낼 겁니다. 그저 증상이 나아질 뿐만 아니라 삶의 질 자체를 높일 수 있게 말이죠."라고 말한다. 이러한 진술은 자기실천·자기성찰 집단에서도 이루어질 수 있다.
- 심리도식치료의 관점에서 본 논리적 근거와 잠재적 이점을 설명한다. 심리도식치료에 관심이 있는 치료자들은 치료자의 인간성이 어떻게 관여하는지에 대해 어느 정도 알고 있기 때문에 '힘든 설득'이 필요하지 않다. 그래서 자기인식의 향상 가능성이 그들에게 호소력이 있다. 종종 참여자들은 그들의 심리도식치료 슈퍼비전에서 몇 번의 개인치료나 몇몇 회기를 경험해 봤을 수도 있다.
- 우리는 Bennett-Levy 등(2015)의 『내면으로부터 인지행동치료 경험하기: 치료자를 위한 자기실천 및 자기성찰 워크북(Experiencing CBT from the Inside-Out: A Self-Practice/Self-Reflection Workbook for Therapists)』[1]의 제4장에 제시된 인지행동치료 자기실천·자기성찰 집단의 연구 결과들을 요약한다. 참여자들은 '사람'과 '치료자로서' 자신에 대한 통찰력을 얻는다. 그들은 인지행동치료 개입을 실천하는 데 있어서 더 많은 자신감, 인지행동치료에 대한 향상된 이해, 더 많은 자신의 내담자들의 경험에 대한 이해를 얻는다. 우리는 심리도식치료 자기실천·자기성찰에서도 같은 이점이 있으리라 기대한다.

집단 형태의 심리도식치료 자기실천·자기성찰의 잠재적 이점

- 참여자들은 서로의 의견에 의해 자극을 받아 자신의 경험과 그것들의 치료에 대한 의미를 더 제대로 되돌아보게 된다.

---

[1] 국내에서는 『자기탐색을 통한 인지행동치료 경험하기: 치료사를 위한 자기훈련/자기반영 워크북』으로 번역되어 출판되었음.

- 보편성이 발생한다(집단에서의 공통적 치료적 요인; Yalom & Leszcz, 2005). 참여자들은 다른 이들이 훈련 중에 유사한 정서적 반응을 보이는 것을 본다.
- 응집력이 있고 효과적인 작업 집단은 추가적인 관점들을 제공하고 깊이 있는 성찰을 자극시켜 참여를 증진시키고 자기실천·자기성찰 경험을 심화시킬 수 있다. 참여 정도는 긍정적 결과와 연관되어 있다(Bennett-Levy et al., 2015).
- 참여자들은 집단의 일반적인 치료적 요인들—보편성, 소속감, 수용, 대리 학습과 정보, 가족 회복 효과들—로부터 혜택을 볼 수 있다. 제한된 재양육이 아동의 욕구를 충족시키게 하는 '좋은 부모'로서의 교정적 정서 경험을 제공하는 것과 함께, 집단에서 내담자들은 형제나 할아버지, 고모, 삼촌 등의 여러 가지 역할을 포함한 대리적인 '건강한 가족'으로부터 오는 교정적 정서 경험을 경험할 수 있다. 우리는 이러한 경험을 '가족 회복 효과'라고 부른다.
- 집단은 책임감을 부여하여 과제 완성도를 증가시키고 적극적인 참여를 촉진한다.

집단 형태의 자기실천·자기성찰의 잠재적 문제점

Bennett-Levy 등(2015)은 집단 형태에 대해 다음과 같은 잠재적 문제점을 지적했다.

- 직장 동료들과의 프로그램은 참여를 억제시킬 수 있다.
- 참여자들은 다른 참여자들에게 노출되는 것을 두려워할 수 있다.
- 참여자들은 다른 이들과 그들의 성찰을 나누는 중에 나타날 수 있는 감정 통제의 실패나 고통에 대해 두려워할 수 있다.

요약

심리도식치료 자기실천·자기성찰 집단을 이끌었던 우리의 경험과 인지행동치료 자기실천·자기성찰에 대한 Bennett-Levy 등(2015)의 실증적 발견들을 통합하여, 우리는 심리도식치료 자기실천·자기성찰 집단을 수행하기 위한 다음과 같은 일반적인 안내 지침을 제안한다.

- 안전 문제를 해결하여 안전한 환경을 조성한다. 노출과 관련된 모든 두려움을 파악하고 이러한 문제를 해결할 수 있는 방법을 찾으라. 비밀 유지에 대한 공개 동의를 얻는다.
- 모든 참여자가 안전지대 이미지를 가지고 있는지와 장기 집단들에서 보호장치 전략을 가지고 있는지 확인한다.
- 훈련에서 내용(개인적 정보)과 훈련의 과정을 구분한다. 양식 언어를 제안한다.
- 성찰은 비공개적이거나 공개적일 수 있다는 점을 분명히 하라. 참여자들은 그들이 원하는 만큼 또는 적게 공유할 수 있다.
- 프로그램 안건을 중심으로 적극적인 협력을 촉진한다.
- 참여자들이 그들의 변화에 대한 동기를 부여받는 중간 수준에서 높은 정서적 강도의 도전적인 개인적 문제를 찾아보라고 요청한다.
- 촉진자로서 당신의 역할에 대한 질문에 답하라. 심리도식치료 자기실천·자기성찰에서는 이것이 제한된 재양육의 역할이다.

심리도식치료 자기실천·자기성찰의 집단 형태에 대한 참여자 반응

- "자기실천과 자기성찰의 효과에 대해 다른 사람들과 함께 생각할 수 있는 공간을 가지게 되어 유용했어요. 다른 사람들과 교감할 수 있으면서도 그들과 매일 같이 일하지 않는다는 익명성이 있어서 안전한 공간처럼 느껴졌습니다."
- "저는 소집단에서 이루어진 자기성찰이 가장 유용했습니다. 실제 문제에 적용되는 양식에 대한 다른 사람의 생각과 이해를 활용할 수 있어서 좋았습니다."
- "집단 안에서 제 감정과 행동, 심리도식의 촉발에 대해 배운 것이 아주 흥미로운 경험이었습니다."
- "만약 다른 9명의 사람이 제 뒤에서 저를 도와주고 보호해 주지 않았더라면 이렇게 깊게 제대로 이해하지 못했을 거예요. 저는 왜 집단 심리도식치료가 이렇게 강력한지 정서적으로 알게 되었습니다. 집단은 마치 꼭 필요한 진짜 '새로운 가족'처

럼 여겨졌어요."

- "원을 이루고 있는 사람들의 한가운데 서서 지지받는 기분은 스스로를 안전하게 느끼게 해 인생에서 가장 버겁고 두려웠던 순간을 직면할 수 있게 했습니다. 나는 집단 심리도식치료의 놀라운 효과를 더 깊이 이해하기 위해 더 많은 자기치료를 훈련에 도입하는 것이 매우 유용할 것이라고 생각합니다."

집단 유대감과 안전 훈련에 대한 반응

- "원형으로 서로를 소개하는 훈련은 강력한 유대감 형성 훈련이었고 집단의 안정을 증진시켰습니다. 저는 제가 얼마나 큰 교감을 느끼는지, 그리고 제 자기성찰을 함께 나누고 싶은 의지가 얼마나 높아지는지를 깨닫고 깜짝 놀랐어요."
- "유대감 훈련에서의 제 경험을 통해 저는 가장 첫 번째 목표로서 그리고 치료의 필요조건으로서 안전한 교감이 얼마나 중요한지 자각하게 되었습니다."
- "저는 집단에서의 경험을 통해 많은 것을 배웠습니다. 처음에는 제가 스스로 제 이야기를 하는 것이 얼마나 힘든 것인지 알게 되었고, 나중에는 다른 집단원들과 교감하는 것이 어떤 기분인지 알게 되었어요."
- "저는 자기성찰에 대해 다른 사람들의 열린 마음과 솔직함에 놀라 반해 버렸습니다. 그것은 마치 지지적이면서도 비판단적인 분위기처럼 느껴졌거든요."

동료 팀을 위한 집단 심리도식치료 자기실천 · 자기성찰

- "저는 자기치료가 집단에서 어떻게 이루어질 수 있는지 궁금했고, 특히 동료와 함께 했기 때문에 더욱 궁금했습니다. 전 이 회기들이 안전한 환경을 만드는 데 도움이 됐다고 생각해요."
- "이 경험은 팀원들로 하여금 함께 일할 때 상호 간에 더 열린 의사소통을 할 수 있게 만들었으며 동정심이 많고 지나치게 비판적이지 않도록 해 주었습니다. 아마 내담자들도 우리가 서로에게 느끼는 이런 안전감을 느낄 것 같습니다. 우리의 이런 열린 마음은 내담자들이 치료를 계속 받거나 치료를 받으면서 고군분투하는 것에 대해 의심을 품을 때 도움이 됩니다. 그들 중 많은 사람이 긍정적인 관계를

경험한 적이 거의 없기 때문에, 그들이 우리가 치료자로서 서로 교감하는 모습을 보게 되는 것이 그들에게도 도움이 될 것이라고 생각해요."

워크북 모듈 개관

20개의 자기실천 · 자기성찰 모듈은 다음의 4개 절과 일부는 5개 절의 과제로 이루어져 있다. 절들은 그 제목들로 확인할 수 있다.

1. **노트**: 이 절은 이 모듈이 심리도식치료 이론, 모형 그리고 개입에 어떻게 적용되는지에 관한 심리치료자들에 대한 참고 사항을 담고 있다.

2. **예시**: 여기서는 워크북을 통해 우리가 따르고 있는 세 명의 치료자 중 한 명이 어떻게 훈련을 마쳤는지에 대한 예시를 제공한다.

3. **훈련**: 이것은 모듈의 자기실천 부분이다. 여기에는 한 개 이상의 훈련을 포함할 수 있으며, 한 개 이상의 회기에서 완료할 수 있다.

4. **자기성찰적 질문**: 이 질문들은 여러분의 훈련에 대한 경험과 그것이 여러분의 심리도식치료 이해에 어떤 영향을 미치는지, 여러분의 내담자들의 경험에 대한 여러분의 이해와 함께 내담자들과 작업하게 될 미래에는 어떤 영향을 끼칠 것인지에 대해 물어보는 것이다.

5. **과제**: 어떤 모듈들은 다음 모듈로 이동하기 전에 끝내야 할 과제들이 있다. 늘 내담자들에게 말하듯이, 과제를 완수하는 것은 아주 중요한 일이다.

워크북에는 시도할 만한 핵심 훈련들의 예시들이 포함되어 있다. 내담자들에게 이러한 예시의 전부를 이용할 수도 있고 그렇지 않을 수도 있지만, 그것에 대한 경험을 가지게 될 것이고 나중에는 내담자에게 가장 잘 맞는 좋은 방법을 선택할 수 있게 될 것이다. 이러한 진행자 지도 집단에서의 우리의 훈련을 통해 우리는 그것들이 일반적으로 60~90분 내에 끝나는 것으로 본다. 그것은 또한 내담자 집단 심리도식치료 회기의 일반적인 시간 길이이기도 하다. 만약 훈련이 그보다 더 길어지게 되거나 워크북에 할애하는 시간을 한 번에 딱 60분만 들이기로 했다면 우리는 조금 더 긴 모듈들에 소개된 하나의 훈련만을 하기를 추천한다. 이러한 경우에는 어떤 훈련이든 훈련을 끝내자마자 자기성찰적 질문을 완수하는 것이 특히 더 중요하다.

제1부

유대감과 안전

심리도식치료 자기실천을 위한 단계 설정하기

제목에서 알 수 있듯이, 워크북의 처음 두 모듈은 심리도식치료 자기실천·자기 성찰을 하기 위해 필요한 안전과 유대감을 확립하기 위한 훈련과 도구들을 포함하고 있다. 모듈 1은 경험한 고통을 줄이기 위해 사용할 각자의 안전지대 이미지를 구축하는 것에 대해 설명하고 있다. 그것은 또한 '안전 비눗방울'이라는 환상적인 형태의 이미지에 대한 지침을 제공한다. 필요할 때 여러분의 건강한 성인 기술에 접근하는 것을 돕기 위한 약간의 신체적 접지 훈련도 소개되어 있다. 유대감을 위해 구글 그룹을 이용하는 것도 설명한다. 모듈 2는 기준치를 제공하기 위해 심리도식치료에서 사용되는 평가들이 포함된다. 이 평가들은 세계보건기구 삶의 질 측정 도구와 YSQ와 SMI 중 선택된 질문들로서, 여러분의 심리도식과 양식을 확인할 수 있게 해 줄 것이다.

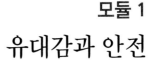

유대감과 안전

제가 처음 심리도식치료자로 일을 시작했을 때, 저는 심리도식치료 모형에 기반해 내 자신을 먼저 치료해 보기로 마음먹었어요. 저는 제일 먼저 심상 작업, 의자 바꾸기 같은 것들과 우리가 사용하는 모든 기법에 대해서 알고 싶었습니다. 자기실천·자기성찰 작업은 저에게 엄청난 도움이 되었어요. 저는 아직도 제가 자기실천·자기성찰의 날(day)에 참석할 때 저 자신에 대해서 계속해서 뭔가를 알아 가고 있다는 것을 발견합니다.

– 자기실천·자기성찰 참여자

저는 자기돌봄과 자기성찰을 하던 시간을 가장 좋아했어요. 치료자들에게 이 일의 중요성을 인식하고 논의하는 것은 좋은 일입니다. 제 경험에 의하면, 자기돌봄은 가끔 실제적인 적용 없이 말로만 끝납니다.

– 자기실천·자기성찰 참여자

이 모듈에서는 유대감과 안전의 기본적 문제들을 해결함으로써 여러분이 심리도식치료 자기실천·자기성찰에서 수행할 작업의 단계를 설정한다. 제2장에서 논의하였듯이 심리도식치료에서의 초기 단계는 유대감과 안전에 초점을 맞춘다.

우리는 여러분에게 우리와의 연결을 제공하기 위한 우리의 노력을 설명하고, 여러분이 안전지대 이미지를 개발하도록 안내하며, 안전 비눗방울 사용을 경험할 수 있는 기회를 제공한다.

📌 **노트.** 우리는 내담자들에게 하는 것과 같은 방식으로 치료자들의 심리도식치료 자기실천·자기성찰 작업에 접근한다. 즉, 유대감과 안전을 확립하는 것으로 '단계를 설정'했다. 물론 책의 저자들과 유대감을 느끼는 것은 힘들 수 있다. 이러한 유대감 혹은 교감을 향상시키기 위해 1인칭 표현을 쓰고 우리 자신의 경험에서 온 몇몇의 예시를 들 것이다(Farrell & Shaw, 2012; Farrell et al., 2014). 우리가 초기에 집필한 책을 읽은 독자들은 이러한 개방이 그들이 개인적인 수준에서 우리와 어떤 유대감을 느낄 수 있게 해 주었다는 피드백을 보내 주었다. 한 독자는 "제가 너무 친하게 대했다면 죄송해요. 그렇지만 책을 읽으면서 당신의 경험을 함께 나누다 보니 왠지 당신과 친한 사이가 된 것처럼 느껴져요."라고 적기도 했다. 전략적 자기개방은 제한된 재양육의 치료자 스타일의 일부분이다. 우리는 동떨어진 아무 결점 없는 권위적 인물이 아니라 감정이 있는 투명한 인간이 되기를 원한다. 유대감은 심리도식치료의 중요한 요소이다. 그것 없이는 심리도식치료의 중심 개입인 제한된 재양육이 불가능해진다. 심리도식 치료자로서, 여러분은 여러분의 내담자와 유대감과 안전을 확립하여야 한다. 공감적 직면은 제한된 재양육의 주요 개입의 하나로서 유대감 없이는 불가능하다. 공감적 직면은 내담자가 부적응적 대처 양식 상태에 있을 때, 자신의 행동이 자신의 욕구를 충족시키지 못하기 때문에 교정이 필요하다는 사실을 알게 한다(그리고 종종 다른 사람들이 그 사람과의 거래를 피하고 어려운 사람으로 보는 것 같은 추가적인 문제들을 일으킨다). 내담자가 공감적 직면의 의도가 비판적이지 않고 도움이 된다고 믿기 위해서는 일부 유대감(예: 신뢰와 앎 등)이 설정되어 있어야 한다.

자기실천·자기성찰 구글 그룹

이 자기실천·자기성찰 워크북을 위해 우리는 질문과 견해에 대해 대답하고 이 과정을 지켜볼 수 있도록 구글 그룹을 만들었다. 우리는 여러분이 심리도식치료 자기실천·자기성찰 프로그램에 참여하는 무조건적 믿음을 가지고 있는 것처럼 이러한 방식으로 우리와 접촉할 수 있는 능력이 여러분을 위한 유대감과 지원의 또 다른 원천이 되기를 바란다. 유대감은 안전의 토대로서 일부분이다. 여러분은 또한 거기에 자기성찰을 게시할 수 있을 것이고, 바라건대 다른 사람들의 성찰을 볼 수 있을 것이다. 물론 비밀보장에 대한 약속이 필요하지만 당신의 게시물에서 개인 정보와 관련된 부분을 생략하여 당신의 사생활을 보호할 것을 제안한다.

안전 만들기

안전은 심리도식치료를 수행하는 데 있어 또 다른 주요 요소이다. 심리도식치료에서 안전을 확립하는 한 가지 방법은 참여자의 개인 안전지대 이미지의 시각화를 통한 것이다. 안전을 느끼는 또 다른 부분은 바로 자신의 건강한 성인 양식에 접근하는 것이다. 내담자들에게 하듯이, 여러분은 워크북을 시작하기 전 이러한 두 개의 안전 대책을 가지고 있어야 한다. 이러한 도구들이 여러분의 개인 안전 계획의 일부분이 될 것이다.

✍🏻 훈련. 나만의 안전지대 이미지 구성하기

심리도식치료에서 안전지대 이미지를 발달시키는 것은 치료의 첫 단계에서 아주 중요한 부분이다. 그것은 취약한 아동 양식과 기본적인 대처 양식을 대체하기 위한 작업에서 쓰일 것이다. 손쉽게 생각해 낼 수 있는 안전한 장소에 대한 기억이 없는 내담자들에게 이것은 상당히 어려운 과제가 될 수 있다. 우리는 그들에게 여러 가지 이미지를 제안하고, 우리 자신의 안전지대 이미지들을 공유한다. 우리가 제시하는 예시들은 침실과 같은 그들 자신의 집이나 믿을 만한 친척의 집, 보호하는 선생님이 있는 학교, 친구네 집, 자연 속 어딘가 등의 장소를 포함한다. 치료자들은 때때로 이 단계를 돕는 데 창의적이어야 한다. 경계성 성격장애 내담자들 중 어떤 이는 자전거를 타던 중에 느끼는 몸에 맞닿는 바람의 감각을 떠올렸다. 또 다른 이는 혼자 산을 등반하여 아무도 없는 산 정상에 올라 편안하다고 느꼈던 기억을 떠올리기도 했다. Joan은 할머니

네 집에 있는 다락방을 떠올리며 삼나무 장 위에 책과 장난감들로 둘러싸여 앉아 있는 그녀의 안전지대 이미지에 대해 이야기했다. 현재나 실제적인 장소를 떠올리지 못하는 사람이라면 안전지대 이미지를 상상으로 만들어 낼 수도 있다. 내담자들은 상상 속의 장소를 고를 수 있다. 우주 바깥이나 안쪽에 숨겨진 집이 있는 거대한 보호 나무 등이 있으며, 아니면 그들은 다음 훈련에서 설명될 안전 비눗방울을 이용할 수도 있다.

지시: 방해받지 않고 편안하게 앉을 수 있는 조용한 장소를 찾는다. 여러분에게 안전지대를 대표할 만한 이미지를 마음속으로 떠올려 본다. 억지로 할 필요는 없다. 그저 어떤 이미지를 떠올렸을 때 안전하게 느껴지는지 마음속으로 지켜본다. 이미지는 마치 마음의 눈으로 보는 영화 속 한 장면일 수도 있고, 기억일 수도 있으며, 사진이나 그림의 회상일 수도 있다. 그것은 여러분의 인생 속에서 나온 무언가일 수도 있고, 상상 속에서 나온 것일 수도 있으며, 책이나 영화로부터 떠오른 것일 수도 있을 것이다. 안전하고 편안하게 느껴지는 것이라면 무엇이든 이미지로 가져올 수 있다. 원하는 대로 만들어 본다. 만약 처음에 강한 이미지를 얻는 데 어려움이 있더라도 걱정하지 말라. 그것은 올 것이다. 사람들은 모두 각자 다른 방법으로 이미지를 개발한다(길잡이를 위해 그림이나 사진을 이용하기도 한다). 만약 안전지대를 떠올리는 데 어려움을 느낀다면 그것을 대표할 만한 그림을 찾아보거나 직접 그려도 된다.

1. 무엇을 **보았는가**?

2. 자기 자신이 그곳에 있는 것을 볼 수 있는가?

3. 그곳에서 몇 살인가?

4. 또 무엇을 더 보았는가?

5. 어떤 **소리**가 들리는가?

6. 그 이미지 속에는 **냄새**나 **향기**가 있는가?

7. 그 장소에서 어떤 **느낌**이 드는가?

8. 어떤 **신체 감각**이 느껴지는가?

9. 그곳에 다른 사람도 있는가? 기억하라, 편안하고 안전한 사람들만이 거기에 있을 수 있다. 누구든 혹은 어떤 것이든 안전하지 않은 것들은 바로 내쫓아야 한다.

안전지대 이미지를 위한 **자기대화**를 하라. 그것에는 "나는 안전해." "나는 이 공간을 마음대로 할 수 있고, 여기에선 그 무엇도 나를 해칠 수 없어." "편안하다." 등과 같은 진술들이 포함된다. 자신의 말을 더하라.

여러분의 안전 장소에 이름을 붙이라. 이 이름은 마음속으로 더 빠르고 손쉽게 이미지를 불러올 수 있게 한다. 예를 들면, '할머니 집' '나무 위 오두막집' '스미스 선생님의 교실' 등이 있다.

진정시키는 이미지가 다른 접근들에서 사용되기도 했으나, 이러한 안전지대 이미지에 대한 특정한 사용 방식은 Young이 소개하였다(Young, 1990; Young et al., 2003).

훈련. 안전 비눗방울

이 훈련에서 자기 자신을 둘러싼 거대한 크기의 아름다운 비눗방울을 만들 것이다. 우리는 사람들이 안전지대 이미지를 만드는 데 어려움을 느낄 때 이 훈련을 사용하곤 하는데, 심리도식치료 회기 중에 나타나는 취약한 아동 양식이 촉발되거나 내담자의 강한 부정적 감정이 촉발되는 심리도식치료 회기에 치료자들이 계속 머무를 수 있는 이미지로 유용할 수 있다. Joan은 이것과 같은 목적을 위해 그녀를 감싸는 보호용 누에고치 이미지를 사용한다. 그녀는 '지옥에서 온 집단'이라는 애칭으로 불리는 경계선 성격장애 치료 집단에서 이를 개발했다. 우리는 그 당시 집단 구성들에 대한 성찰을 통해 심리도식 치료 집단을 위한 모델을 개발 중이었다.

지시: 여러분이 안에 들어갈 수 있을 정도의 넉넉한 크기를 가진 비눗방울을 떠올려 보라. 비눗방울의 색은 자신이 좋아하는 색으로 할 수 있다. 만들고 싶은 만큼 아름답

게 만들라. 이 비눗방울은 터지지 않고 드나들 수 있는 투명한 마법의 방울이다. 자신을 진정시키고 강하고 안전하게 느끼도록 도와줄 어떤 것도 거품 속으로 가져갈 수 있다. 비눗방울 안에서 혼자 있을 수도 있고, 다른 사람들을 들어오게 할 수도 있다. 비눗방울 안에 딱 하나 가져오면 안 되는 것은 바로 해롭거나 건강하지 않은 것이다.

자신의 비눗방울을 상상할 수 있고, 원하는 것을 가지고 그 안에 들어간 후에, 거품이 원하는 곳으로 떠내려가는 것을 상상해 보라. 자신의 안전 비눗방울 안에서 공기 중을 떠다니는 동안 아마 눈을 감고 싶을 수도 있고, 좋아하는 편안한 음악을 들을 수도 있다. 건강하지 않은 비판적 목소리는 그 무엇도 비눗방울을 뚫고 들어올 수 없다. 원하는 만큼 혹은 필요한 만큼 그 비눗방울 안에 있을 수 있다. 비눗방울에서 나온 후에는 다른 일을 하기 전에 먼저 몇 분간 휴식을 취하라.

또한 그 비눗방울 안에 압도적인 감정이나 생각들을 집어넣어 덜 압도될 때까지 떠내려가게 할 수도 있다. 그리고 나서 감정이나 생각을 하나씩 꺼내서 근본적인 욕구를 해결할 수 있다.

📌 **노트.** 건강한 성인 양식에 대한 믿을 만한 접근을 가지는 것은 심리도식치료의 또 다른 안전 대책이다. 이 양식은 제2장에서 기술되었다. 아동기 경험과 관련된 심상 재구성하기나 정서 중심적 작업을 할 때 사람들이 때때로 경험하는 고통의 종류는 심리도식치료에서 취약한 아동 양식 상태에 있는 경험으로 개념화된다. 앞에서 설명한 대로 우리가 어렸을 때 이와 관련된 촉발 상황에서 경험했던 두려움, 슬픔, 외로움, 무력함을 느끼는 것은 바로 이 양식에 있다. 이 양식 상태에 있을 때 사람이 필요한 것은 자신의 건강한 성인 양식, 그중에서도 특히 '좋은 부모'의 부분과의 연결이다. 신체적 접지 훈련도 자신의 건강한 성인 양식과 연결하는 하나의 방법이다.

✍️ **훈련.** 신체적 접지

이 훈련은 성인 신체에 대한 신체적 감각에 대한 인식을 끌어올린다.

지시: 천천히 몇 번 심호흡을 하라. 이제 발을 어깨 넓이만큼 벌린 후 무릎을 살짝 구부리라. 팔을 앞으로 내밀고 손바닥을 아래로 눕힌다. 천천히 두 팔을 머리 위로 똑바

로 들어 올린다. 이 자세를 잡은 다음 턱을 가슴에 대고 머리를 숙이고, 여전히 팔을 높이 든 채 손이 바닥에 거의 닿을 때까지 천천히 몸을 굽힌다. 이제 두 팔을 아래로 늘어 뜨리고 머리를 계속 푹 숙인 채, 무릎을 약간 구부리고 천천히 척추를 한 번에 한 척추 씩 걸어 올리면서 최대 키까지 올라간다. 이 과정은 천천히 부드럽게 강요 없이 행해져야 하며, 오히려 등을 펼 때 중력이 등 뒤에 작용하도록 해야 한다. 호흡에 집중하고, 몸의 긴장을 풀어 주고, 생각을 방해하는 마음을 깨끗이 하며 이 훈련을 두 번 더 반복한다. 이 훈련은 발이 '지상에 단단히 고정'되어 있는 접지감과 자신의 성인 신체와 연결된 감각을 느끼는 데 도움이 될 것이다.

📌 **노트: 안전 이미지를 강화하기 위한 이행 대상 사용하기.** 이행 대상 개념은 1953년 Donald Winnicott이 처음 고안했으며 애착이론의 주요 구성이 되었다. 이행 대상은 개인의 초기 양육자로부터 경험된 안정 및 안전과 연결되는 어떤 무생물이다. 아동들이 느끼는 이런 이행 대상의 일반적인 예시로는 부드러운 담요나 동물 모양 인형이 있다. 심리도식치료는 이러한 이행 대상을 성인 내담자의 취약한 아동 양식에 사용해 제한된 재양육과정에서 제공되는 교정적 정서 경험으로서 사용한다. 우리는 이 이행 대상을 특히 경계성 성격장애 내담자들에게 자주 사용하며, 심리도식치료 훈련에서도 사용한다. 이러한 사용은 결함/수치심 심리도식이 너무 강해서 거울을 볼 때마다 스스로를 괴물로 보며 자신이 타인을 오염시킨다고 생각하던 한 내담자와의 경험에 영향을 받아 시작되었다. Joan은 이 내담자를 입원 집단 심리도식치료 프로그램과 개인치료를 동반하여 함께 작업했다. 내담자의 결함/수치심 심리도식과 관련된 핵심 신념을 바꾸는 것은 아주 어려운 일이었다. Joan이 '괴물이 아닌' 느낌을 받은 어떤 경험을 찾고 있었던 한 회기에서, 내담자는 Ida와의 집단 활동에서 '정체성 팔찌'를 만들었던 경험을 떠올렸다. 집단원들은 그들이 각자에게서 보았던 장점들을 표현하는 색색깔의 유리구슬들을 서로 주고받았다. 이 내담자는 자신에게 이 구슬을 주며 다른 집단원들이 그녀를 어떻게 보는지에 대해 들었던 기억을 떠올릴 때마다 자신이 얼마간의 가치가 있었다고 느꼈다고 말했다. 내담자는 팔찌를 차고 있었고, Joan은 그녀가 손을 그 팔찌 위에 올리고 그 경험을 다시 생생하게 하나씩 떠올리게 했다. 그녀는 그렇게 할 수 있었고 회기의 나머지 기간 동안 결함이 덜 느껴졌다. 이것은 그 내담자의 취약한 아동 양식과 관련된 심상 재구성하기 작업을 가능하게 만들었다. 일상생활에서 쓰이

는 이행 대상 사용의 예시는 우리가 우리의 삶에서 중요한 사람으로부터 소중히 간직하거나 중요한 사건을 떠올리게 하는 기념품이다.

우리는 우리의 훈련 집단들에서 치료자들이 1회 훈련 회기나 자기실천·자기성찰의 날(day)에 주었던 유리구슬과 네모난 양털 자락들을 1년이 지난 후에도 가지고 오는 것을 보고 놀랐다. 이것은 우리 모두가 취약한 아동 양식을 가지고 있으며, 무슨 이유에서든 그것이 촉발되었을 때는 우리 안의 건강한 성인 양식의 '좋은 부모' 부분이 주는 안정과 안전이 필요하다는 생각을 지지한다. 우리는 이러한 '좋은 부모'를 취약한 아동 양식 모듈에서 제대로 살펴보게 될 것이다(모듈 14, 15, 18).

✍️ 훈련. 이행 대상 고르기

지시: 우리는 자신의 안전지대 이미지와 관련된 물건을 하나 고르기를 제안한다. 팔찌 또는 열쇠고리 또는 주머니에 착용할 줄의 구슬, 양털과 같은 부드러운 천의 작은 조각, 숄이나 스카프 등을 권한다. 직접 시도하고 결과를 공개한다.

다음에 그것을 적고 그것이 어떤 의미인지 적어 본다.

요약

　여러분은 제3장에서 개발한 전반적인 안전 계획에 안전지대 이미지, 안전 비눗방울, 신체적 접지 훈련과 이행 대상을 포함시켜 자신의 건강한 성인 양식에 접근할 수 있다. 거기에 기술된 바와 같이, 워크북을 사용하는 도중 스스로가 의도치 않게 고통스러워질 때를 대비한 이러한 개인적 보호 계획을 가지고 있는 것은 중요한 일이다.

📝 과제

　한 주 동안 안전 훈련들을 실천(안전지대 이미지, 안전 비눗방울, 신체적 접지, 이행 대상)한 다음에 그 경험에 대해 적는다.

　부적응적 대처 양식을 건강한 대처 양식으로 대체하기 위해서는 자신의 안전지대 이미지를 강하고 더욱 유용하게 만드는 연습이 필요하다. 다음에 소개된 양식을 통해 안전지대 심상을 사용했던 상황, 양식, 결과 등에 대한 자신의 실천과정에 대해 적는다.

안전지대 이미지 연습

일	상황	양식	안전지대 이미지를 사용한 결과

자기성찰적 질문

자기실천 안전 훈련이 끝났으니, 자신의 경험에 대해 성찰해 볼 때이다.

　훈련을 하는 동안 어떤 감정, 신체 감각, 생각이 들었나? 심상 작업들과 신체적 접지 훈련이 서로 다르게 느껴졌나? 만약 그랬다면 그 차이점을 어떻게 이해하는가?

_____

_____

_____

_____

_____

_____

_____

_____

_____

_____

　훈련 중에 어떤 것이 좋거나 효과적이라고 느꼈는가? 좋지 않거나 자신에게 잘 맞지 않다고 느껴지는 부분이 있었나?

_____

_____

_____

_____

_____

_____

_____

_____

_____

_____

_____

모듈을 끝내면서 어떤 변화나 놀라움이 있었나?

_____

_____

_____

_____

_____

_____

_____

_____

_____

_____

다음 한 주 동안 더 성찰해 보고 싶은 것이 있는가?

_____

_____

_____

_____

_____

_____

_____

_____

_____

_____

'내면으로부터' 안전 훈련의 경험이 내담자들과 함께 이 연습을 사용하는 방식에 영
향을 미쳤는가? 만약 그렇다면 어떻게 다르게 할 것인가?

_____

_____

_____

_____

_____

_____

_____

_____

_____

_____

_____

_____

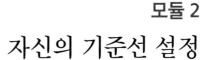

모듈 2
자신의 기준선 설정

저는 저 자신의 문제와 여러 가지 양식이 어떻게 관련되어 있는지 구체적으로 살펴보는 것이 매우 도움이 되었다는 것을 알게 되었습니다. 제가 해야 할 일이 무엇인지 정말 명확해졌고, 저는 그것을 제 내담자들과 함께 사용할 계획입니다. 저는 그것이 다양한 심리도식치료 개념을 끌어내고 그것이 그들의 삶에 실제로 어떤 영향을 미치는지 살펴보는 데 도움이 될 것이라고 생각합니다.

– 자기실천 · 자기성찰 참여자

이 모듈에서는 현재 삶의 질과 초기부적응도식과 심리도식양식 경험들에 대한 기준선 평가를 하게 될 것이다. 이러한 측정은 자기실천 · 자기성찰 워크북을 통해 이동할 때 변화를 추적하는 데 사용할 수 있는 기준선을 제공한다.

세계보건기구 삶의 질 질문지

세계보건기구 삶의 질(World Health Organization Quality of Life WHOQOL-BREF) 질문

지는 대부분의 심리도식치료 결과 연구에서 쓰이는 측정 도구 중 하나이다(Wetzelaer et al., 2014). 24문항 버전(WHOQOL-BREF)은 심리도식치료 연구(WHOQOL Group, 1998)에서 사용하는 삶의 질을 가늠하는 자기보고형 도구이다. 이것은 신체적 건강, 심리적 건강, 사회적 관계, 환경, 긍정적 감정, 부정적 감정과 자존감의 영역들에 초점을 맞춘다. 이 측정은 심리도식치료의 가장 주요한 목표 중 하나인 향상된 삶의 질을 반영한다. 이 질문지를 완성하면 개인 기준선이 제공되며, 심리치료를 시작하는 내담자들에게 요구하는 것과 비슷한 평가 경험을 얻을 수 있다. 진행 상황을 검토하고 추가 작업에 대한 결정을 할 때 그리고 자기실천·자기성찰 프로그램을 완료할 때 모듈 13에서 측정을 반복한다.

만약 여러분이 우울이나 불안에 관심이 있거나 걱정이 있는 경우에는 워크북을 진행하는 초기 단계에서 벡 우울검사(Beck Depression Inventory: BDI)나 벡 불안검사(Beck Anxiety Inventory: BAI)를 먼저 해 볼 수도 있다. 이러한 설문 평가들은 모듈 7과 13, 그리고 워크북을 모두 끝마쳤을 때의 모듈 7과 13의 검토 지점에서 반복될 수 있다.

✍️ 훈련. 나의 WHOQOL-BREF

세계보건기구 삶의 질(WHOQOL-BREF) 질문지는 www.who.int/substance_abuse/research_tools/en/english_whoqol.pdf에서 가용하다. 점수를 매기는 방법은 www.who.int/iris/bitstream/10665/63529/1/WHOQOL-BREF.PDF의 매뉴얼에서 확인할 수 있다. 이 점수를 해석하는 기준은 Hawthorne, Herrman과 Murphy(2006)의 연구에서 찾아볼 수 있다. 국내에서는 민성길, 이창일, 서신영, 김동기(2000)가 한국판 세계보건기구 삶의 질 간편형 척도(WHOQOL-BREF)를 개발하여 사용 중이다. 여러분은 부록 I, II에 첨부되어 있는 질문지와 채점 방식(박범석, 2014)을 참고하여 다음 점수를 계산할 수 있다.

질문지를 마치고, 다음의 표에 당신의 점수를 적는다.

나의 WHOQOL-BREF 점수

일/시간	영역	점수	심각성
첫 평가	신체적		
	심리적		
	사회적 관계		
	환경적		
모듈 13에서	신체적		
	심리적		
	사회적 관계		
	환경적		
마지막 평가	신체적		
	심리적		
	사회적 관계		
	환경적		

주의: 만약 자신의 점수가 심각한 범위에 속한다면 여러분의 슈퍼바이저, 잘 아는 친구, 의사, 혹은 현재 심리치료중일 경우 여러분의 심리치료자와 상의하는 것을 고려해 보라. 또 지금이 자기실천·자기성찰에 참여할 적절한 시기인지도 한 번 더 생각해 보길 바란다. 워크북을 사용할 때는 내담자들과 함께 있는 것만큼 자신을 부드럽게 대하고 좋은 자기돌봄을 실천하는 것이 중요하다. 심리치료자들은 자기희생 심리도식에서 높은 점수를 보이는 경우가 잦으며 그로 인해 자신의 복지를 희생해 모두를 돌보려고 한다.

영 심리도식 질문지

심리도식치료에서 정의된 초기부적응도식은 영 심리도식 질문지(Young Schema Questionnaire: YSQ)를 통해 평가된다. 우리는 YSQ 중 단축형(Young, 2017)으로, 리커트식 6점 척도 75문항의 자기보고식 질문지에서 질문들을 가져왔다. 이 도구는 평가 당시의 18가지 핵심 부적응 도식의 현존이나 부재를 측정하는 데 쓰인다. YSQ는 정신병리의 존재 여부를 예측하는 데 매우 민감하다(Rijkeboer, van den Berghe, & van den Bout, 2005). 자기실천·자기성찰의 목적에 맞추어 우리는 두 개의 대표적인 YSQ 질문을 사용하여 총 18개 영역의 초기부적응도식 중 10개를 평가하고 있다. 우리는 심리치료자들을 훈련하는 심리도식치료자 자기실천·자기성찰 집단에서 가장 빈번하게 발생했던

10개의 초기부적응도식을 골랐다. 내담자들에게는 YSQ 전체를 시행할 것을 권장한다. 모든 종류의 초기부적응도식 자기평가를 위해서 YSQ-L3 긴 형식 또는 YSQ-S3 단축형을 작성할 수 있다. 이 설문들은 웹사이트 www.schematherapy.com에서 찾아볼 수 있다. 만약 여러분이 심리도식치료 훈련 프로그램 참여 중이거나 참여했던 적이 있다면 이미 YSQ를 끝마쳤을 것이다. 그런 경우에도 여전히 여기에 제시된 설문을 끝마치고 예전에 마쳤던 YSQ 결과와 비교해 보자. 변경 사항을 기록해 둔다. 심리도식들이 개인적 성향과 비슷하게 생각되곤 하지만 그것들은 심리치료 후에도 계속 현존해 있으며 그저 더 적게 혹은 낮은 빈도로 활성화될 뿐이다.

🖎 훈련. 나의 YSQ

지시: 다음의 목록들에 적혀 있는 것들은 어떤 사람이 자기 자신을 기술하는 데 쓰는 표현들이다. 각 진술들을 잘 읽고 그것이 자신을 얼마나 잘 기술하고 있는지 생각해 본다. 만약 확신이 서지 않는다면 당신이 옳다고 생각하는 것보다는 당신이 그것에 대해 **감정적으로 어떻게 느끼는지**에 기반하여 점수를 매긴다. 자신을 얼마나 잘 기술하는지에 따라 1점부터 6점 중에 맞는 것을 선택하여 그 점수를 심리도식 설명 옆에 있는 빈칸에 적는다. 여러분은 두 번 반복해서 점수를 매겨야 한다. 첫 번째는 그 심리도식이 개인적인 삶에서의 자신과 잘 맞는지에 대한 점수이고, 두 번째는 그것이 여러분의 업무와 관련된 전문적인 삶에서의 자신에 어떻게 영향을 미치는가에 대한 점수이다.

나의 YSQ(선별된 문항)

전혀 그렇지 않다	대체로 그렇지 않다	약간 그렇지 않다	약간 그렇다	대체로 그렇다	매우 그렇다
1점	2점	3점	4점	5점	6점

P1=개인적인 삶/P2=전문적인 삶	P1	P2
유기/불안정		
내가 관심을 쏟는 사람이 내게서 멀어져 간다는 느낌이 들면 절망스럽다.		
때로는 사람들이 떠나 버릴까 봐 너무 두려워서 그들을 쫓아 버린다.		

정서적 결핍		
진정으로 내 말을 듣고 심정을 이해해 주거나 또는 내 속마음이나 감정을 헤아려 주는 사람이 늘 없었다.		
나를 보살펴 주거나, 고민을 나누거나, 내 진정한 욕구와 감정을 알아주는 사람이 없었다.		
결함/수치심		
나는 내 자신을 다른 사람들에게 드러내는 것을 용납하기 힘든 사람이다.		
나는 다른 사람들에게 사랑이나 관심, 존중을 받을 만한 가치가 없는 사람이다.		
사회적 고립/소외		
나는 다른 사람들과 근본적으로 다르다.		
나는 항상 집단에서 겉도는 느낌이다.		
실패		
나는 업무 면에서 다른 사람들만큼 재능이 없다.		
일상적인 문제들을 해결할 수 있는 능력이 과연 내게 있는지 의심스럽다.		
특권의식		
나는 다른 사람들이 하는 것에 비해 내가 하는 일이 훨씬 더 가치 있다고 생각한다.		
나는 내가 원하는 것을 하지 못하게 하거나 강요당하는 것을 싫어한다.		
자기희생		
가까운 사람들을 돌보게 되는 것은 결국 나다.		
사람들은 내가 남에게는 너무 많은 것을 해 주지만 나 자신을 위해서는 별로 하는 게 없다고 생각한다.		
승인/인정 추구		
나는 다른 사람들로부터 관심을 받지 못하면 내가 덜 중요하게 느껴진다.		
내가 아는 대부분의 사람에게 호감을 받는 것이 중요하다.		
정서적 억제		
나는 타인의 시선을 너무 의식해서 다른 사람들에게 긍정적인 감정을 잘 표현하지 못한다(애정, 관심을 보이는 것 등).		
나는 타인에게 따뜻하고 자연스럽게 행동하기가 어렵다는 것을 안다.		
엄격한 기준		
나는 최선을 다하려고 노력한다. 그래서 나는 '이 정도면 됐어(충분해)'에 만족할 수 없다.		
나는 내 실수에 대해 내 자신을 쉽게 용서하거나 변명할 수 없다.		

심리도식양식 검사

　　심리도식양식 검사(Schema Mode Inventory: SMI; Young et al., 2007)는 리커트식 6점 척도를 이용해 16개의 심리도식양식을 확인하는 143개 문항으로 구성된 자기보고식 측정 도구이다. 이것은 평가 당시의 현존해 있는 기능적 심리도식양식들뿐만 아니라 역기능적 심리도식양식들까지 측정한다. 자기실천 · 자기성찰의 목적을 위해 우리는 12개의 양식 각각에 대해서 두 개의 대표적 문항을 골랐다. 또한 여러분의 양식 활동에 대한 더 대표적인 평가로서 이것이 제공될 것이기 때문에 현재의 순간만이 아니라 지난 2주 동안을 기준으로 문항 점수를 매길 것을 제안한다. 일반적으로 심리도식양식들은 현재 상태를 측정하기 때문에 심리도식들보다 더 변화에 민감하다. 그것들은 심리도식치료를 받은 후에 변화하는 것으로 밝혀졌다(Farrell & Shaw, 2010), 자기실천 · 자기성찰 프로그램을 마친 후에 그 차이를 경험할 수 있을 것이다. 모듈 5에서 점수에 대한 의미와 그것이 여러분이 작업을 통해 확인한 문제와 그 작업의 계획과 어떻게 관련되어 있는지를 살펴볼 것이다.

✍🏻 훈련. 나의 SMI

　　지시: 다음 목록에 제시되어 있는 것은 사람들이 자기 자신을 기술하는 데 쓰는 진술들이다. 각 기술들에 대해 여러분이 최근 2주간 **일반적으로** 얼마나 그것에 대해 어느 정도 믿는지 혹은 느끼는지에 근거하여 각 문항들을 평가한다.

나의 SMI(선별된 문항)

전혀 그렇지 않다	거의 그렇지 않다	약간 그렇지 않다	그렇다	거의 그렇다	항상 그렇다
1점	2점	3점	4점	5점	6점

P1=개인적인 삶/P2=전문적인 삶	P1	P2
취약한 아동 양식		
나는 근본적으로 부적절하고, 모자라거나 결함이 있다고 느낀다.		

나는 어찌할 바를 모르겠다.		
화난 아동 양식		
내 안에는 방출되어야 할 많은 분노가 쌓여 있다.		
누군가가 내게 어떻게 느끼고 행동해야 한다고 말하면 화가 난다.		
충동적인 아동 양식		
나는 결과를 생각하지 않고 내가 느끼는 것을 말하거나 충동적으로 행동한다.		
나는 충동을 조절하는 것이 어렵다.		
훈육되지 않은 아동 양식(비훈육된 아동 양식)		
나는 일상적이거나 지루한 일들을 스스로 끝내는 것이 훈련되지 않았다.		
나는 쉽게 지루해지고 어떤 것에 흥미를 잃는다.		
순응적 굴복자		
나는 논쟁이나 대립, 거부를 피하기 위해 타인을 기쁘게 하려고 매우 노력한다.		
나는 내 자신의 욕구를 표현하는 대신 다른 사람들이 마음대로 하도록 내버려 둔다.		
분리된 보호자		
나는 대부분의 것에 대해 무관심하다.		
나는 분리되어 있음(나 자신이나 내 감정 혹은 다른 이와 연결되어 있지 않음)을 느낀다.		
분리된 자기위안자		
나는 내 감정을 피하기 위해 흥분되거나 위안이 되는 행동하기를 좋아한다(예: 일하기, 도박하기, 먹기, 쇼핑, 성적인 활동, TV 보기).		
나는 짜증나는 생각이나 감정에 사로잡히지 않기 위해 언제나 나를 바쁘게 한다.		
자기과시자		
나는 다른 사람들에게 강요한다.		
나는 내가 무엇을 하든 최고여야 한다.		
가해자-공격		
나는 다른 사람이 나를 간섭하지 않고 존중해 주기를 요구한다.		
나는 다른 사람들을 무시한다.		
요구적 비판(부모)		
나는 내가 해야 할 모든 일을 마치기 전에 휴식을 취하거나 놀게 하지 않는다.		
지금 내 삶은 일을 하고 '올바른' 일을 하는 것에 초점을 맞추고 있다.		
처벌적 비판(부모)		
나는 그럴 자격이 없기 때문에 즐거워서는 안 된다고 생각한다.		
나는 내 자신을 용서할 수가 없다.		
행복한 아동 양식		
나는 사랑받고 인정받고 있다고 느낀다.		
나는 자연스럽고 장난기많다고 느낀다.		

건강한 성인		
나는 감정에 휘둘리지 않고 이성적으로 문제를 해결할 수 있다.		
나는 내가 누군지 그리고 내가 행복하기 위해 필요한 것이 무엇인지 잘 알고 있다.		

해석 격자: 각 양식의 점수를 2로 나누어 '자신의 점수'란에 입력하라. 다음에 각 행의 점수가 같거나 그 이하인 숫자에 동그라미를 쳐라.

	자신의 점수	매우 낮은	평균	중등도	높은	매우 높은	심각한
선천적 아동 양식							
취약한 아동		1	1.47	1.98	3.36	4.47	6
화난 아동		1	1.81	2.29	3.09	4.03	6
충동적인 아동		1	2.15	2.68	3.05	4.12	6
비훈육된 아동		1	2.27	2.87	3.47 (2.95)	3.89	6
부적응적 대처 양식							
순응적 굴복자		1	2.51	3.07	3.63 (3.32)	4.27	6
분리된 보호자		1	1.59	2.11	2.95	3.89	6
분리된 자기위안자		1	1.93	2.58	3.32	4.30	6
자기과시자		1	2.31	2.90	3.49 (2.63)	4.08	6
가해자-공격		1	1.72	2.23	2.74 (2.21)	3.25	6
역기능적 비판 양식							
요구적 비판		1	3.06	3.66	4.26 (3.71)	4.86	6
처벌적 비판		1	1.47	1.86	2.75	3.72	6

		아주 낮은	낮은	평균	높은
건강한 양식 (높은 점수들이 긍정적)					
건강한 성인		2.77	3.60	4.60	5.16
행복한 아동		2.11	2.88	4.52	5.06

출처: Joan M. Farrell & Ida A. Shaw, *Experiencing Schema Therapy from the Inside Out: A Self-Practice/Self-Reflection Workbook for Therapists*. Copyright © 2018 The Guilford Press. 이 표의 복사본은 이 책의 구매자가 개인적인 용도로 쓸 때만 허용됨. 학지사 홈페이지(www.hakjisa.co.kr)에서 다운로드 할 수 있음.

📌 **노트**. 여러분은 '높음'이나 '매우 높음' 범위의 모든 점수에 주목해야 하며 모듈 5의 자기개념화에 포함시켜야 한다. 만약 그 범위 안의 점수가 없거나 적은 경우에는 여러분의 개념화를 위해 '중등도' 범위의 점수를 고려한다. 이 시스템은 319명의 정신 병리가 없는 비내담자 통제집단 참여자와 DSM-IV 축 1 장애를 가진 136명의 내담자와 DSM-IV 축 2 장애를 가진 236명의 내담자를 포함한 863명의 참여자 표본의 SMI 결과를 분석한 Lobbestael 등(2010)의 연구 결과를 이용한다.

절단 점수는 다음과 같은 방식으로 결정되었다.

- 매우 낮은 점수와 심각한 점수는 모두 최대 점수를 부여한다.
- 평균 = 비내담자 모집단의 평균 점수
- 중등도 = 비내담자 모집단의 평균 점수보다 1 표준편차 이상인 점수
- 높은 = 축 2 내담자 표본 집단의 평균 점수
- 매우 높은 = 축 2 표본 집단의 평균 점수보다 1 표준편차 이상인 점수

건강한 양식들의 경우, 높은 점수가 긍정적이므로 점수는 다음과 같이 결정되었다.

- 아주 낮은 = 축 2 표본 집단의 평균 점수보다 1 표준편차 이하 점수
- 낮은 = 축 2 표본 집단의 평균 점수
- 평균 = 비내담자 표본 집단의 평균 점수
- 높은 = 비내담자 표본 집단의 평균 점수보다 1 표준편차 이상 점수

자신의 YSQ와 SMI를 심리도식치료 자기개념화를 발달시키는 모듈 5에서 사용하게 된다.

자기실천·자기성찰 프로그램을 위한
자신의 도전적인 문제 확인하기

다음 단계는 자기실천·자기성찰 작업에서 작업할 도전적인 문제를 확인하는 것이다. 이 문제는 여러분의 전문적인 작업 또는 '치료자 자신'으로부터 올 수도 있고, 개인적인 삶 또는 '개인으로서의 자신'으로부터 올 수도 있다. 혹은 여러분이 선택한 문제는 여러분의 삶의 두 영역 모두에 겹칠 수 있다.

📌 **노트.** 심리치료자들은 초인적인 사람들이 아니다. 우리는 모두 우리의 심리도식과 양식에서 오는 영향으로 어려움을 겪고 있다. 게다가 심리도식치료 훈련은 치료자로서 강한 개인적인 현존(즉, 심리치료자로서뿐만 아니라 스스로에게도 진실해야 한다는)을 요구하기 때문에 더 많은 취약함이 발생할 수 있다. 다른 이들이 역량을 평가하려는 상황에서 불편함이 유발되고 초기부적응도식을 활성화시킬 수 있다. 슈퍼비전, 집단 슈퍼비전, 동료 슈퍼비전, 팀 회의에서 사례 제시, 학술회의에서 발표, 훈련하기, 새로운 내담자와의 만남 등은 심리치료자의 인생에서 촉발될 수 있는 흔한 상황들이다. 다음 글상자에 제시되어 있는 심리치료자들의 일반적인 문제들을 확인하고 그다음에 적힌 우리의 예시적인 치료자들인 줄리아, 페니와 이언이 확인한 '도전적인 문제들'을 읽는다. 앞서 언급했던 대로, 우리는 워크북 전체를 통틀어 자기실천·자기성찰 훈련을 설명하기 위해 그들의 예시를 사용할 것이다.

심리치료를 진행할 때 우리가 개인적으로 반응할 수 있는 잠재적인 상황(내담자들의 회기 취소, 조기 치료 중단, 호전되지 않는 것, 내담자가 경계성 성격장애나 자기애적 성격장애를 가진 내담자들)이 많이 발생한다. 내담자들의 손상되고 불안정한 대인관계 방식이 우리와의 관계에서도 일어날 수 있다. 이러한 상호작용 중 일부는 우리의 개인적인 삶에서 어려움을 겪고 있던 것과 유사한 것이어서 우리의 심리도식을 활성화시킬 수도 있다. 내담자들의 과잉보상적 방어는 우리 자신의 과잉보상적 양식을 상처 입히거나 촉발시킬 수 있다.

전문적 문제의 예시: '치료자로서의 자기'

- 자신의 작업에 대해 걱정하거나 반추하는 자신을 발견한다.
- 치료 회기, 강의 혹은 슈퍼비전 이전이나 도중 및 이후에 속상한 감정을 느낀다.
- 자신의 전문적 역할에 대해 '사기꾼'처럼 느껴진다(누군가가 여러분을 여러분이 두려워하는 '무능한' 치료자로 보고 폭로할 것이라는 두려움)
- 스스로가 개인적으로 적합한 사람인지에 대해 염려한다. 예를 들어, "내가 따뜻하고 진실된 사람일까?" "내가 내 내담자들에게 '좋은 부모'의 역할을 할 수 있을 만큼 믿을 만한 사람일까?" "내가 내담자들을 위로할 수 있을까?" "내가 전문적 한계 내에서 내담자들의 욕구를 충족시킬 수 있을까?" "내가 '좋은 부모'의 방식으로 필요한 한계를 설정할 수 있을까?" 등.
- 내담자가 여러분에게 보인 부정적 개인적 반응에 예민하다.
- 내담자에게서 강한 부정적 감정들을 끌어내거나 분노나 슬픔, 수치 등의 강한 감정을 다루는 작업을 하는 훈련을 하는 것이 불편하다고 느낀다.
- 친숙하지 않은 경험적 훈련들을 적용할 때 남의 눈치를 본다. 예를 들어, 여러분은 의자에 그대로 앉아 인지적 작업을 할지 혹은 일어나서 여러 개의 의자를 이용한 양식 대화를 시작할지 사이에서 힘들어한다.
- 특정 진단을 받거나 특정 나이의 내담자들과 작업하는 것이 당신을 불안하게 만든다는 것을 발견할 수 있다.
- 죽음 또는 이혼과 같은 여러분 자신의 과거 혹은 현재에 발생한 문제들과 싸우고 있는 내담자들을 만날 수 있다.

개인적 문제의 예시: 여러분의 '개인적 자기'
- 인간관계에서 너무 상대방에게 끌려다녀 자기주장을 잘 못함
- 사회적 불안
- 대인관계 갈등을 효과적으로 다루는 것에서의 어려움
- 중요한 관계에서 버려짐에 대한 두려움
- 지루함
- 외로움
- 불안, 슬픔, 분노와 같은 상태를 경험할 수 있으며 그중에 하나, 둘 혹은 셋 모두에 관련된 신체 감각이나 증상을 동반할 수도 있음

예시: 줄리아, 페니, 이언이 선택한 도전적인 문제

줄리아: <u>확인된 내 문제는</u> 내담자들과 한계와 경계선을 설정하는 것과 비판적 혹은 분노 행동에 더 효과적으로 대처하는 것이다.

페니: <u>확인된 내 문제는</u> 내 자신과 타인에 대한 비현실적인 요구와 완벽해지려는 태도이다. 나는 내가 '항상 더 잘 해야 한다'고 생각하기 때문에 여가 활동이나 즐거움을 위한 시간이 없으며 내 성공을 즐기지 못한다.

이언: <u>확인된 내 문제는</u> 바로 내가 집에서나 업무 중 상사와 함께 있으면서 불안하거나 분노했을 때의 내 행동이다. 내 행동은 그 상황에 비해 좀 과한 면이 있다. 그 행동은 아내를 외롭게 하고 업무에서의 내 평가에 영향을 미친다.

✎ **훈련.** 내가 작업할 나 자신의 문제

지시: 여러분의 전문적 혹은 개인적 삶, 혹은 그 두 가지 모두에 영향을 미치는 도전적 문제를 하나 선택한다. 이 훈련을 준비하기 위해 필요한 시간 동안 방해받지 않을 조용한 공간을 찾는다.

① 치료자로서의 자신에 대해 떠오르는 걱정스럽거나 혼란스러운 모든 감정이나 생각을 허용한다.

② 만약 작업할 문제로 개인적인 문제를 선택한다면, 그것과 관련된 감정과 생각들이 편안하게 마음에서 떠오르도록 한다.

③ 마음속에서 여러분을 걱정스럽게 하거나 혼란스럽게 하는 치료자로서의 자신(만약 여러분의 자기실천·자기성찰을 '개인적 자기'에 초점 맞추기를 원한다면 개인으로서 자신)에 대한 감정들과 이미지, 생각들을 가지고 온다('치료자 문제'와 '개인적 문제'를 고르는 지침이 필요하다면 3장을 참조).

④ 우리는 모두 각자의 촉발요인들이 있다. 여러분의 감정적 반응이 특별히 강렬하거나 평소와 확 달랐던 상황을 확인할 수 있는가? 우리 모두 내담자와의 관계 혹

은 대인관계에서 건강하지 않거나 비효율적인 행동 패턴에 마주칠 수 있다. 우리
의 내담자들과 마찬가지로, 우리는 통제할 수 없는 것으로 느껴지는 촉발요인들
에 대한 자동적인 반응에 의해 '덫에 걸린' 느낌을 받을 수 있다.

나의 도전적 문제 혹은 상황

---

⑤ 여러분이 확인한 상황들을 평가한다. 여러분에게 중등도에서 높은 수준까지의
   감정을 유발하는 상황을 선택한다(예: 불안, 좌절, 분노, 고통 등).

⑥ 여러분의 도전적 문제 적기를 마무리하며 그것을 다음에 기술한다.

자기실천·자기성찰 프로그램에서 초점을 맞출 나의 문제

자기성찰적 질문

워크북의 모듈 2를 끝내는 동안 무엇이 눈에 띄거나 여러분을 놀라게 했는가?

평가 훈련을 하는 동안 자신의 즉각적인 감정적 반응은 어떤 것이었나? 어떤 생각이나 신체 감각이 인식되었는가?

_____

_____

_____

_____

_____

_____

_____

_____

_____

_____

_____

_____

_____

_____

자신의 삶의 질, 초기부적응도식, 심리도식양식을 평가하는 경험을 한 후에 내담자들을 위한 이 과정에 대해 어떤 생각이 들었는가? 자신의 '내면으로부터'의 이 평가 경험이 내담자들을 대할 때의 방식을 변화시켰는가? 만약 그렇다면 어떻게 다르게 할 것인가?

_____

_____

_____

_____

_____

자신의 문제를 표현하는 것이 얼마나 쉬웠고 얼마나 어려웠는가? 이 경험이 내담자들의 경험에 대한 어떤 부가적인 통찰력을 제공하였는가? 이 경험이 작업할 문제를 확인할 때의 접근 방식을 바꾸도록 할 것 같은가?

다음 주에도 계속해서 성찰하고 싶은 것이 더 있는가?

심리도식치료 개념을 이용하여
확인된 문제 이해하기

제2부의 세 모듈은 초기부적응도식과 심리도식양식들의 기원과 그것들과 자기실천·자기성찰 워크북에서 작업하기 위해 선택한 현재 생활 문제와의 관계를 이해하는 데 중점을 둔다. 이러한 정보를 수집하기 위한 몇 가지 다른 접근 방식(즉, 일부는 인지적 접근이고, 나머지는 경험적 접근)이 있다. **모듈 3**에서는 질문지를 통해 아동기와 청소년기에 충족된(혹은 충족되지 않은) 핵심 욕구들과 그것이 현재에 어떻게 충족되고 있는지(혹은 충족되지 않는지)에 대한 경험을 탐색하게 될 것이다. **모듈 4**에서는 욕구가 충족되지 않은 어린 아동의 경험에 대한 이야기에 대해 응답하게 될 것이다. 이 경험을 통해 그녀가 얻은 메시지와 그로 인해 발생한 정서적 학습의 간극을 파악할 수 있다. 또한 심상 훈련을 통해 연관된 아동기 경험을 평가하게 될 것이다. **모듈 5**에서는 처음 4개의 모듈을 통해 수집한 정보와 인식들을 심리도식 자기개념화로 통합시키는 작업을 하게 될 것이다.

노트. 제2장에서 설명한 바와 같이, 심리도식치료 병인론 모형에서는 초기 환경에서의 아동기의 기본적인 정서적 욕구가 적절하게 충족되지 못했을 때 초기부적응도식이 발달한다고 본다. 심리적 문제의 발달에서 미충족된 아동기 욕구의 역할은 제2장에 설명되어 있다. 현재의 문제 행동이 정상적인 욕구가 충족되지 않은 잘못된 학습이나 좌절감을 주거나 심지어는 유해한 초기 환경에서의 정서적 학습의 간극에 토대하고 있다는 점에서 아동기와 청소년기의 역사는 심리도식치료에서 중요하다. 심리도식치료는 문제 반응의 '뿌리'를 찾고 미충족된 기저 욕구를 확인하는 데에서 시작한다. 심리도식치료 이론에서는 심리도식을 통한 현재의 이러한 욕구의 활성화가 역기능적 도식 양식의 문제 행동으로 이끈다고 주장한다. 이러한 교육과 인식을 제공함으로써 내담자들은 그들의 부적응적 대처 반응이 왜 그리고 어떻게 발전했는지 이해하고, 현재의 효과를 평가하며, 변화할 의사가 있는지 결정할 수 있다. Young은 이 접근법이 인지행동치료의 하향식 방향과 대조적으로 상향식으로 작동한다고 언급하였다. 궁극적인 목표는 내담자들이 그들의 욕구를 적응적 방식으로 충족시킬 수 있도록 돕는 데 있다.

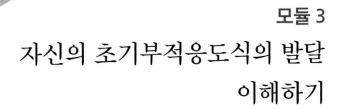

모듈 3
자신의 초기부적응도식의 발달
이해하기

이 질문지는 정말 저를 놀라게 했습니다. 저는 제 아동기 욕구들이 거의 다 충족되었다고 생각했는데, 질문지를 통해 하나씩 확인하다 보니 안심시켜주는 것이 필요했을 때 아무도 주위에 없었던 몇몇 상황을 떠올릴 수 있었습니다. 제가 보모와 얼마나 자주 단둘이 남겨져 있었는지 뚜렷하게 기억이 났습니다. 제가 울면서 엄마의 치맛자락을 붙잡으면 엄마가 숙녀처럼 굴어야지 하고 말했던 기억이 났습니다. 저는 이 훈련이 아동기에 대한 큰 분리된 보호자 양식을 가지고 있는 내담자들에게 정말 큰 도움이 될 거란 걸 알게 되었습니다.

– 자기실천 · 자기성찰 참여자

이 모듈에서는 여러분의 정상적인 아동기 욕구들이 어떻게 충족되었는지 혹은 충족되지 않았는지, 그리고 어느 정도로 충족되었는지 대해 평가할 것이다. 제2장에서는 아동기의 핵심 욕구들이 어떻게 충족되었는지 혹은 충족되지 않았는지의 관점에서 보는 심리적 문제의 병인에 대한 심리도식치료 모형을 설명하였다. 결과적으로, 이러한 욕구들을 확인하는 것은 심리도식치료에서 아주 중요하게 여겨진다. 핵심 욕구들은 다음과 같이 요약할 수 있다.

- 타인에 대한 안정 애착(안전, 안정성, 양육과 수용 등을 포함함)
- 자율성, 역량 그리고 정체감
- 타당한 욕구과 감정을 표현할 수 있는 자유
- 자발성과 유희
- 현실적인 한계와 자기통제

노트. 우리 내담자들은 핵심 욕구에 대한 정확한 정보를 거의 가지고 있지 않다. 어떤 내담자들은 그들의 아동기 경험을 은근슬쩍 넘기려 하거나 그들의 아동기를 이상화하기도 한다. 다른 사람들은 욕구에 관한 바로 그 언급에 매우 강하게 반응한다. 경계성 성격장애를 가지고 있던 우리의 집단원들은 우리가 처음 그 주제를 소개할 때 겁에 질리고 화가 났다. 그들은 "나는 어렸을 때 나를 곤경에 빠뜨린 단어들이 정말 싫어요." 또는 "나는 너무 불쌍해(항상 내가 들었던)."와 같은 말을 했다. 다른 사람들은 "맞아요, 나는 나쁜 어린 시절을 보냈죠. 근데 이제 와서 어떻게 할 수 있겠어요?"라고 말한다. 우리는 다섯 개의 핵심 아동기 욕구가 아동기와 청소년기에 어떻게 충족되었는지 혹은 충족되지 않았는지와 이러한 욕구들의 성인 버전이 현재 삶에서는 어떻게 충족되거나 충족되지 않고 있는지에 대해 알아보기 위해 간단한 질문지를 사용한다. 심리도식치료의 평가 단계에서 이러한 각각의 욕구들과 관련한 내담자들의 경험을 고려하여 그 경험과 그들의 부적응적 심리도식을 연결하는 방식으로 내담자를 돕는다. 〈표 2-2〉(26쪽)는 충족되지 않은 욕구, 아동기 환경 그리고 아동기와 성인기의 표현 사이의 가설적 관계를 보여 준다.

아동기, 청소년기 그리고 성인기 욕구에 대한 평가

 예시: 페니의 욕구 평가

자율성, 역량 그리고 정체성 발달

이 욕구에 대한 아동기 경험

엄마는 늘 모든 일에는 '옳은 방법'이 있다고 생각하셨고, 그 옳은 방식이란 바로 엄마의 방식이었다. 내가 또래보다 더 빠르게 성과를 낼 수 있었기 때문에 엄마는 그런 모든 우수한 일에 대한 이야기를 자랑스럽게 하곤 했다. 예를 들자면, 두 살 때 레스토랑에서 내가 혼자서 주문을 했다는 이야기는 엄마가 늘 하던 자랑 이야기 중 하나였다. 엄마가 완벽해야 했기 때문에 나는 '완벽'해야 했다. 나는 그런 엄마 모습의 반영이었다. 아기 때나 아주 어릴 때도 엄마는 아빠와 각방을 쓸 때 나를 데리고 가서 함께 잤다. 내가 내 침대에서는 혼자 자는 것을 용납할 수 없다고 엄마는 말했다. 내가 세 살이 된 직후 남동생이 태어나고 나서야 나는 엄마 없이 혼자 잘 수 있었다.

이 욕구에 대한 청소년기 경험

나는 반항했고 가능한 한 엄마와 다르게 되고 싶었다. 엄마는 옷 입는 방식이나 머리 모양, 친구들, 좋아하는 음악 등에 대해 매우 비판적이었다. 나는 긴 생머리였는데, 그 당시 유행하던 것처럼 가르마를 가운데로 타기 시작했을 때 엄마는 내가 마녀같이 보인다고 말했던 것을 기억한다. 여전히 엄마처럼 되지 않는 것이 내 능력이나 정체성에 대한 어떤 검증이 되지는 않았다. 내가 내 방을 가지게 되었지만 엄마는 항상 내 방에 들어와 내 방을 확인하기 위해서 최소한 옷장의 서랍 하나에는 엄마의 물건들을 넣어 두곤 했다.

이 욕구를 충족시키기 위해 지금 내가 노력하는 방법

'경계'는 늘 내 관심사였다. 나는 내 파트너와 친구들이 넘어오지 않았으면 하는 확실한 한계를 느낄 수 있다. 나는 때로 그 경계를 침범한다고 느껴질 때는 과잉 반응을 보이기도 한다. 이런 행동은 상대방에게 위협감과 불쾌감을 느끼게 할 수 있다.

✍️ 훈련. 자신의 욕구 평가

지시: 다음의 핵심 아동기 욕구 목록을 보자. 이러한 욕구들이 여러분의 아동기에 어떤 식으로 충족되었는가? 그것들이 청소년기(12~18세)에는 어떻게 충족되었는가? 욕구가 아직도 존재한다면 지금은 그것을 충족시키기 위해 어떻게 할 것인가?

---

1. 안전과 애착, 예측 가능성 그리고 애정

이 욕구에 대한 아동기 경험

....

....

....

이 욕구에 대한 청소년기 경험

....

....

....

이 욕구를 충족시키기 위해 지금 내가 노력하는 방법

....

....

....

2. 자율성, 역량 그리고 정체성 발달

이 욕구에 대한 아동기 경험

....

....

....

이 욕구에 대한 청소년기 경험

....

....

....

이 욕구를 충족시키기 위해 지금 내가 노력하는 방법

- - -

3. 감정과 욕구를 표현할 수 있는 자유

이 욕구에 대한 아동기 경험

- - -

이 욕구에 대한 청소년기 경험

- - -

이 욕구를 충족시키기 위해 지금 내가 노력하는 방법

- - -

4. 놀이와 창의성에 대한 자유

이 욕구에 대한 아동기 경험

- - -

이 욕구에 대한 청소년기 경험

- - -

이 욕구를 충족시키기 위해 지금 내가 노력하는 방법

_____

_____

_____

5. 현실적인 한계와 자기통제

이 욕구에 대한 아동기 경험

_____

_____

_____

이 욕구에 대한 청소년기 경험

_____

_____

_____

이 욕구를 충족시키기 위해 지금 내가 노력하는 방법

_____

_____

_____

✍️ **훈련.** 나의 충족되지 않은 욕구와 관련된 심리도식

1. 〈표 2-2〉(26쪽)에서 당신의 충족되지 않은 욕구를 찾은 다음 제시된 관련 심리도식을 확인하고 적어본다.

   충족되지 않은 욕구:

_____

_____

_____

관련된 심리도식:

....

....

....

2. 이러한 심리도식들 중 모듈 2에서 확인한 것들 중 높은 점수였던 것들이 있는가? 어떤 것인가?

....

....

....

3. 특정 상황에서 활성화되는 심리도식과 과거와 현재의 미충족된 욕구 간의 관계를 이해하는 것은 변화를 위해 필요한 인식을 가지기 위한 중요한 단계이다. 우리는 모듈 3에서 수집한 정보를 자기개념화를 발달시키는 모듈 5에서 더 알아보게 될 것이다.

....

....

....

....

자기성찰적 질문

아동기와 청소년기의 욕구가 충족되거나 되지 않았던 경험을 되돌아보는 것은 어땠는가? 이 훈련을 하는 동안 어떤 감정, 생각 그리고 신체 감각을 경험했는가? 심리도식이 활성화되거나 양식이 촉발되지는 않았는가?

_____

_____

_____

_____

훈련 중에 기억이나 이미지가 떠오르진 않았는가? 다음에 적어 보라.

놀랄 만한 것이 있었는가?

이것과 같은 작업을 할 때 내담자가 느낄 경험에 대해 어떤 것을 배웠는가? 자신의 경험으로 자신이 이 내담자들에 관한 자료를 얻고 작업하는 방식에 어떤 변화를 계획 하게 되었는가?

모듈 4
아동기 경험 이야기와 심상 평가

이 놀라운 은유(이야기들)는 당신이 주의를 요하는 내면의 부분에 도달할 수 있게 해 줍니다. 저는 천둥 이야기를 통해 저 자신을 볼 수 있었습니다. 저는 제 분리된 보호자 양식이 내담자와 제 삶과 관련하여 어떻게 작동하는지 알아차릴 수 있었습니다.

– 자기실천·자기성찰 참여자

이 모듈에서는 경험적 수준에서 여러분의 핵심 아동기 욕구가 충족되거나 혹은 충족되지 않은 경험을 탐색한다. 첫 번째 훈련에서 우리는 엘라라는 이름을 가진 어린 소녀의 이야기를 할 것이다. 엘라는 처음으로 엄청난 뇌우를 경험하게 되고 그녀의 욕구 미충족의 영향을 느끼게 되었다. 두 번째 훈련에서 우리는 역사적 심상을 통해 욕구 미충족의 경험을 탐색하고 여러분이 이러한 경험들로부터 영향을 받은 자신, 타인, 혹은 세상에 대한 메시지가 무엇인지 확인하라고 요청한다.

📌 노트. 우리는 내담자들에게 그들이 영향을 받은 잘못되고 비판적인 메시지를 확인하고 그 결과로 나타나는 정서적 학습의 간극이라는 과정으로 이어지는 초기부적 응도식과 심리도식양식의 토대를 내담자들에게 소개하기 위해 욕구가 미충족된 아동

기 경험의 이야기를 사용한다. 모듈 3에서의 욕구 평가는 아동기 핵심 욕구들과 관련된 경험에 대해 질문한 반면에, 여러분이 이야기에 응답하도록 요구하는 것은 이 평가에 경험적 요소를 추가한다. 이야기 접근법은 선의의 부모 행동이 자녀에게 미치는 영향을 관찰하는 작업에 내담자들을 더 쉽게 참여시키는 것으로 보인다. 부모 양육의 의도치 않은 부정적인 영향에 대해 논의하는 것은 때때로 발생하는 가족 충성심 문제들을 완화시키는 데 도움이 된다. 대부분의 내담자는 욕구가 적절하게 충족되지 않았던 아동기의 기억을 쉽게 찾아낸다. 또한 많은 내담자는 그들 자신의 이야기보다 이야기 속 인물의 욕구를 더 쉽게 받아들이고 옹호한다. 심상의 사용은 심리적 문제의 병인론에 대한 심리도식치료 이론을 더 두드러지고 실제적인 것으로 만든다.

훈련. 엘라와 뇌우 이야기

지시: 방해받지 않을 만한 조용한 공간을 찾은 뒤 이야기를 읽고 질문에 답하라.

네 살 먹은 엘라가 우르릉 쾅쾅, 대포보다 더 큰 천둥소리에 잠이 깼다. 천둥소리가 어찌나 크고 무서웠던지 침대가 흔들리는 것처럼 느껴질 정도였다. 번개의 날카로운 섬광이 벽에 무서운 그림자를 남기며 번쩍거렸고, 그다음엔 쾅 하는 소리가 계속해서 났다. 너무 무서워 덜덜 떨면서 우는 것밖에 할 수 없었던 엘라는 다음 천둥이 올 때쯤 침대를 벗어나 부모님의 방으로 달려갔다. 천둥소리에 엘라의 울음은 비명소리로 바뀌었다. 부모님 중 한 명이 잠에서 깨어 엘라에게 "그만 울어!"라고 소리를 질렀다. 부모님은 "이건 그냥 천둥이야. 아기처럼 굴지 마! 집안 식구들 다 깨기 전에 얼른 네 방으로 돌아가."라고 말했다. 엘라는 어쩔 수 없이 자신의 방으로 돌아갔지만 울음을 멈출 수 없었다. 엘라는 담요를 물고 울음소리가 새어 나가지 않도록 했다. 엘라는 천둥소리에 깜짝 놀라지 않게 귀를 막고 벽에서 그녀를 잡으려고 손을 뻗고 있는 무서운 팔을 보지 않기 위해서 눈도 꼭 감았다. 천둥이 올 때마다 그녀는 더 세게 울고 눈을 감고 귀를 막았다. 얼마 후에 그녀는 천둥소리가 더 커져도 더 이상 달려가지 않았고, 소름끼치는 팔이 그녀를 잡으려고 할 때 몸을 떨거나 피하지 않았다. 그녀는 그저 멍하니 앉아 허공을 응시하고 있었다.

다음의 질문들을 읽고 질문들에 대한 대답을 다음 쪽의 표에 적어 본다.

1. 엘라가 부모님의 방으로 달려갈 때 엘라는 어떤 것을 느꼈을까?

2. 엘라에게 필요한 것은 무엇이었는가?

3. 엘라가 부모님의 반응을 보고 어떤 것을 느꼈을까?

4. 이 경험을 통해 엘라는 자신 혹은 세상이나 다른 사람들에 대한 어떤 메시지(감정, 욕구, 가치)를 가지게 되었을까?

5. 엘라에게 촉발되거나 발달되기 시작한 양식은 무엇이라고 생각하는가?

6. 만약 비슷한 경험을 한 번 더 하게 된다면 그것이 그녀의 성인 인생에 어떤 영향을 미칠 것 같은가?

145

장면	감정	욕구	메시지	양식	성인 영향?
엘라가 자신의 방에서 잠들려고 할 때					
부모님 방으로 갈 때					
엘라가 자신의 방으로 돌아왔을 때					

✒️ 훈련. 엘라를 위한 나의 '좋은 부모' 반응

지시: 자신의 욕구를 해결한 엘라에 대한 '좋은 부모'의 반응은 어떤 모습일까? 좋은 부모의 메시지와 행동을 발달시키는 작업을 할 때 참고할 수 있도록 여러분의 제안을 다음 박스에 적어 보자. 그저 어린 엘라의 욕구가 충족되려면 어떻게 해야 하는지에 대해 생각을 시작하면 된다.

📌 **노트.** 엘라의 이야기는 아동기의 욕구가 충족되지 않게 되는 상황과 그 결과의 반응이 초기부적응도식과 역기능적 양식들의 발달에 기여하는 예시를 제공한다. 이것은 부모의 지도와 정보가 없을 때 발생할 수 있는 아동들의 취약함과 정서적 학습의 간극을 보여 준다. 이 상황은 직접적인 학대라기보다 한 아동이 그렇게 할 수 있는 두뇌 발달, 정보, 자원을 갖기 전에 강렬한 감정을 다루기 위해 혼자 남겨졌을 때 일어난다. 그러한 상황에 대처하기 위해 '투쟁, 도피, 얼어버림' 형태의 반응(즉, 부적응적 대처 양식)이 일어나게 되고, 결국 문제 행동의 발달이 시작된다. 뇌우 이야기의 가장 일반적인 반응은 바로 분리된 보호자 양식이다. 이러한 욕구들이 충족되지 못하는 경험이 반복되면 이 대처 양식이 강화된다.

이 훈련은 또한 내담자들에게 어떻게 부정적 메시지가 시작되는지에 대해 안전한 예시를 제공하고, 그런 다음 그들 자신의 부정적 메시지를 확인하는 데 도움이 된다.

우리가 아동기와 청소년기의 경험에서 얻은 메시지는 초기부적응도식의 인지적 측면인 자신과 타인 그리고 세상에 대한 핵심 신념들을 형성한다. 이러한 메시지들은 말로 표현되기보다 우리가 어떻게 다뤄졌는지, 그리고 우리의 핵심 아동기 욕구들이 어떻게 응대받았는지로부터 추론된다. 이러한 신념들은 긍정적이고 건강할 수도 있으며 부정적이고 건강하지 않을 수도 있다. 이 신념들은 비전형적인 경험, 즉 가족들 중에서 특이한 것(예: "우리 집에선 시험에서 A 이하의 성적을 받는 사람이 아무도 없어."), 특정 문화적 집단에서 소유하는 것(예: 소녀들의 가치에 대한 문화적 신념), 일시적인 환경들(예: 아동기의 질병과 입원으로 인한 분리), 또는 학대의 외상적 경험 등에 토대를 두고 있을 수도 있다. 이러한 초기 메시지들은 현재의 현실을 정확하게 반영하지는 못할 수도 있지만, 그것이 본질적인 수준에서 '진실'로 받아들여지기 때문에 여러분의 성인의 경험에 영향을 미친다. 그것은 경험에 대한 해석을 왜곡시키거나 모순되는 경험을 걸러냄으로써 '자기충족적 예언(self-fulfilling prophecy)'으로 작용할 수 있다. 모듈 19의 심상 재구성하기 훈련은 이런 핵심 아동기 욕구의 미충족 경험으로부터 내면화하여 만들어진 핵심 신념을 변화시키는 목표를 가지고 있다.

심상을 통해 관련된 아동기 경험을 평가하기

이제 우리는 한 발 더 나아가 여러분이 확인한 문제에 관련된 아동기 경험을 확인하기 위해 심상을 통해 관련된 초기 경험으로 여행을 떠나겠다. 우리는 **이 시점에서는 신체적이나 성적인 학대와 관련된 기억을 피하고**, 대신 '좋은 부모'가 필요했지만 자신을 위한 사람은 아무도 없었던 상황을 고를 것을 권한다.

 예시: 심상을 통해 관련된 이언의 아동기 경험 평가

엘라 이야기를 읽으면서 내가 몇 번 혼란스럽고 무서워서 아버지에게 위로와 지도를 받으러 갔을 때 '할 일을 멈추고 응석을 받아 주기에는 너무 바빴던' 아버지가 내게 "어떻게 해야 하는지 다 알아야 하는 나이인데 애처럼 구는구나." 라고 말했던 기억이 떠올랐다. 당시 나는

여섯 살이었고, 네 살짜리 남동생과 우리 집의 앞마당에서 놀고 있었는데 모르는 사람이 마당 안까지 들어왔다. 나는 무서워서 아버지를 데리고 나오려고 집으로 뛰어들었다. 아버지에게 무슨 일이 있었는지, 그리고 얼마나 무서웠는지에 대해 말하자 아버지는 어린 동생을 모르는 사람들과 혼자 내버려 두고 온 것에 대해 화를 내며 어서 바깥에 나가 그 사람에게 집 안으로 들어오라고 말하라고 했다. 나는 그 모르는 아저씨가 너무 무섭다고 말했지만 아빠는 "애처럼 굴지 마, 네가 맏형이니까 동생을 보호해야지!"라고 말했다. 그때 당시 내가 영향을 받았던 메시지는 두려움을 느끼거나 도움을 청하는 것은 잘못된 것이라는 것이었다. 나는 모든 답을 알고 있어야 했다. 그래서 지금 나는 해결책을 모를 때에도 내가 무언가를 하는 것처럼 행동하고 내 성과에 의문을 제기하는 모든 사람에게 도전해야 한다고 생각한다. 이 메시지는 나의 결함/수치심과 실패 심리도식의 일부분이다. 내 생각에 이러한 심리도식들이 활성화되면 나는 과잉 보상하여 방어적으로 행동하게 되고 심지어 내게 그런 질문을 던진 사람을 공격하기도 한다. 이것은 때때로 내담자들이 내게 어떤 것에 대해 질문을 했을 때 방어적인 상태가 되고 냉소적으로 "와! 언제 당신이 심리치료자 자격증을 받았어요?"와 같은 말을 하여 내담자들과의 문제를 만들기도 한다. 나는 가끔 아내가 내게 어떻게 했는지 물어볼 때 아내에게 욕을 한다.

✍️ 훈련. 심상을 통해 관련된 나의 아동기 경험 평가

지시: 먼저 여러분의 안전지대 이미지를 잠시 떠올려 보라. 눈을 감고 엘라가 느꼈던 것과 비슷한 것(즉, 안전, 편안함, 안심, 보호, 정보 등)을 느끼고 필요로 하는 어린아이로서의 자신의 이미지를 떠올린다. 1~2분 정도 그 감정들을 느낀 뒤 다시 돌아와 다음의 질문들에 대답한다.

---

1. 어린아이가 느낀 것은 무엇이었는가? 아이는 무엇을 필요로 하는가?

2. 어린아이의 욕구와 감정에 대한 응답은 어땠는가?

3. 자신이 영향을 받았던 메시지는 무엇인가? 다른 사람들과 관련된 메시지는?

4. 이 아동기 경험과 연결된 초기부적응도식은 무엇인가?

5. 엘라가 자신을 보호하기 위해 했던 것처럼 아동기에 충족되지 않은 욕구를 다루기 위해 어떤 생존 대처 전략(투쟁, 도피, 얼어버림)을 사용했는가? 그 초기 대처 전략이 현재 쓰는 대처 방식과 어떻게 연관되어 있는가?(제2장의 부적응적 대처 양식에 대한 설명을 참조).

6. 아동기 경험으로부터 확인한 심리도식이나 양식 중 확인한 문제에 관련되는 것이 있는가? 만약 그렇다면 어떻게 관련되어 있는가?

자기성찰적 질문

　심상 훈련을 하는 경험이 어떻게 느껴졌는가? 생각이나 감정, 신체 감각은 어땠는가? 만약 정서적 고통을 경험했다면, 그 스트레스를 어떻게 다루었는가? 놀랄 만한 점이 있었는가?

_____

_____

_____

_____

_____

_____

_____

_____

_____

_____

_____

_____

_____

　훈련을 하면서 다른 기억이나 이미지가 떠올랐는가? 만약 그랬다면 여기에 기록하라.

_____

_____

_____

_____

엘라의 이야기를 읽었던 경험과 자신의 기억을 떠올리는 것에는 어떤 차이가 있었
는가? 엘라의 이야기를 읽을 때가 자신의 이야기를 하는 것보다 심리도식이나 양식으
로부터의 간섭이 덜했는가?

모듈 5
자신의 심리도식치료 자기개념화

자기개념화는 양식의 발달과 활성화에 대한 저의 인식을 향상시켜 주는 데 유용했습니다. 그것은 또한 훈련의 교훈적인 부분에서 우리가 완료한 작업의 많은 부분을 잘 요약하고, 자신과 관련시켜 주었습니다. 저는 훈련을 통해 자신의 양식에 대해 생각할 수 있게 되었고 결과적으로 내담자들과 그들의 개념화 작업을 할 때 훨씬 더 자신감을 가지고 임할 수 있었습니다.

– 자기실천 · 자기성찰 참여자

모형과 개입에 대해 배우면서, 나 자신의 경험과 커리큘럼을 연결시키는 것이 아주 유용하다는 것을 깨달았습니다. 심리도식치료를 실천할 때, 자신의 심리도식과 양식에 대해 아는 것 또한 필수적인 것이었습니다. 심리도식치료는 특정한 양식이나 심리도식을 어떻게 느끼는지, 어떤 생각이 그것에 속하는지 느낄 때 공감할 수 있도록 도와줍니다. 만약 치료자들이 그들 자신의 양식을 확인하는 경험을 해 본다면, 그들은 무엇이 도움이 되는지에 대한 더 나은 감각을 가지게 될 뿐만 아니라 내담자들이 스스로 그들 자신의 양식을 더 잘 이해하도록 도움을 줄 수 있게 될 것입니다.

– 자기실천 · 자기성찰 참여자

일반적으로 심리도식치료의 4~6번째 회기쯤에 치료자와 내담자는 자기개념화(사례개념화로도 불림)를 수립하게 된다. 이것은 치료의 과정에 걸쳐 확장되고 수정되는 공동으로 만들어진 문서이다. 시간 제한적 심리도식치료에서는 이 개념화의 형식 중 단축된 형태가 사용된다. 여러 가지 심리도식과 양식에 대한 설명을 위해서는 제2장(25~35쪽)을 참조한다. 이 개념화는 여러분이 모듈 2~4를 거치며 했던 평가로부터 수집된 정보를 하나로 모아 정리하게 한다. 모듈 2에서 초기부적응도식과 양식을 짧은 형태의 YSQ와 SMI라는 질문지를 통해 평가했다. YSQ 결과는 157쪽의 6번 항목에 있는 빈칸을 채우기 위해 필요한 정보를 제공한다. SMI 결과는 9번 항목에서 여러분이 확인한 문제와 연관된 양식을 정리하는 데 필요한 정보를 제공할 것이다. 모듈 3에서 3번과 4번 항목을 채우기 위한 정보를 제공해 줄 '자신의 욕구 평가' 훈련 질문에 대답했을 것이다. 다음은 줄리아가 자기개념화 형식을 작성한 예시를 보여 준다.

 줄리아의 심리도식치료 자기개념화

1. 내가 확인한 문제:	
내 문제는 전문적이면서도 개인적인 문제다. 나는 치료자로서 성공적으로 일을 함에도 스스로가 무능하게 느껴진다. 나는 긍정적인 피드백을 받아들이지 못하고 내담자가 치료 중에 힘들어하거나 초기에 그만둬 버리면 나 자신을 비난한다. 이러한 불안정함은 내 개인적인 삶에서도 존재한다. 나는 내 파트너에게, 심지어 친구에게까지 내가 괜찮은 사람인지에 대해 고민하게 된다.	
2. 관련된 내 생활 패턴:	
괜찮은 사람이 되는 것에 대한 의심이 아주 어린 시절부터 나를 괴롭혔다. 이 고민들은 내가 업무 중에 위험을 무릅쓰고 도전을 하거나 가능한 우정을 형성하는 것을 가로막곤 했다.	
3. 초기부적응도식의 발달적 기원	
핵심 아동기 욕구	여러분의 초기 환경에서 그것이 어떻게 충족되었거나, 결여되었거나 혹은 과도해졌는가?
안전, 안정성, 양육, 사랑을 포함하는 안정 애착	아빠로부터의 돌봄 부족, 조건적이었던 엄마
자율성, 역량, 그리고 정체감	내가 한 일은 그 무엇도 엄마를 충분히 만족시킬 수 없었다. 나는 내가 잘 했다고 생각했지만 엄마는 잘못된 모든 것에 대해 모조리 이야기해 줬다. 나는 내가 결함을 보지 못했기 때문에 잘못했다고 느꼈다.
타당한 욕구와 감정을 표현할 수 있는 자유	우리 가족에게 이런 것은 많이 일어나지 않았다. 우리 가족의 앵글로색슨족 배경은 약간 금욕적인 데가 있었다.

수용과 칭찬	나는 내가 잘 한 것보다 잘못 한 것에 대한 이야기를 더 많이 들었다. 나는 그러고 싶지 않았는데도 오빠에게 해충이 된 기분이었다.
현실적인 한계와 자기통제	제한들은 상당히 엄격했고, 내게 많은 것을 기대하고 있었다.

4. 가족 구성원: 애착의 질과 관련된 핵심 인물들의 중요 사건 및 성격 특징 또는 기질

엄마	의사. 높은 성취를 기대하고, 학교에서의 어떤 어려움도 용납하지 않았으며, 내가 도움이 필요할 때마다 짜증을 냈다.
아빠	또 의사. 주로 내 옆에 없었고, 냉정하고, 집안에 가족 문제가 하나도 없고 조용하길 요구했고, 자주 나에게 내가 과민반응하고 있다고 말했다.
형제/자매	오빠는 나보다 다섯 살 많고, 아주 성공적인, 그야말로 '엄친아'. 감정 표현은 적지만 늘 인기가 많았다. 나에게 거의 관여하지 않았고, 그래서인지 나를 해충으로 보는 것처럼 느껴졌다.
다른 중요한 인물(선생님, 가족 구성원, 동료 등)	선생님들도 내게 많은 것을 기대했다. 완벽하게 되기 위해 열심히 노력하는 나를 보고 친구들은 '선생님의 애완동물'이라고 놀렸다.

5. 관련 있는 기질적/생물학적 요인:
예민, 약간 내성적

6. 발달적 기원과 연결된 가장 관련이 높은 초기부적응도식

심리도식	발달적 기원
결함/수치심	엄마의 메시지에 대한 반응과 나를 포함시키고 싶지 않은 오빠
승인 추구	부모나 오빠 모두에게 인정받고 수용되고 싶은 나의 욕구를 충족시키지 못한 것에 대한 반응
정서적 결핍	아빠에 대한 반응

7. 핵심 아동기 기억이나 이미지: 초기부적응도식의 형성이나 애착 역사에 관련되었을 것이라고 생각되는 구체적인 기억이나 이미지를 열거하라.

　2학년 때, 엄마가 내 숙제를 도와주고 있었는데, 내가 이해하는 데 시간이 좀 오래 걸렸던 적이 있다. 엄마는 역겨운 표정으로 나를 보고는 그냥 방을 나가 엄마 방으로 들어가 문을 닫았다.

　또 한번은 내가 B학점을 받아 왔을 때 엄마가, "이게 뭐니? B학점을 맞는 애는 내 딸 아냐!"라고 말했다. 엄마는 그날 내내 내게 한 마디도 하지 않았다. 아마 6학년 때였던 것 같다.

　또 다른 기억은 아빠와 관련된 것인데, 처음 애완동물을 길렀을 때였다. 앵무새였는데, 새가 죽었을 때 아빠가 "너 왜 그렇게 속상해하니? 그냥 한 마리 더 사면 되잖아."라고 했다. 아빠는 진심으로 내가 우는 이유나 새를 묻어 주고 싶어 하는 마음을 이해하지 못했다. 2학년 때였다. 나는 내 감정들이 잘못되었다는 메시지를 받았다.

　나는 오빠가 친구들과 함께 있으려고 휴게실에서 쫓아냈던 기억들이 아주 많다. "멍청한 여동생이 서성거리지 않았으면 좋겠어."라며 못살게 굴었다.

8. 현재의 초기부적응도식 촉발요인: 어떤 상황이나 기분이 당신에게 심리도식 관련 반응을 촉발시키는가?
- 치료 회기 중 내가 당장 뭘 해야 할 지 몰라(특히 화난 양식에 대한 반응) 내담자와 어려움에 빠졌을 때
- 집단 슈퍼비전에서 질문을 받거나 나의 사례를 발표해야 할 때
- 주말에 집에 혼자 있게 되거나 외로움, 슬픔 등의 강한 감정을 느끼게 될 때

9. 나의 심리도식 양식과 행동

회피적 양식과 행동

  나는 어려운 일을 하도록 요청받지 않기 위해서 직장에서 눈에 띄지 않음으로써 내 무능함을 노출하지 않으려고 한다.

  나는 내 학위 논문이 경계성 성격장애에 관련된 것이었음에도 불구하고 경계성 성격장애 내담자들이 어렵게 느껴져 다른 임상가들에게 의뢰한다.

  나는 예상되는 거절을 피하기 위해 친구들과 일을 시작하지 않는다.

  내가 불편할 때 치료 회기에서 분리된다.

관련된 양식: 분리된 보호자	내가 붙인 이름: 멍청이

굴복 양식과 행동

나는 내가 부족하고, 무능하고, 결국 다른 사람들이 이 사실을 알아차리고 말 것이라는 생각을 받아들이고 있다. 나는 아무도 나와 친구가 되기를 원하지 않을 것이고 결국 혼자 남을 것이라는 생각을 한다.

관련된 양식: 결함에 대한 굴복	내가 붙인 이름: 어린 바보. 나를 실제로 이렇게 부른 적은 없지만 나는 엄마가 나를 '어린 바보'로 생각한다고 느끼곤 한다.

과잉보상 양식과 행동

나는 사례 정리, 치료 계획 등을 광적으로 수행하며, 그래서 그것들이 완벽할 것이고 내가 무능하다는 비난을 받거나 노출되지 않도록 한다.

관련된 양식: 완벽주의적인 과잉통제자	내가 붙인 이름: 노예 감시인

아동 양식

취약한 아동 양식 경험: 내 감정, 생각, 행동 등
외로움과 불안함

내가 붙인 이름: 어린 줄리

화난 혹은 충동적인/비훈육된 아동 양식 경험: 내 감정, 생각, 행동 등
나는 정말로 화가 나는 것을 잘 알지 못한다. 나는 그것이 두렵다고 생각한다.

내가 붙인 이름:

역기능적 비판 양식 경험: 내 감정, 생각, 행동 등
요구적이고 처벌적인 비판 – 완벽하지 않은 것에 대한 질책, 내가 무가치하고 게으르다는 말, 무능력과 아무도 나를 신경쓰지 않는다는 것

내가 붙인 이름: 독재자

내 건강한 성인 양식의 힘과 능력

나는 대학원을 나온 똑똑한 사람이다.

나는 타인에게 공감할 수 있는 친절하고 사려 깊은 사람이다.

나는 믿을 만한 사람이다. 내담자들은 나를 믿고 신뢰해도 괜찮다.

내가 불안하지 않을 때, 나는 치료 회기에 매우 집중할 수 있다.

나는 열심히 일한다.

나는 이기적이지 않다.

나는 충실한 친구다.

🖊️ 훈련. 나의 심리도식치료 자기개념화

이제 여러분이 다음의 '나의 심리도식치료 자기개념화'를 직접 작업해야 할 차례이다. 누군가는 심리도식치료 훈련 프로그램을 통해 이 작업을 끝낸 적이 있을 것이다. 만약 그렇다면 예전에 작성했던 것을 한 번 더 확인해 보고, 필요한 경우 여기에 새로 추가해서 적는다.

나의 심리도식치료 자기개념화

1. 내가 확인한 문제:	
2. 관련된 내 생활 패턴:	

3. 초기부적응도식의 발달적 기원

핵심 아동기 욕구	그것이 초기 환경에서 어떻게 충족되었거나, 결여되었거나 혹은 과도해졌는가?
안전, 안정성, 양육, 사랑을 포함하는 안정 애착	
자율성, 역량, 그리고 정체감	
타당한 욕구와 감정을 표현할 수 있는 자유	
수용과 칭찬	
현실적인 한계와 자기통제	

4. 가족 구성원: 애착의 질과 관련된 핵심 인물들의 중요 사건 및 성격 특징 또는 기질

엄마	
아빠	
형제/자매	

다른 중요한 인물들(선생님, 가족 구성원, 동료 등)	

5. 관련 있는 기질적/생물학적 요인 :

6. 발달적 기원과 연결된 가장 관련이 높은 초기부적응도식

심리도식	발달적 기원

7. 핵심 아동기 기억이나 이미지: 초기부적응도식의 형성이나 애착 역사에 관련되었을 것이라고 생각되는 구체적인 기억이나 이미지를 열거하라.

8. 현재의 초기부적응도식 촉발요인: 어떤 상황이나 기분이 당신에게 심리도식 관련 반응을 촉발시키는가?

9. 나의 심리도식 양식과 행동	
회피적 양식과 행동	
관련된 양식:	내가 붙인 이름:
굴복 양식과 행동	
관련된 양식:	내가 붙인 이름:
과잉보상 양식과 행동	
관련된 양식:	내가 붙인 이름:
아동 양식	
취약한 아동 양식 경험: 감정, 생각, 행동 등	
내가 붙인 이름:	
화난 혹은 충동적인/비훈육된 아동 양식 경험: 내 감정, 생각, 행동 등	
내가 붙인 이름:	
역기능적 비판 양식 경험: 내 감정, 생각, 행동 등	

내가 붙인 이름:
내 건강한 성인 양식의 힘과 능력

-
-
-
-
-
-
-
-

내 행복한 아동 양식 행동

-
-
-
-
-

출처: Joan M. Farrell & Ida A. Shaw, *Experiencing Schema Therapy from the Inside Out: A Self-practice/Self-reflection Workbook for Therapists*. Copyright ⓒ 2018 The Guilford Press. 이 표의 복사본은 이 책의 구매자가 개인적인 용도 쓸 때만 허용됨. 학지사 홈페이지(www.hakjisa.co.kr)에서 다운로드 할 수 있음.

✒️ 훈련. 내 양식에 대한 시각적 표시

심리도식치료에서는 종종 개별적 양식들의 네 가지 범주를 시각적으로 표현하여 변경 사항이 발생할 때 업데이트할 수 있는 약식 시각적 요약과 작업 문서로 사용한다. 내담자들은 여러 쪽의 개념화 문서에 약간 압도될 수 있으며, 그들이 이룬 변화에 대한 한 쪽짜리 시각화를 선호한다. 페니의 양식 지도가 160쪽에 제시되어 있다. 여러분의 양식 범주의 내용을 작성하는 빈 양식은 161쪽에 있다.

페니의 양식 지도

기능적 양식

중등도의 건강한 성인
어린 행복한 아동

역기능적 비판 양식

요구적 비판-'앤 언니'

더 열심히 일하고, 늦게까지 깨어 있어서
한 번 더 그 측면을 검토해 보자.
난 내 자신을 몰아세운다.

나는 다른 사람들의 작업에도
역시 비판적이지만 그들에게
말하지 않는다.

선천적 아동 양식

취약한 아동 –
난 그냥 엄마가 날 사랑하길 원해.

화난 아동 – 저리가! 네가 싫어.
드물게 내가 뭔가 좋지 않을 때
약간 짜증은 낸다.

부적응적 대처 양식들

완벽주의적인 과잉통제자 –
어떤 것도 충분하지 않다.
그것은 항상 개선될 수 있다.

나는 수련생들을 너무 몰아세워서
그들이 나와 만나는 것을
두려워한다는 말을 들었다.

나는 하루에도 몇 시간씩 모든 것이
정돈되어 있는지 확인한다.

분리된 보호자 –
내 취약한 아동이 촉발될 때,
나는 가끔 그냥 철수하고
집에 머물며 내 개를 쓰다듬는다.

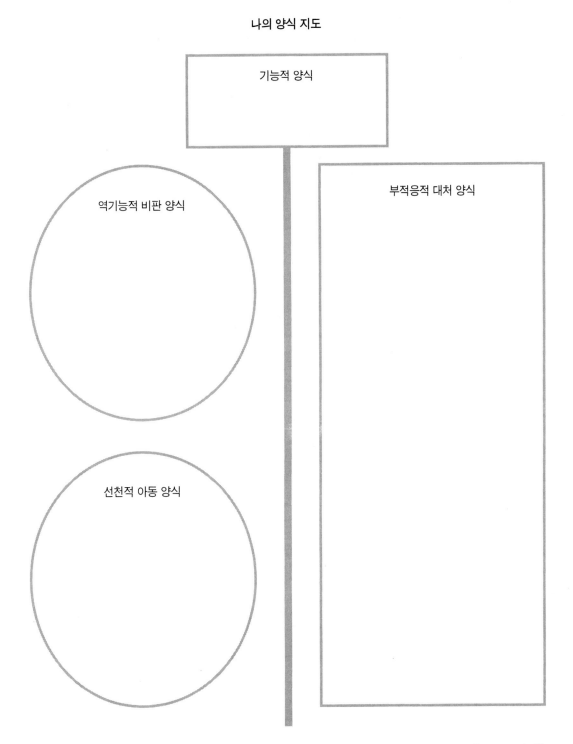

자기성찰적 질문

심리도식 자기개념화에 대한 여러분의 전반적인 즉각적인 반응은 무엇이었는가? 그것을 채우는 동안 어떤 감정, 신체 감각, 혹은 생각들을 인식했는가? 놀라운 일이라도 있었는가?

_____

_____

_____

_____

_____

_____

_____

_____

_____

_____

_____

_____

이 모듈에서 자신의 확인된 문제를 이해하기 위해 심리도식 모형을 사용했다. 새로 얻게 된 정보는 무엇이었나? 처음 다섯 개의 모듈을 되돌아볼 때 주로 기억나는 것들은 무엇이 있나? 개인 생활에서 떠올리고 싶은 점들과 다음 내담자들을 만날 때 떠올리고 싶은 점들의 목록을 작성한다.

_____

_____

_____

_____

_____

_____

_____

_____

_____

_____

_____

_____

_____

모듈 1~5 중 자신에 대한 이해를 더하는 데 가장 도움이 되었던 것은 어떤 훈련이 있는가? 어떤 것이 가장 덜 유용했는가? 경험이 내담자들과의 작업에 어떤 영향을 줄 것 같은가?

_____

_____

_____

_____

_____

_____

_____

_____

_____

_____

_____

_____

지금까지의 자기성찰에 대해 적어 보라. 워크북을 하면서 힘든 점이 있었는가? 스스로를 더 편안하게 하기 위해서 해야 할 것들이 있는가?

_____

_____

_____

_____

_____

_____

_____

_____

_____

_____

_____

_____

_____

_____

변화 계획

자기모니터링, 문제 분석 그리고 목표

제3부의 모듈들은 여러분이 스스로 확인한 문제와 연결되어 있는 양식들의 현재 작동 방식을 평가하고 각 양식을 위한 목표를 설정하도록 설계되었다. 지금 여러분의 심리도식과 양식 상태가 언제 어떻게 활성화되고 촉발되는지 인식하는 것은 행동의 변화를 위해서 꼭 필요한 첫걸음이다. **모듈 6**의 자기모니터링 기술은 자신에게 양식들이 촉발되는 초기 경고 신호를 감지할 수 있는 수단을 제공하여 자신의 욕구를 충족시키지 못하는 부적응적 양식 행동으로 자동적으로 기본 설정하는 대신 반응하는 방법에 대해서 신중하게 선택할 수 있도록 한다. 또한 전반적인 현재 양식 경험을 시각적으로 보여 줄 수 있는 원형 차트를 만들 것이다. **모듈 7**에서 양식 활동의 관점에서 확인한 문제를 분석하고 관련된 각각의 양식을 위한 목표를 설정할 것이다.

모듈 6
자신의 현재 생활에서 양식의 작동

저는 모니터링 양식이 정말 좋았어요. 그저 하나의 동그라미 안을 채우는 것만으로 제 심리도식 활성화와 양식 촉발에 대해 얼마나 많은 것을 알게 되는지에 놀랐습니다. 저는 제 내담자들이 이 도구를 사용하도록 동기를 부여하는 데 더 큰 확신을 가지게 되었습니다.

– 자기실천 · 자기성찰 참여자

이 모듈에서는 초기부적응도식과 역기능적 양식들의 기원이었던 과거에서 되돌아와 그들이 현재 생활에 미치는 영향에 대해 알아볼 것이다. 첫 번째 훈련에서는 약식 양식 일기인 자기모니터링 원을 이용해 심리도식이 활성화되고 양식이 촉발되었던 경험들에 대한 정보를 수집할 것이다. 자기실천 · 자기성찰 프로그램의 나머지 부분에 대해 확인된 문제와 관련된 활성화를 계속 모니터링할 것이다. 두 번째 훈련에서는 매일 일상 속에서 시간을 보낼 때 각 양식 범주에 어느 정도의 비율의 시간을 보내는지 확인해야 한다. 이 모니터링은 모듈 7의 문제 분석과 계획 변화를 위한 중요한 정보를 제공해 준다.

각 훈련을 서로 다른 시간대에 끝마치기로 결정할 수 있다.

📌 **노트: 심리도식과 양식 인식하기.** 아동기 욕구와 그러한 미충족된 욕구의 영향에 대한 교육은 심리도식치료의 인식 작업의 첫 번째 단계이다. 다음 단계의 인식은 심리도식들이 활성화될 때와 그것들이 역기능석 양식들을 촉발시킬 때 인식할 수 있는 능력이다. 자기실천에서 아동 양식의 존재를 인식하고 자신의 건강한 성인 양식의 좋은 부모 기술로 욕구를 충족시킬 수 있는 기회를 활용하는 것이 중요하다.

인식이 향상될수록 양식 행동은 점점 비자동적이 되어 가며, 더 효과적인 행동을 선택할 수 있는 기회를 갖게 될 것이다. 자신의 (심리도식과 양식들이 활성화되는) 정서적 경험(상황, 신체 감각, 필요 욕구, 느낌과 생각들)에 대한 정보를 수집하고 기록함으로써 시간이 지날수록 자신에 대한 이해도가 높아지고 역기능적 양식 행동을 통제할 수 있게 된다. 심리도식치료에서의 양식 인식은 충분하지는 않지만 필요한 변화 작업의 구성요소이다. 이 요소는 제2장에 자세히 설명되어 있다. 이후의 모듈에서는 행동 패턴 파괴 작업에 초점을 맞춘 다른 두 가지 필수 양식 관리와 정서적 수준에 초점을 맞춘 경험적 양식 작업을 추가한다.

심리도식이 활성화되었거나 양식이 촉발되었다는 신호

1. 감정적 반응은 현재 당신이 처한 상황보다 '더 큰' 느낌을 준다. 현 상황이 생존이 달려 있는 심각한 상황이 아님에도 높은 수준의 감정을 경험한다.
   - "나는 _____이 싫어."
   - 수동-공격적인 태도를 가지게 되며 다른 사람들에게 누군가와의 문제에 대해 말할 때 문제의 상대방에 대해 나쁜 인상을 주려고 한다.
   - 느끼는 감정들 중 어떤 것들은 익숙하게 느껴진다. 예를 들어, 그 감정들이 아동기에 기원을 두고 있다는 사실을 깨닫는다.
   - 여러분이 존중하는 다른 사람들은 여러분의 반응이 여러분이 처한 상황에 비해서 '너무 큰'것처럼 피드백을 주거나 비언어적으로 반응한다.

2. 오해받고 있다고 느낀다.
   이것은 자신의 개인적인 역사와 현재의 상황, 생각, 느낌에 의해 활성화된 심리도식 때문에 상황에 대해 특이한 방식으로 반응하고 있다는 의미일 수 있다. 만약 다른 사람이 그 상황을 겪는다면 그는 여러분이 겪었던 것과 같은 것을 경험해 보지 않았기 때문에 별 반응을 보이지 않을 것이다. 여러분의 반응이 다른 사람들의 반응과 다르다는 사실로 인해 여러분이 틀렸다는 것은 아니다. 하지만 만약 그것이 여러분이 원하는 반응을 얻지 못하거나 여러분의 욕구를 충족시키지 못한다면, 여러분은 자신의 반응을 바꾸고 싶을 것이다.

3. 인지적 왜곡이 관여하고 있다는 것을 깨닫는다. 예를 들면 다음과 같다.
   - 흑백논리적 생각: '너는 항상 (이러이러한 것을) 해야 해.' '넌 절대 나를 격려하지 않아.'
   - 재앙화: '이건 끔찍해.' '나는 이것을 잠시도 참을 수 없어.'
   - 부정적 예언: '이 일이 일어났기 때문에 나는 절대 성공할 수 없을 거야.' '그들은 절대 나를 이해할 수 없어.'
   - 인지적 왜곡은 초기부적응도식을 유지시키는 과정들 중 하나이다.

여러분이 자신의 자기모니터링 원 훈련을 시작할 때 이러한 신호들을 먼저 기억해 두도록 하라.

심리도식치료 자기모니터링: 원

우리가 처음으로 사용할 자기모니터링 방식은 원형 모양을 하고 있다. 이언의 자기모니터링 원이 다음 쪽에 제시되어 있다.

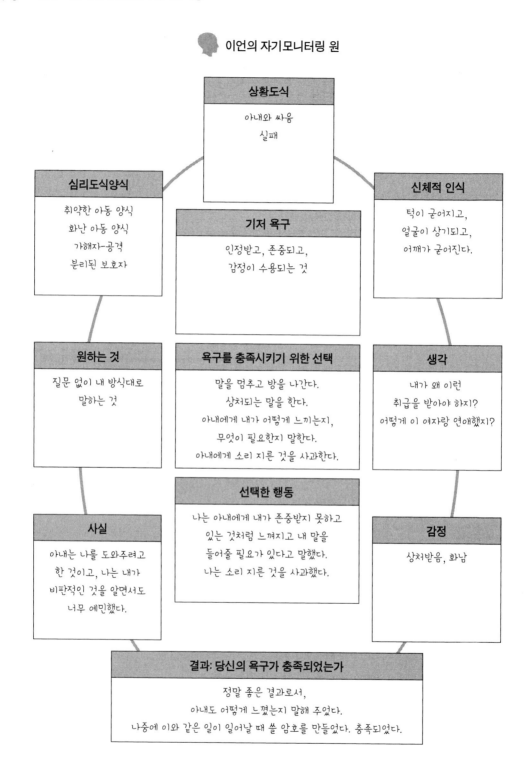

이언의 자기모니터링 원

상황도식

아내와 싸움
실패

심리도식양식

취약한 아동 양식
화난 아동 양식
가해자-공격
분리된 보호자

신체적 인식

턱이 굳어지고,
얼굴이 상기되고,
어깨가 굳어진다.

기저 욕구

인정받고, 존중되고,
감정이 수용되는 것

원하는 것

질문 없이 내 방식대로
말하는 것

욕구를 충족시키기 위한 선택

말을 멈추고 방을 나간다.
상처되는 말을 한다.
아내에게 내가 어떻게 느끼는지,
무엇이 필요한지 말한다.
아내에게 소리 지른 것을 사과한다.

생각

내가 왜 이런
취급을 받아야 하지?
어떻게 이 여자랑 연애했지?

선택한 행동

나는 아내에게 내가 존중받지 못하고
있는 것처럼 느껴지고 내 말을
들어줄 필요가 있다고 말했다.
나는 소리 지른 것을 사과했다.

사실

아내는 나를 도와주려고
한 것이고, 나는 내가
비판적인 것을 알면서도
너무 예민했다.

감정

상처받음, 화남

결과: 당신의 욕구가 충족되었는가

정말 좋은 결과로서,
아내도 어떻게 느꼈는지 말해 주었다.
나중에 이와 같은 일이 일어날 때 쓸 암호를 만들었다. 충족되었다.

✎ **노트.** 여러분은 다른 치료적 접근에서 쓰이는 일반적인 직선적인 형태가 아닌 원 형태를 쓰는 이유에 대해 궁금할 수도 있다. 우리는 특히 경계성 성격장애 내담자들의 경우, 일반적인 선형적 모니터링 형태에 비해 원 형태를 작성하는 데 훨씬 덜 저항하는 것을 발견했다. 우리는 그들의 경험의 한 측면에서 다른 측면으로 원 주위의 움직임을 시각적으로 표현하는 것이 그들에게 어떻게든 더 이해할 수 있고 더 매력적이라고 추측한다. 이 추론은 Joan이 글을 더 깔끔하게 담을 수 있도록 상자를 원에 놓기로 결정했을 때 강화되었다. 내담자 집단들은 아주 강력하게 반대했다. 우리는 수년 동안 이런 유형의 선호로 대체되는 것을 배웠다. 원을 이용하는 것은 또한 내담자들이 이미 일반적으로 경험해 본 여러 다른 유형과 다른 형식의 모니터링 방식으로서, "저이거 옛날에 해 봤는데 별로였어요."와 같은 불만을 줄여 준다. 우리는 내담자들이 단지 그들의 상황과 수반되는 감정, 생각, 행동에 대한 그들의 인식을 기록하는 것으로 시작해서 나중에 양식, 사실 등과 같은 다른 범주에 추가하게 한다. 치료 회기에서 자기모니터링 원을 사용하는 것은 너무 많은 경험 내용을 확인하다 수렁에 빠져 버리는 대신 중요한 요소들에만 집중할 수 있게 해 준다. 우리는 내담자들이 어떻게 느끼고 무엇이 필요한지 알고 싶은 것이지, 그들의 어머니가 무슨 색의 옷을 입고 있었으며 그에게 소리를 지를 때 어떤 날씨였는지 알고 싶은 것이 아니기 때문이다. 이것은 심리도식치료에서 사회화 과정(내담자들이 심리도식, 기저 욕구 및 역기능적 양식 측면에서 자신의 문제의 핵심 측면에 집중하도록 유도하는 과정) 중 일부이기도 하다.

✍ **훈련.** 나의 자기모니터링 원

지시: 지난 몇 주 동안 자신의 확인된 문제와 관련된 상황 또는 경험을 다음 쪽의 자기모니터링 원의 빈칸에 기록한다.

나의 자기모니터링 원

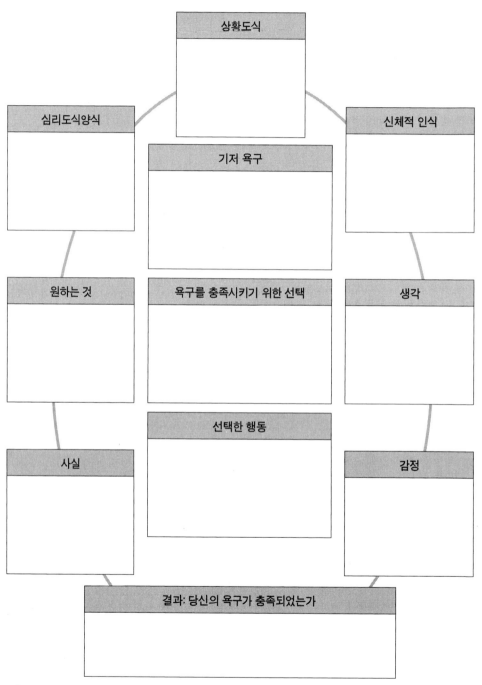

출처: Joan M. Farrell & Ida A. Shaw, *Experiencing Schema Therapy from the Inside Out: A Self-Practice/ Self-Reflection Workbook for Therapists*. Copyright ⓒ 2018 The Guilford Press. 이 표의 복사본은 이 책의 구매자가 개인적인 용도로 쓸 때만 허용됨. 학지사 홈페이지(www.hakjisa.co.kr)에서 다운로드 할 수 있음.

양식-심리도식 원형 도표

이 훈련에서 지금까지 자신의 양식에 대해 수집한 정보를 사용하여 여러분이 각 양식에서 보내는 대략적인 시간을 기록하기를 요구한다. 우리는 내담자들과 치료자들이 양식과 관련된 문제에 관해 작업할 때 글로 적힌 형태의 문서 외에 시각적으로 표현하는 것이 도움이 된다는 것을 발견했다. 어떻게든 시각적 보조기구는 다른 영향을 미치며 경험의 모든 측면을 사용하는 심리도식치료 접근법과 일치한다. 우리는 양식의 비율을 반영하기 위해 선이 그려진 간단한 원을 사용한다. 우리는 이것을 양식-심리도식 원형 도표라고 부른다.

🖈 **노트**. 우리는 치료 초기에 내담자들이 그들의 양식과 심리도식을 모니터할 수 있게 되었을 때 바로 양식-심리도식 원형 도표를 작성하게 한다. 이후 그들의 치료 전반에 걸쳐 재검토 시점에 다시 한번 작성하게 한다. 많은 심리도식을 가진 내담자와 작업할 때, 우리는 더 단순화시켜 양식에만 초점을 맞추고 도표 위에는 심리도식을 적지 않는다. 앞에서 언급했듯이, 자신의 양식을 시각적으로 표현하는 것이 타이핑된 목록과 다른 영향을 미친다는 것을 발견했다. 심리도식치료는 '기초 공사'이며, 가끔씩 너무 천천히 변화한다고 느껴지기도 한다. 우리는 그것이 기록된 일반적인 진전을 측정하는 데 도움이 되고 긍정적인 변화의 증거로 뽑아낼 수 있음을 발견했다.

예시: 줄리아의 양식-심리도식 원형 도표

줄리아의 양식-심리도식 원형 도표가 다음 쪽에 제시되어 있다. 이 그래프는 그녀가 확인된 문제와 관련된 양식에서 소비하는 전형적인 일상적인 기능에서 시간 비율을 나타낸다. 줄리아의 그래프는 그녀가 상당히 괴로움을 느끼면서 요구적 비판 양식의 영향에 고군분투하며 꽤 많은 시간을 보내고 있음을 보여 준다. 취약한 아동 양식과 화난 아동 양식에서 알 수 있듯이, 그녀는 부적응적 대처 양식에서 상당한 시간을 소비한다. 이는 건강한 성인 양식 및 행복한 아동 양식에서 소비하는 시간과 같다. 줄리아가 자기실천·자기성찰 프로그램에 높은 수준의 참여를 경험한 것은 놀랄 만한 일이 아니다. 우리는 그녀의 증상들이 어떤 개별적인 치료 개입이 필요하지 않은지 확인하기 위해 그녀의 고통 수준을 모니터링해야 할 것이다.

줄리아의 양식-심리도식 원형 도표 1

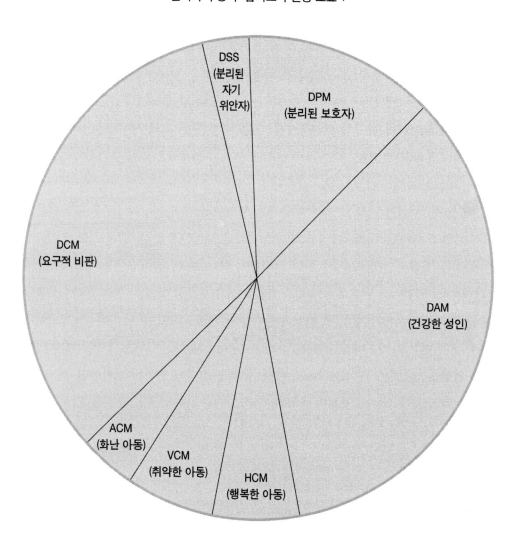

훈련. 나의 양식–심리도식 원형 도표

지시: 다음 쪽의 양식을 이용해 양식–심리도식 원형 도표를 만들라. 양식들은 순간마다 바뀌곤 하는 즉각적인 현재의 상태이다. 이 목적을 위해 확인된 문제들과 연관된 그 양식 상태가 지난 몇 주간 어느 정도의 비율이었는지 알아보려고 한다. 선을 그어 특정 양식에서 소비한 시간의 비율을 나타내 보라. 모든 양식을 다 쓸 필요 없이, 경험했던 양식만을 적으면 된다. 그 이후 글상자 안에 양식을 촉발시켰을 것이라고 생각되는 초기부적응도식을 적어 본다.

나의 양식-심리도식 원형 도표 1

날짜: _____

최근 2주간을 기준으로 경험했던 양식을 다음의 원에 선으로 나누어 제시해 본다.

양식 종류의 약어: VCM, 취약한 아동; ACM, 화난 아동; I/UCM, 충동적인/비훈육된 아동; DCM, 요구적 비판; PCM, 처벌적 비판; AVM, 회피적 대처 양식; DPM, 분리된 보호자; DSS, 분리된 자기위안자; CCM, 과잉보상 대처 양식; POC, 완벽주의적 과잉통제자; BAM, 가해자 공격; SAM, 자기과시자; AAP, 인정/승인 추구; CSM, 순응적 굴복자; HAM, 건강한 성인; HCM, 행복한 아동.

모듈 13에서 여러분은 이 훈련을 한 번 더 하게 될 것이다. 특히 이분법적 사고나 모든 것이 변하지 않는 한 아무것도 변화하지 않는다고 생각하는 내담자들에게, 심리도식치료를 통한 내담자들의 진전을 눈에 보이는 형태로 표현하는 것은 아주 중요하다. 이것은 또한 시각적으로 확인할 수 있는 자료로서 치료자에게도 유용하다.

과제

다음 2주간 하루에 최소한 한 번씩 이 원을 완성하려고 노력하라. 역기능적 양식이 작동되고 있다는 '신호'를 인식하게 되면 심리도식이 활성화되고 양식이 촉발되었는지 시간을 들여 검토한다. 그 경험을 '원'으로 만든다. 또 다른 방법은 어떤 강렬한 정서적 경험을 했을 때(경험의 정도를 10점 척도에서 1에서 10으로 두었을 때 6 이상의 감정을 느꼈을 때) 원을 그리는 것이다. 만약 정서적 경험이 스스로 확인한 문제와 관련된 것이라면 그 경험을 모니터하는 원을 완성한다. 그렇지 않다면 모든 강렬한 정서적 경험에 대해 할 수도 있다. 원을 채우는 행동은 여러분이 양식과 욕구를 확인할 수 있게 해 줄 것이다.

자기성찰적 질문

자기모니터링 원 훈련의 경험은 어땠는가? 도움이 되었는가, 그렇지 않았는가? 훈련을 하는 동안 심리도식 활성화나 양식 촉발을 느꼈는가?

_____

_____

_____

_____

_____

_____

_____

대처 양식으로 어려운 감정에 반응한 시간들을 파악할 수 있었는가? 만약 그렇다면 이런 인식을 가진 느낌은 어땠으며 그것에 어떤 반응을 보였는가?

자기모니터링 원 훈련을 하면서 자기인식에 대한 변화가 있었는가? 양식의 촉발과 그것들의 효과에 대한 이 향상된 인식을 어떻게 유지할 것인가?

_____

_____

_____

_____

_____

_____

_____

_____

_____

_____

자신의 양식-심리도식 원형 도표를 보았을 때 어땠는가? 스스로의 반응에 놀랄 만한 점이 있었는가? 심리도식 활성화나 양식 촉발을 경험하였는가?

_____

_____

_____

_____

_____

_____

_____

_____

_____

_____

_____

내담자들의 경험을 이해하는 데 있어서 여러분 경험의 의미는 무엇인가? 내담자들과의 작업에서의 그것의 의미는?

_____

_____

_____

_____

_____

_____

_____

_____

_____

_____

_____

_____

모듈 7
자신의 심리도식치료 변화 계획

문제 분석 양식은 자기실천·자기성찰에서 작업하기 위해 제가 스스로 확인했던 문제와 양식들 간의 관계를 이해하는 데 도움이 되었습니다. 그것은 '큰 그림'을 보게 했죠. 저는 지금 제 내담자들과 이 도구를 열심히 이용하고 있습니다.

– 자기실천·자기성찰 참여자

내담자의 입장에서 저의 기저 심리도식들, 그것들의 활성화, 여러 가지 양식의 촉발 등을 알아보는 경험을 가지게 된 것은 이러한 경험을 하게 될 내담자들을 공감하고 이해하는 데 엄청난 도움이 되었습니다.

– 자기실천·자기성찰 참여자

이 모듈에서는 자신의 심리도식치료 자기실천 변화 계획을 개발하기 위하여 여러분이 스스로 확인한 문제에 관련한 심리도식과 양식에 대해 수집해온 정보를 이용할 것이다.

📌 노트. 내담자들과 작업할 때 중요한 것은 그들의 현재 문제와 심리도식과 양식을 매우 명료하게 연결시켜 치료 상황에서 내담자들을 적극적인 협력자로 참여시키는 것이다. 만약 개념화 회기가 끝났을 때 내담자들이 "왜 저는 이런 양식들에 대한 이야기를 계속해야만 하죠?"와 같은 말을 하게 된다면, 여러분은 그 연결고리에 대한 설명을 명확하게 하지 않은 것이다. 183~185쪽의 이 훈련은 양식의 측면에서 연결과정과 변화를 계획하는 단계로 안내한다.

심리도식치료 문제 분석

자신의 문제 분석으로 나아가기 전에 다음 줄리아의 예시를 살펴보자.

예시. 줄리아의 문제 분석

줄리아의 문제 분석은 그녀의 확인된 문제와 연관된 심리도식과 양식을 확인하고, 그녀가 일반적으로 취하는 행동에 영향을 미친다. 그녀는 자신의 취약한 아동 양식의 기저 욕구를 확인하게 되면 자신의 역기능적 대처 양식 행동이 그 욕구를 충족시키지 못한다는 것을 알 수 있게 되며, 자신의 비판 양식이 관련된 욕구와 그녀의 고통스러운 느낌을 증가시키는 것을 알 수 있게 된다.

줄리아의 문제 분석

1. 확인된 문제	나는 업무 중에 치료 회기에 집중하는 것과 필요할 때 한계를 설정하는 것이 어렵다.
2. 연관된 심리도식(들)	결함/수치심, 자기희생
3. 활성화된 상황	새 내담자, 과잉보상 양식 상태의 내담자들

4. 기저 욕구는 무엇인가?	수용, 능력, 내 욕구에 대한 인정
5. 취약한 아동 양식이 어떻게 연관되어 있는가?	새로운 개입을 시행해야 할 때 불안감을 느낀다. 내가 내담자의 가해자-공격 양식 행동을 제한할 때 내가 뭔가를 잘못하는 것처럼 느껴진다. 때때로 나는 심지어 두렵기도 하다.
6. 또 다른 아동 양식이 연관되어 있는가? 어떻게?	충동적인 아동 양식. 나는 가끔 불안해지면 내 자신에 대해서 너무 많은 말을 해서 승인을 받지 못한다.
7. 비판 양식이 연관되어 있는가? 어떻게?	그렇다. 비판 양식은 내가 불안하거나 겁먹지 말아야 한다고, 내가 바보 같고 무능해 보인다고 이야기를 해서 스스로 당황하게 된다.
8. 부적응적 대처 양식이 연관되어 있는가? 어떻게?	나는 분리되어 멍하니 머릿속으로 들어가 버리거나 관심/승인 추구로 전환한다.
9. 일반적으로 하는 행동은 무엇이고 그 결과는 어떠한가?	만약 내가 회기 중에 분리되게 되면, 나는 내담자가 어떤 상태인지 잊고 제한된 재양육 행동을 제대로 하지 못하게 된다. 나는 치료자로서 내 기술이 서툴다고 느낀다. 만약 내가 승인 추구로 전환하면 한계를 설정하지 않고 내담자와 시간을 넘겨서 작업하거나 나에 대한 가해자-공격 양식을 멈추게 하지 않는다.
10. 기저 욕구는 충족되었는가?	아니다. 내 능력에 대한 모든 부정적 평가들이 더 강화되었다. 나는 내 내담자가 이것을 알게 될 것이라고 생각하고 더 슬퍼지고 더 불안해진다.

✍🏻 훈련. 나의 문제 분석

지시: 모듈 2와 모듈 5의 자기개념화 작업 그리고 모듈 6의 자기모니터링 원 작업에서 수집한 심리도식과 양식에 대한 정보를 이용해 다음 쪽에 있는 나의 문제 분석 양식을 완성하라.

1. 현재 이해하고 있는 대로 **확인된 문제** 부분을 기록한다.
2. 모듈 2의 YSQ 문항들 중에서 가장 높은 점수가 나왔던 것들과 모듈 6의 자기모니터링 원 작업을 고려하여 **연관된 심리도식(들)** 질문에 응답한다. 작업하기 위해 골랐던 문제와 가장 연관이 있는 것은 무엇인가?

3. 확인된 문제가 발생하는 **활성화된 상황**을 나열한다.

4. 그 문제의 기저에는 어떤 **욕구**가 있는가?

5. **취약한 아동 양식**: 현재의 상황에서만 큰 영향을 미치는 것 같은 어떤 강렬하거나 불균형한 감정을 인식하고 있는가?

6. **다른 아동 양식**: 잠재적인 부정적 결과를 고려하지 못하게 하는 충동적이거나 비훈육된 행동을 취했는가?

7. **비판 양식**: 스스로 잘못하고 있다거나 스스로가 나쁘다 혹은 그 외의 부정적 꼬리표를 붙이는 내면의 비판적 목소리를 들을 수 있었는가? 자신이 충분히 잘하고 있지 못한다거나 결코 잘 해내지 못할 거라는 메시지를 들었는가?

8. **부적응적 대처 양식**: 스스로 확인한 심리도식이 활성화되었을 때 일반적으로 취하는 행동을 나열하라. 이 행동이 대처 양식들(회피, 과잉보상, 굴복) 중의 하나와 연관되는가?

9. **결과**: 확인한 역기능적 양식 행동이 개인적인 혹은/그리고 전문적인 삶에 어떻게 영향을 미치는가?

10. **욕구 충족**: 질문 4에서 확인한 기저 욕구가 충족되었는가? 만약 아니라면 그 욕구는 어떻게 영향을 미치는가?

나의 문제 분석

1. 확인된 문제	
2. 연관된 **심리도식**(들)	
3. **활성화된 상황**	
4. 기저 **욕구**는 무엇인가?	

5. 취약한 아동 양식이 어떻게 연관되어 있는가?	
6. 또 다른 아동 양식이 연관되어 있는가? 어떻게?	
7. 비판 양식이 연관되어 있는가? 어떻게?	
8. 부적응적 대처 양식이 연관되어 있는가? 어떻게?	
9. 일반적으로 하는 행동은 무엇이고 그 결과는 어떠한가?	
10. 기저 욕구는 충족되었는가?	

양식에 따라 목표 설정하기

여러분이 현재 생활에서 심리도식과 양식의 부정적 효과를 확인한 후 이제 변화를 위한 계획을 세울 때가 되었다. 심리도식치료에서 전반적인 목표는 핵심 욕구들을 어른스럽게 건강한 방식으로 충족할 수 있게 하는 것이다. 제2장에서 설명했듯이, 심리도식치료적 접근 방식에서는 개인의 경험의 세 가지 수준 또는 측면, 즉 인지, 정서, 행동의 관점에서 문제를 평가하고 각 수준을 다루는 개입을 사용한다. 다음 훈련에서는 확인된 문제에 대한 기저 욕구와 각 양식이 어떻게 연관되었는지 분석한 후, 각 양식에 따른 초기 자기실천 목표를 설정할 것이다. 이 분석은 내담자와 치료자가 함께 협력적으로 작업하기 위한 중요한 단계인 문제에 대한 공유된 정의를 내릴 수 있게 해 준다.

 예시. 줄리아의 양식에 따른 목표

다음 줄리아의 예시에서처럼 부적응적 대처 양식에 대한 목표는 행동이며, 비판적 양식에 대한 목표는 사고에 초점을 맞추며, 아동 양식에 대한 목표는 정서를 다루는 것이다. 심리도식치료의 이러한 다면적 접근은 행동적 패턴 파괴, 인지적 그리고 정서 중심적 개입을 이용하여 개인 경험의 모든 측면을 다루도록 한다.

줄리아의 양식에 따른 목표

취약한 아동	'어린 줄리아'를 안정시키고 내가 그녀를 보호할 수 있다고 안심을 시킨다.
화난/충동적인 아동	위와 같다. 만약 내가 그렇게 긴장하지 않는다면 덜 충동적일 것이다.
역기능적 비판 양식	내 안의 비판적 목소리를 멈출 수 있고 내 건강한 성인 양식의 좋은 부모에 접근할 수 있다.
부적응적 대처 양식	분리가 시작되는 것을 알아차리고 현재에 머물 수 있기 위해서 내 안의 좋은 부모가 어린 줄리아를 진정시키고 안전지대에 접근할 수 있게 했다.
변화 계획: 첫 번째 단계	
건강한 성인 양식	1. 어린 줄리아를 진정시키기 위해 다른 사람들과 함께 사용하는 좋은 부모 기술들에 접근하는 법을 배운다. 2. 나의 비판을 멈추고 보다 합리적인 건강한 성인 관점을 제공한다. 예를 들어, 이러한 상황들이 내게 어려울 수 있고, 나는 초심자이지만, 점점 더 나아지고 있으며 능력도 커지고 있는 중임을 내 자신에게 상기시킨다. 3. 현재에 머무르기 위해서 심호흡을 한다. 내 발이 바닥에 온전히 닿아 있는 것과 나의 건강한 성인 양식의 힘과 크기를 느껴 본다.

훈련. 나의 양식에 따른 목표

다음에 있는 양식에 관련된 양식 각각에 초기 목표를 적어 보자. 여기에서 개발하는 초기 계획은 이후의 모듈에서 훈련을 완료함으로써 인식 및 양식 관리 전략이 향상됨에 따라 지속적으로 발전하고 개선될 것이다.

나의 양식에 따른 목표

취약한 아동	
화난/충동적인 아동	
역기능적 비판 양식	
부적응적 대처 양식	
변화 계획: 첫 번째 단계	
건강한 성인 양식	

확인된 문제를 심리도식치료 개념으로 변환하기

이 훈련에서, 여러분은 스스로 확인한 문제를 모듈 8~12에서 필요한 개입들을 계획하는 단계인 심리도식치료 개념 혹은 언어로 변환할 수 있게 된다. 다음은 3인의 치료자 예시이다. 원한다면 제3장으로 돌아가 각 치료자들이 그들의 문제에 대해 어떻게 이야기했는지 한 번 더 읽고 와도 좋다.

 예시. 줄리아, 페니 및 이언의 확인된 문제를 심리도식치료 용어와
개념으로 변환하기

> 줄리아: 나는 치료 회기 중에 내담자들의 감정을 다루는 것을 피하려는 경향이 있고, 이것이 치료자로서 나의 효율성을 제한했다. 이런 상황은 나의 요구적 비판 양식을 촉발시키는 정서적 억제 심리도식을 활성화시킨다. 그 이후 취약한 아동 양식이 촉발되고, 나는 상당히 불안하고 슬픈 느낌을 느끼는 것으로 끝난다. 내담자와 함께하는 회기 중이라면 나는 분리된 보호자로 전환하기도 한다. 이런 비슷한 패턴은 내담자가 나의 치료를 무시하거나 회기를 취소했을 때도 나타난다. 그러한 상황에서 활성화되는 것은 아마도 나의 결함/수치심 심리도식일 것이다. 그리고 만약 내가 그때 집에 있다면 분리된 자기위안자로 전환하여 초콜릿을 폭식할 것이다.
>
> 심리도식치료 용어: 나는 워크북에서 확인된 문제로서 나의 요구적 비판(사고 수준)과 분리된 자기위안자(행동 수준)를 줄이는 것을 선택한다.

페니: 나는 집단 심리도식치료의 내담자들이 과제를 해 오지 않을 때 힘들다. 그런 회기의 녹음 테이프를 들을 때, 비록 내 목소리는 상당히 중립적이긴 했지만 내가 내담자들에게 주는 모습은 내가 고등학교 때 받았던 처벌적인 선생님과 닮았다는 것을 알 수 있었다. 또한 그 회기에 집단원들에게 과도한 과제를 내주었다는 것도 확인할 수 있었다. 나는 나의 엄격한 기준 심리도식이 활성화되어 나의 완벽주의적 과잉통제자 양식을 촉발시켰다는 것을 인식했다. 나는 그것이 내가 집단을 위해 현실적인 한계를 설정하고 '좋은 부모'가 되는 것에 방해가 된다는 것을 깨닫기 때문에 이 인식을 계속 작업하고 있다. 물론 집에서 가족들과 있을 때도 똑같이 할 것이다. 아마 이러한 양식 행동이 다 큰 내 아이들이 문제가 생겼을 때 나와 이야기하지 않고 침묵하게 한다고 생각한다.

심리도식치료 용어: 나는 나의 확인된 문제로서 나의 완벽주의적 과잉통제자를 완화시키는 것을 선택한다.

이언: 나는 슈퍼비전을 준비할 때 매우 불안하다. 나는 특히 상급 슈퍼바이저로부터 건설적인 비판을 들었음에도 매우 방어적이 된다는 것을 알고 있다. 나는 내가 더 잘 알고 있고, 그것이 어떻게든 전달된다는 느낌에 매달려 있다. 몇몇 동료가 훈련 중 나와 역할극하는 것을 의도적으로 피하는 것을 눈치챘다. 나는 이 행동이 YSQ에서도 높은 점수로 나왔듯 나의 결함/수치심 심리도식에 대한 과잉보상이라는 말을 들었다. 나는 또한 개인적인 관계에서 매우 민감한데, 이것이 나의 파트너와의 긴장과 단절의 원인이 된다. 내 파트너는 그녀가 나와 문제에 대해 토론하는 것을 피하기 시작하고 있으며, 그것이 관계를 해치고 그녀가 나에게서 물러나게 하고 있다고 말했다.

심리도식치료 용어: 나는 나의 확인된 문제들로서 과잉보상적 대처 방식의 가해자-공격과 자기과시적 행동을 선택했고 그것들이 나의 개인적인 삶과 전문적인 삶에 어떤 영향을 미치는지에 초점을 맞춘다.

훈련. 나의 확인된 문제를 심리도식치료 용어로 변환하기

자기성찰적 질문

문제 분석 양식을 채우면서 개인으로서의 자신과 치료자로서의 자신에 대해 어떤 것을 배웠는가? 놀랄 만한 점이 있는가?

모듈 7의 훈련이 쉬웠는가, 어려웠는가, 아니면 불편했는가? 경험했던 어려움을 어떻게 설명할 것인가?

심리도식이나 양식이 활성화되었는가? 어떤 것이 활성화되었는가? 그 활성화를 불러일으킨 것은 무엇이라고 생각하는가?

자신의 문제(들)를 심리도식과 양식의 관점으로 분석하는 것이 유용했는가? 만약 그랬다면 추후에 내담자들과도 문제 분석 양식을 이용할 것인가? 어떻게 사용할 것인가?

　심리도식과 양식의 관점에서 인생의 문제적 부분을 확인하고 분석한 후 변화를 위한 목표를 세웠던 워크북의 첫 번째 장에 대한 자신의 반응을 고려했을 때, 어떤 것이 당신에게 특별히 눈에 띄었는가?

_____

_____

_____

_____

_____

_____

_____

_____

_____

_____

_____

_____

_____

제 4 부

변화의 시작

양식 인식과 양식 관리

모듈 8과 9에서는 부적응적 대처 양식을 위한 양식 인식과 양식 관리에, 그리고 모듈 10과 11에서는 역기능적 대처 양식에 초점을 맞출 것이다. 우리는 양식 인식으로 시작하는데, 이것은 나중에 경험적인 작업을 위한 언어적이고 개념적인 틀을 구축하기 위한 인지적 작업을 포함한다. 인지적 개입은 보통 경험적 작업보다 내담자들에게 더 친숙하며, 결과적으로 그들은 더 안전하다고 느낄 수 있다. 인지적 개입은 추론에 호소하고 사고에 참여하며, 내담자의 합리적인 부분이 심리도식에 도전하고 심리도식 양식을 재구성하며 건강한 성인 양식에 대한 접근을 강화한다. 인식 작업은 중요하지만 그것만으로는 충분하지 않다. 이 작업은 심리도식들이 활성화된 상황에서 취할 수 있는 건강한 행동으로 구성된 양식 관리 계획을 개발할 수 있는 장을 마련한다. 양식 인식과 양식 관리는 치료 초기부터 시작해 치료 전반에 걸쳐 계속 개선되어 가는 심리도식치료의 요소들이다. 모듈 12는 여러분 행동의 '감독자'가 될 건강한 성인 양식에 대한 접근을 강화하는 데 초점을 맞춘다. 모듈 13에서는 경험적 양식 작업으로 넘어가기 위한 준비 정도를 평가하기 위해 워크북의 진행 상황과 경험을 검토한다.

역기능적 양식을 변화시키는 단계

1. 양식 인식
   - 부적응적 대처 양식을 알아차리게 되면, 먼저 그것을 돌이켜 생각한 후 그것이 작동 되기 시작하는 '초기 경고 신호들'이라고 본다(양식 모니터링).
   - 대처 양식 행동의 효과를 평가한 다음 그것을 바꿀 것인지 말 것인지 결정한다(장단 점 훈련).

2. 양식 관리
   - 기저 욕구들을 충족시키기 위한 보다 건강한 대처나 방법을 학습한다(예: 회피 대신 안전지대 이미지).
   - 보다 건강한 대처 행동을 실천하고 그 결과를 기록한다.

모듈 8
자신의 부적응적 대처 양식의 인식

이 훈련들은 제 분리된 보호자가 내담자들과의 관계와 제 삶에서 어떻게 작동하는지 알 수 있는 새로운 통찰을 주었습니다. 저의 인식은 확실히 향상되었습니다.

– 자기실천·자기성찰 참여자

이 모듈에서는 여러분이 사용하는 대처 양식들의 확인된 문제들과 관련된 영향에 대해 배운 것들을 요약하고 이러한 행동의 변화에 관한 장단점 목록을 작성하도록 요청받는다.

부적응적 대처 양식 인식 요약

내담자들이 치료받기 위해 가져오는 대부분의 문제는 비생존적 상황에서 부적응적 대처 양식을 사용하는 데에서 비롯된다. 부적응적 대처 양식들은 현재의 욕구를 충족시키지 못하고, 혹은 충족시키더라도 원치 않은 부정적 결과들을 가져온다.

예시. 이언의 부적응적 대처 양식 인식 요약

> 자기과시 혹은 공격으로 나타나는 나의 과잉보상적 행동은 잠깐 동안 스스로 중요한 사람이 된 것처럼 느껴지게 하지만 상사와 문제를 만들고 동료들을 소외시킨다. 집에서 아내와 있을 때면, 그것은 아내가 내 회사 이야기를 피하게 만든다.
>
> 나의 확인된 문제는 불안과 두려움이며, 집에서의 자기과시적 행동이다. 나는 가끔 슈퍼비전 때나 직장에서 이러한 문제를 겪기도 하지만, 나는 현재 만약 내가 이러한 행동들을 계속한다면 아내를 소외시킬까 봐 가장 걱정된다. 나는 '두려운 이언'이 결함/수치심 심리도식에 의해 활성화되는 것을 알아차렸고, 나의 즉각적인 기본 반응은 자기과시자와 같은 과잉보상적 대처 양식이다.

다음 이언의 양식 인식하기 요약 양식을 보라.

이언의 양식 인식하기 요약 양식

나의 <u>과잉보상적</u> 양식에 대한 인식하기 요약	
상황	아내가 내게 내가 집에서 일을 충분히 하지 않는다고 말하거나 다른 비판을 한다. 심리도식치료 슈퍼비전에서 개입으로부터 한 발짝 물러서 있으라는 이야기를 들었다.
이 양식이 촉발되는 초기 경고 신호	나는 강한 불안과 두려움이 현 상황에서 너무 커서 짜증이 나고 논쟁적이 된다.
신체 감각	배 속이 불편하고 메스껍다.
느낌	두렵고 상처받은 느낌이다.
사고	왜 사람들은 내가 못하거나 완벽하지 못한 것들을 지적하면서 나보다 한 수 앞서려고 할까?
관련된 기억	내가 한 것들을 하나씩 짚던 완벽주의적 성향을 가진 아버지로 되돌아간다. 아버지에겐 내가 한 것은 무엇이든 충분치 않았다. 나는 또한 쓰레기가 가득 찬 순간에 쓰레기를 꺼내는 것을 잊은 것과 같은 작은 실수에도 혹독하게 처벌받았다.
활성화된 심리도식	결함/수치심

양식의 생존적 기능	만약 내가 논쟁하지 않았다면, 나는 내가 으스러질 것이라고 느꼈다. -나는 내가 나쁜 아이였다는 것에 동의했을 것이다.
어떤 욕구가 현존해 있는 가?	인정, 승인, 수용
일반적으로 취하는 행동	나는 상대방이 잘못되었다고 말하고 내가 얼마나 좋은 남편인지, 혹은 좋은 치료자인지 하나씩 나열한다. 나는 아내에게 그녀가 나와 결혼한 것이 얼마나 행운인지 말하며, 가끔씩 그녀의 기분을 상하게 하거나 그녀를 억누르는 말을 하기도 한다.
내 행동이 욕구를 충족시키는가?	아니다. 아내는 머리끝까지 화가 나서 방을 나가면서 빈정거렸다. 슈퍼바이저는 왜 그가 맞고 왜 내가 틀렸는지 하나씩 설명하며 나의 양식 활성화를 지적했다.
내가 다른 양식으로 전환하는가?	분리된 보호자. 가끔씩 나는 그들의 발언에 대해 분리되어 반응하거나 내가 화가 났다는 것을 보여 주는 것으로 상황을 떠난다.

✍️ **훈련. 나의 부적응적 대처 양식 인식 요약**

이제 확인된 문제와 관련하여 적어 두었던 부적응적 대처 양식을 골라 다음 양식 인식하기 요약 양식을 완성한다.

나의 양식 인식하기 요약 양식

나의 ＿＿＿＿＿＿ 양식에 대한 인식하기 요약	
상황	
이 양식이 촉발되는 초기 경고 신호	
신체 감각	

느낌	
사고	
관련된 기억	
활성화된 심리도식	
양식의 생존적 기능	
어떤 욕구가 현존해 있는 가?	
일반적으로 취하는 행동	
그 행동이 욕구를 충족시 키는가?	
내가 다른 양식으로 전환 하는가?	

부적응적 대처 양식 변경을 위한 장단점 목록

다음 단계는 현재 욕구에 대한 인식과 오래된 생존 대처 행동의 영향을 이용하여 부적응적 대처 양식 행동의 강도나 빈도를 변경할지 여부를 결정하는 것이다. 이 결정은 치료에서 중요한 단계이다. 대처 양식들은 과거에, 특히 아동기에 있었던 어렵고 고통스러운 상황들을 견뎌 낼 수 있도록 도와주었다. 이것은 그 대처 양식들이 지금 자신에게 많은 영향력을 행사할 수 있는 한 가지 이유이다. 부적응적 대처 양식을 변경한다는 생각은 취약한 아동 양식이 관련되어 아동기의 경험으로부터 비롯된 기억과 강렬한 감정들을 불러일으키기 때문에 아주 상처받기 쉽고 무섭게 느껴질 것이다. 장단점 목록은 현재 대처 양식의 기능에 대한 평가를 제공한다. 다음 단계는 성인의 욕구를 더 잘 충족시킬 수 있는 대안적 건강한 성인 양식 행동을 확인하는 것이다.

다음에 이언의 장단점 목록이 제시되어 있다. 우리는 내담자들에게 이 예시 분석을 참고 자료로 유지하도록 요청한다. 우리는 그들이 부적응적 대처 양식에 사로잡혀 있을 때와 왜 그들이 그것을 바꾸는 어려운 일을 하기로 결정했는지 기억하지 못할 때 불가피하게 그것을 참고할 필요가 있다. 내담자들이 그러하듯 치료자들 또한 이러한 뒷걸음질에서 자유롭지 못하기 때문에, 여러분도 이것을 참고 자료로 삼을 수 있다.

 이언의 장단점 목록

자기과시 양식을 현재 강도로 유지하는 데 대한 장단점		
오래된 대처 양식 행동을 사용했던 과거의 상황으로부터	장점: 변경하지 않는 이유	단점: 변경하는 이유
	어렸을 때, 내 업적에 대해 자랑을 하는 것은 내가 결함을 덜 느끼도록 도와주었다. 그것은 사람들에게 내가 얼마나 잘했는지 알려 준다.	우리 아버지는 내 콧대를 꺾기 위해 더 비열한 말을 하곤 했다. 동료들은 내가 자랑하는 것을 가지고 놀렸다.

오래된 대처 양식 행동을 사용했던 지난 3개월 동안의 상황으로부터	나는 자신을 과시할 때 힘을 느낀다. 나는 열등감이나 결함을 느낄 필요가 없다. 그것은 나의 비판적인 목소리를 일시적으로 잠재웠다.	아내는 내 자랑과 내가 그녀보다 한 수 위라고 말하는 것에 질렸다고 말한다. 내가 사람들 앞에서 자랑하면 그녀는 당황한다. 내 동료들이 뒤에서 나를 비웃는다.
역기능적 대처 양식의 기저에 있는 취약한 아동 양식의 욕구는 무엇인가?	수용, 인정, 사랑스럽다고 느끼는 것.	
오래된 대처 양식 행동이 욕구를 충족시키는가?	아니다. 그것은 보통 거절을 초래한다.	
내가 좋아하지 않는 대처 양식의 결과가 있는가? 그것들이 나의 인간관계를 해치는가?	나중에 내가 아내에게 말한 것에 대해 죄책감을 느낀다. 그렇다. 그것은 내 아내를 멀어지게 해서 부부 사이에 원치 않는 거리를 만든다.	
나는 나의 오래된 대처 양식 행동을 변경해야 하는가?	그렇다. 나는 치료자로서 습득한 기술을 사용하여 나의 욕구에 더 효과적으로 접근할 수 있다.	
나의 일반적인 행동은 내 욕구를 충족시키는가?	아니다. 아내는 나와 어떤 문제도 상의할 수 없다고 생각하고 내가 그렇게 허풍쟁이인 것을 혐오스럽고 당황스럽다고 말해 왔다.	
변화에 대한 나의 결정은 무엇인가?	단점이 분명히 장점보다 크다. 그래서 나는 이 오래된 대처 방식을 바꾸기 위해 작업할 것이다.	

✎ 훈련. 나의 장단점 목록

이제 다음 양식을 사용하여 장단점 목록을 만들고 자신의 욕구에 대해서 분석해 보라. 여러분의 생각을 자극하기 위한 형태의 지시 메시지들이지만, 이것들은 목록을 그런 측면들로 제한하기 위한 것은 아니다. 우리가 내담자들에게 이야기하듯이 여러분의 것을 자유롭게 추가하라.

나의 장단점 목록

_____ 양식을 현재 강도로 유지하는 데 대한 장단점		
오래된 대처 양식 행동을 사용했던 과거의 상황으로부터	장점: 변경하지 않는 이유	단점: 변경하는 이유
오래된 대처 양식 행동을 사용했던 지난 3개월 동안의 상황으로부터		
역기능적 대처 양식의 기저에 있는 취약한 아동 양식의 욕구는 무엇인가?		
오래된 대처 양식 행동이 욕구를 충족시키는가?		
내가 좋아하지 않는 대처 양식의 결과가 있는가? 그것들이 나의 인간관계를 해치는가?		
나는 나의 오래된 대처 양식 행동을 변경해야 하는가?		
나의 일반적인 행동은 내 욕구를 충족시키는가?		
변화에 대한 나의 결정은 무엇인가?		

과제

한 주 동안 부적응적 대처 양식 행동을 알아차릴 때마다 양식 인식하기 요약 양식에 추가한다.

자기성찰적 질문

어떤 상황, 생각, 혹은 감정에 여러분이 대처 양식으로 반응했던 시간을 확인할 수 있었는가? 만약 그랬다면 이것을 알아차린 기분은 어땠는가?

_____

_____

_____

_____

_____

_____

_____

_____

_____

_____

_____

장단점 목록을 완성한 후 어떤 변화를 가져올 수 있는지에 대해 어떻게 생각하였는가? 그것이 도움이 되었는가? 만약 그랬다면 어떤 방식으로 도움이 되었는가? 놀랄 만한 점이 있었는가?

_____

이 모듈에서 기억하고 싶은, 자신에 대해 배운 핵심적인 것은 무엇인가?

일상적으로 대치 양식을 촉발시키는 특정 사람이나 내담자가 있는가? 왜 그런 일이 일어나는지 이해할 수 있는가? 그들에게 반응할 때 다르게 하고 싶은 것은 무엇인가?

_____

_____

_____

_____

_____

_____

_____

_____

_____

_____

_____

내담자들 중 가장 어려운 사람을 생각해 보라. 이 모듈에는 왜 그 사람이 치료에 참여하거나 혜택을 얻기 위해 애쓰는지에 대해 설명할 수 있는 것이 있는가? 자신의 대처 양식에 대한 인식이 그 내담자에 대한 태도 혹은 행동에 어떻게 영향을 미치는가?

_____

_____

_____

_____

_____

_____

모듈 9
자신의 부적응적
대처 양식을 위한 관리 계획

제 업무와 개인적 삶에서 고군분투하는 것들이 같은 양식 상태에서 일어난 일이라는 것이 흥미로웠습니다. 저는 내담자들과 함께 그들을 돌보는 것을 피하거나 거기에 갇혀있다는 것을 깨달았습니다. 이 모듈은 이것이 정말 내가 해야 할 일이라는 것을 깨닫게 해 주었습니다.

– 자기실천 · 자기성찰 참여자

이 모듈에서는 행동적 패턴 파괴 작업에 대한 계획을 공식화하기 위해 기본 대처 양식에 대한 인식 요약을 사용할 것이다. 우리는 이것을 양식 관리 계획이라고 말하며, 각각의 주요 역기능적 양식들에 하나씩 발전시킬 것이다. 이 계획들은 이러한 양식들에 대해 설정한 목표를 달성하는 데 필요한 변경 작업을 구체적으로 설명한다.

📌 **노트**. 양식 관리 계획은 제2장에 설명했다시피 심리도식치료의 주요 요소들 중 하나이다. 그것들은 심리도식치료 변화의 필수적인 요소인 행동적 패턴 파괴 단계에 대한 계획으로 작용한다. 부적응적 대처 양식 행동을 줄이는 첫 번째 단계는 바로 모

듈 6에서 했던 자기모니터링 원 양식을 활용한 자기모니터링이다. 어떤 행동을 취해야 할지에 대한 선택권을 가지기 위해, 심리도식의 활성화나 부적응적 대처 양식이 촉발되기 시작하는 것을 알아채야 한다. 우선, 회고하여 이 촉발을 알아차릴 수 있을 것이다. 대처 양식은 자동적이다. 즉, 그것은 의식적인 선택이 아닌 것 같다. 각 상황에는 네 개의 기본적인 선택이 있다. 투쟁, 도피, 얼어버림, 혹은 건강한 성인 양식에 접근하기가 바로 그것이다. 어떤 행동이 취해지기 전에 역기능적 양식의 촉발을 알게 되면 선택의 여지가 있다. 행동적 변화는 치료적 관계의 맥락에서 치료 회기에서 시작되거나 양식 대화 또는 양식 역할극에서 시작되며 그 후 외부 세계로 이동한다. 이 단계는 심리도식 주도의 역기능적 양식의 촉발을 알아채고 욕구를 충족시킬 보다 건강한 반응을 선택할 수 있을 때 시작된다. 이 단계에서는 서면 계획을 세우고, 새로운 전략의 개선된 결과에 대한 증거를 계속 수집하며, 그것들을 연습하고 미세 조정하는 것이 중요하다.

양식 관리 계획 개발

자동적인 대처 양식 행동을 변경하기 위한 계획을 수립하는 첫 번째 단계는 확인된 욕구를 더 잘 충족시킬 수 있는 건강한 성인 행동을 확인하는 것이다. 다음 양식에 이언의 첫 번째 단계가 설명되어 있다.

 이언의 양식 관리 계획 1단계

욕구	확인	
이 욕구를 충족시키기 위해 내가 할 수 있는 것은 무엇인가?	나는 아내에게 나의 성취에 대해 더 많은 확인이 필요하다고 말할 수 있고 내가 잘하고 있다는 말을 들을 수 있다.	
새로운 대안의 장단점은 무엇인가?	장점: 그녀는 아마도 내가 요구하는 것을 나에게 줄 것이다.	단점: 나는 내가 필요한 것을 말하는 데 취약하다. 취약성은 약점이다. 그래서 위험하다.

건강한 성인 행동을 시도한 결과	
새로운 행동을 시도해 보고 그 결과를 여기에 기록하라.	시도했고, 생각보다 그렇게 무섭지는 않았다. 나는 아내에게 이야기를 시작할 때 취약하고 조금 무서웠다. 그녀는 내게 여러 가지 칭찬을 해 주었고, 나는 따뜻하고 안전한 기분이 들었으며, 아내와 더 가까워진 느낌이 들었다.

훈련. 나의 양식 관리 계획 1단계

모듈 8에서 확인한 '나의 부적응적 대처 양식 인식하기 요약'에서 확인한 욕구를 충족시킬 수 있는 건강한 성인의 행동을 다음 양식에 적어 본다.

나의 양식 관리 계획 1단계

욕구	확인	
이 욕구를 충족시키기 위해 내가 할 수 있는 것은 무엇인가?		
새로운 대안의 장단점은 무엇인가?	장점:	단점:
건강한 성인 행동 시도의 결과		
새로운 행동을 시도해 보고 그 결과를 여기에 기록하라.		

자신의 양식 관리 계획 세부 조정

　다음은 이전 훈련에서 확인된 욕구를 충족시킬 수 있을 여러 가지 종류의 건강한 행동들을 시도해 보고, 그 경험에 기반하여 양식 관리 계획을 더 정교하게 발달시키는 단계이다. 양식 관리에 대한 자세한 설명은 제2장에서 확인할 수 있다. 줄리아가 완성한 부적응적 대처 양식 관리 계획이 다음에 제시되어 있다.

 줄리아의 부적응적 대처 양식 관리 계획

<u>분리된 보호자</u> 에 대한 나의 양식 관리 계획(부적응적 대처 양식을 채우라)	
어떤 초기부적응도식이 이 양식을 촉발하는가?	결함/수치심
어떤 욕구가 관련되어 있는가?	결함이 아니라 능력 및 수용을 느끼는 것
어떻게 하면 건강한 방법으로 욕구를 충족시킬 수 있는가?	만약 가해자-공격 양식 상태에 있는 내 내담자들에게 내가 필요한 한계를 설정할 수 있다면, 나는 유능한 치료자처럼 현재에 머물면서 반응할 수 있을 것이다.
어떤 양식 전환이 건강한 행동을 방해할 수 있는가?	만약 내가 "너는 항상 모든 것을 엉망으로 만들어 버리니까 그냥 시도조차 하지 마."라고 말하는 나의 요구적 대처 양식 목소리를 듣는다면.
현실 체크: 이 상황의 객관적 사실은 무엇인가?	다른 여러 명의 동료도 다들 가해자-공격 양식에 어려움을 느끼고 연습하고 싶어 한다고 말한다. 나는 그 이야기를 들으면 내가 결함이 있거나 무능하게 느껴지지 않는다. 나는 동료 슈퍼비전 때 효과적으로 한계를 설정할 수 있었고, 동료들도 내게 긍정적인 피드백을 주었다.
부적응적 대처 양식을 중지하고 선택을 할 수 있게 하려면 내 인식을 어떻게 활용할 수 있는가?	내가 약간 낯설다는 것을 알아차렸을 때, 나는 바닥에 딛는 발을 통해 중력을 느끼고 내 중심으로 숨을 쉬면서 자신을 접지했다. 그로 인해 건강한 성인 양식에 있게 되었다. 그 양식에서 나는 내 욕구를 충족시키기 위해 건강한 행동을 취할 수 있었다.
어떻게 나의 건강한 성인 양식이 비판적 양식의 메시지에 도전할 수 있었는가?	만약 내가 시도하지 않으면, 나는 절대 성공하거나 유능감을 느낄 수 없음을 상기할 수 있다. 시도해 보고 실패하는 것은 끔찍한 일이 아니다. 내가 완벽하지 않기 때문에 나를 무능하게 만들지 않는다. 동료들과 연습했을 때, 나는 향상되었다. 나는 할 수 있다.
결과는 어땠는가? 욕구는 충족되었는가?	회기는 더 나아졌다. 그렇다. 더 유능하고 싶은 내 욕구가 충족되었다.

비판적 양식에 대항하는 '해독제'로 쓰일 만한 새로운 메시지는 무엇인가?	나는 결함이 있거나 무가치하지 않다. 나는 초보 심리도식치료자이고, 연습이 필요하다.

📌 **노트.** 여러분은 줄리아와 이언이 똑같은 초기부적응도식인 결함/수치심 심리도식에 대해 작업하고 있다는 것을 알아챘을 것이다. 결함/수치심 심리도식은 아주 흔한 핵심 심리도식이다. 하지만 이언의 기본적인 대처 스타일은 과잉보상적이며 그의 일반적인 대처 양식은 자기과시적이거나 가해자-공격인 반면 줄리아의 기본 대처 스타일은 회피고 그녀의 일반적인 대처 양식은 분리된 보호자나 분리된 자기 위안자이다.

✍️ **훈련.** 나의 부적응적 대처 양식 관리 계획

이제 확인된 문제에 가장 크게 관련된 부적응적 대처 양식에 대한 스스로의 양식 관리 계획을 발전시킬 것이다.

나의 부적응적 대처 양식 관리 계획

_____ 에 대한 나의 양식 관리 계획(대처 양식을 채우라)	
어떤 초기부적응도식이 이 양식을 촉발하는가?	
어떤 욕구가 관련되어 있는가?	
어떻게 하면 건강한 방법으로 욕구를 충족시킬 수 있는가?	
어떤 양식 전환이 건강한 행동을 방해할 수 있는가?	
현실 체크: 이 상황의 객관적 사실은 무엇인가?	

부적응적 대처 양식을 중지하고 선택을 할 수 있게 하려면 내 인식을 어떻게 활용할 수 있는가?	
어떻게 나의 건강한 성인 양식이 비판적 양식의 메시지에 도전할 수 있었는가?	
결과는 어땠는가? 욕구는 충족되었는가?	
비판적 양식에 대항하는 '해독제'로 쓰일 만한 새로운 메시지는 무엇인가?	

출처: Joan M. Farrell & Ida A. Shaw, *Experiencing Schema Therapy from the Inside Out: A Self-Practice/ Self-Reflection Workbook for Therapists.* Copyright ⓒ 2018 The Guilford Press. 이 표의 복사본은 이 책의 구매자가 개인적인 용도로 쓸 때만 허용됨. 학지사 홈페이지(www.hakjisa.co.kr)에서 다운로드 할 수 있음.

📌 **노트.** 우리는 핵심 욕구가 충족되지 않았던 아동기에 생존 전략으로 시작된 오래된 대처 행동을 바꾸는 것이 간단하거나 쉬운 일이라고 제안하고 싶지 않다. 사용 중인 대처 양식에 대한 인식과 그것이 현재 욕구를 충족시키지 못한다는 사실이 이러한 변화를 일으키는 동기를 제공한다. 제시된 예시를 보면 알 수 있듯이, 줄리아는 자신의 비판적 양식의 방해에 부딪혔는데, 그것은 다루어져야 했다. 이러한 방해는 매우 자주 일어나며 내담자들과 치료자들을 꼼짝 못하게 만드는 또 다른 방법이다. 또 다른 가능성은 취약한 아동의 두려움이 너무 커서 새로운 행동을 사용할 위험을 감수하는 것을 막을 수 있다는 것이다. 어느 경우든 방해하는 양식은 행동 변화가 유지되기 전에 다루어져야 한다. 역기능적 비판 양식은 다음 모듈에서 다루어진다. 비판적 양식의 힘을 줄이는 데 사용할 몇 가지 제안은 다음의 줄리아 예에 제시되어 있다.

줄리아의 양식 관리 계획 결과 요약

취한 행동	강한 가해자-공격 양식 상태 내담자와의 치료 회기에 들어가기 전, 나는 내 어린 줄리아를 위한 안전지대 이미지에 접근하고 모듈 1의 신체적 접지 훈련을 이용해 계속해서 건강한 성인 양식과 연결되어 있었다.
결과	나는 현재에 머무를 수 있었고 평소보다 더 효과적으로 한계를 설정할 수 있었다.
욕구가 충족되었는가?	그렇다. 나는 회기에 대해 좋은 느낌을 받았고, 더 유능하게 느껴졌다. 나는 내담자가 나를 질책하지 못하게 했고, 어린 줄리아를 효과적으로 보호하였다.
이것으로부터 얻을 수 있는 건강한 성인 양식 메시지	내가 건강한 성인 양식과 연결되어 있을 때, 나는 내담자와 나 자신을 위한 심리도식치료 개입을 잘 시행할 수 있었다.

✍️ 훈련. 나의 양식 관리 계획 결과 요약

다음 양식에서 자신의 양식 관리 계획을 통해 배운 것을 요약해 건강한 성인 메시지를 만들게 될 것이다.

나의 양식 관리 계획 결과 요약

취한 행동	
결과	
욕구가 충족되었는가?	
이것으로부터 얻을 수 있는 건강한 성인 양식 메시지	

과제

다음 한 주간 여러분의 양식 관리 계획을 사용한 결과를 기록하라.

건강한 성인 양식 행동

결과

나의 기저 욕구가 충족되었나?

인지적 해독제: 이러한 긍정적 결과들을 새로운 메시지로 만들어 여기에 기록한다.

2주간의 결과를 통해 양식 관리 계획을 미세 조정하여 자신에게 더 잘 맞게 만들 수 있다.

자기성찰적 질문

양식 관리 계획 훈련에서 무엇이 도움이 되었는가?

_____

_____

_____

_____

_____

_____

_____

_____

_____

_____

_____

_____

_____

모듈 8에서 어렵다고 생각했던 내담자를 한 번 더 생각해 보자. 만약 대처 양식이 촉발되었을 때 자신의 행동을 변화시킬 수 있다면, 이 내담자를 대하는 접근과 태도는 어떻게 변할까?

_____

_____

_____

_____

_____

_____

_____

_____

_____

_____

_____

_____

_____

다음 질문들은 모듈 9의 과제를 끝낸 후에 답한다.

양식 관리 계획을 사용해 보았는가? 이 계획을 수행한 경험에 대해 알아차린 것은 무엇인가?

_____

_____

_____

_____

_____

_____

_____

_____

_____

_____

_____

_____

만약 그렇다면 결과는 어땠는가? 기저 욕구가 충족되었는가?

만약 그렇지 않다면 무엇이 그것을 방해했는가? 심리도식이 활성화되었는가? 혹은 양식이 촉발되었는가?

_____

_____

_____

_____

_____

당신은 집에서 해 오는 심리도식치료 과제를 경험해 보았을 것이다. 이 경험이 당신
의 내담자들이 과제를 받고 완성하는 경험에 대한 새로운 통찰을 주었는가?

_____

_____

_____

_____

_____

_____

_____

_____

_____

_____

_____

_____

_____

모듈 10
자신의 역기능적 비판 양식 인식

이 훈련에서 저는 요구적 비판 양식이 내담자들로부터 어떻게 결과를 기대하고 그들을 몰아붙이는지를 보았습니다. 이것은 치료자로서의 저 자신뿐만 아니라 개인으로서의 제게도 큰 도움이 되었습니다.

– 자기실천 · 자기성찰 참여자

다음 양식들의 범주는 심리적 문제에 가장 많이 연관되어 있는 역기능적 비판 양식이다. 이전 모듈들을 통해 역기능적 비판 양식을 확인하고 그것이 확인된 문제에 어떻게 연관되어 있는지 살펴보았다. 이 모듈에서는 역기능적 비판 양식의 내용, 즉 이 양식에서 떠오르는 왜곡되고 과장된 부정적 메시지와 규칙들에 초점을 맞춘다. 자신의 비판적 형태에 대해 알고 있는 것을 양식 인식하기 요약 양식에 요약할 것이다.

🖈 **노트.** 세계에 대한 우리의 초기 경험은 부모 혹은 양육자들이 우리를 대하거나 반응하는 방식에서 온다. 어린아이들은 세계를 자신의 관점에서 정의한다. 이러한 발달의 정상적 단계에 따라 세계가 자신을 중심으로 돌고, 자신의 욕구가 존재하는 전부

이고, 모든 것이 자기 때문에 발생한다고 느낀다. 한 예를 들자면, 어린아이들은 그들의 부모님이 이혼했을 때 그것이 자신의 탓이라고 생각하며 스스로를 탓한다. 부모가 처벌적이고 비판적일 때, 아동들은 스스로가 '나쁘다'거나 '문제가 있다'고 느낀다. 때때로 건강하지 않은 돌봄자들이 어린아이들에게 "만약 네가 착한 아이였다면 이렇게 화를 내거나 너를 때릴 일이 없었을 거야."와 같이 말한다. 아주 심각한 예로, 성적인 학대에서 가해자들은 아이들이 '원했기' 때문에 아이들에게 그것의 '책임이 있다'는 등의 말을 한다. 학대당한 것에 대해 아이들의 책임은 절대 없다! 어린아이일 때 우리는 또한 우리를 둘러싼 중요한 사람들이 우리에 대해 말하고 설명하는 것들을 내면화한다. 이러한 서술들은 그것이 정확한지 아닌지의 여부와 상관없이 우리 내면의 대화와 자기개념의 일부분이 된다. 이것들은 시간이 지나면서 그것을 사실로 받아들이도록 선택적 내면화가 되어 점차 강화되며, 그것들은 우리 자신과 세계 그리고 타인에 대한 우리의 핵심 신념이 된다. 우리는 그것을 진실한 것이라고 받아들이고, 성인이 된 다음에도 그것들의 정확성 여부를 확인하지 않는다.

역기능적 비판 양식(제2장에서 소개된)은 우리의 핵심 욕구가 충족되지 않은 아동기 또는 청소년기의 경험으로부터 스스로 갖게 된 부정적 메시지를 저장하고 있다. 이러한 메시지들은 심리도식의 인지적 측면인 우리의 핵심 신념들이 된다. 모듈 4에서 소개된 엘라의 뇌우 이야기(143쪽)는 안전과 위안의 욕구를 충족시키지 못한 아이가 자신의 감정과 욕구가 잘못되었다고 느끼고, 결과적으로 자신이 '어떤 면에서는 틀렸거나 나쁘다'고 느끼게 되는 과정의 예시이다. 엘라는 또한 '누구의 도움 없이 혼자 스스로 해야 한다'는 핵심 신념 혹은 메시지의 영향을 받았다. 이러한 메시지들은 반드시 말로 표현되는 것은 아니며 오히려 자신의 경험이 무엇을 의미했는지에 대한 아동이나 청소년의 인식을 나타낸다. 역기능적 대처 양식들이 촉발되었을 때 한 개인의 마음을 관통하는 생각들은 그러한 부정적인 핵심 신념들을 반영하고 있다. 우리는 우리의 비판 메시지의 근원이 되는 특정 기억을 떠올릴 수도 있고 그렇지 않을 수도 있다.

Young 등(2003)은 이러한 선택적 부정적 내면화를 역기능적 부모 양식이라고 개념화하였고, 우리는 이것을 역기능적 비판 양식으로 새로 이름 붙였다. 이러한 양식들은 아동기 혹은 청소년기의 부모 중 한 명 혹은 두 명 모두의 혹은 초기 돌봄자의 분노, 방임, 학대, 엄격한 기준들, 아동·청소년기의 가해자나 부정적 또래 집단의 괴롭힘('뚱땡이' '괴짜' '찌질이' 등의 꼬리표를 붙이는 것 등), 코치들이나 선생님들의 부정적 피드백이나 요구 등을 나타낼 수 있다. 우리는 이러한 부정적 메시지의 혼합물들인 역기능적 양식들이 늘 언제나 부모로부터 오는 것은 아니며 의도적이지 않을 때도 있기 때문에 역기능적 부모 양식이 아닌 비판 양식으로 부른다. 게다가 많은 내담자는 아직 부모와 함께 지내며 건강한 방식으로 부모와 상호작용해야 할 필요가 있기 때문에, 이러한 변화된 이름이 내담자들에게 불필요한 가족 충성심 반응이 촉발되는 것을 막는다고 느낀다. 중요한 것은 내담자들이 이러한 '비판' 양식들이 그들의 부모가 나쁘다거나 부모에 대해 긍정적 감정을 가져서는 안 된다는 뜻이 아니라는 것을 확실히 인식하게 하는 것이다. 어떤 사례는 특히 경계성 성격장애 혹은 복합외상 내담자들의 경우는 부모(혹은 부모들)가 비판 양식의 주된 근원이며 내담자들은 그들의 비판에 대해 처벌적 또는 요구적 부모로 명명하는 것을 선택할 수 있다. 우리는 그러한 선택을 각 내담자들이 스스로 할 수 있게 한다.

✏️ 훈련. 역기능적 비판 양식에 대한 나의 인식 향상시키기

비판 양식은 심리도식에 기반한 왜곡된 필터를 통해 세계를 본다. 따라서 부당성을 입증하는 증거가 거의 또는 전혀 수집되지 않는다. 역기능적 비판 양식의 작동을 알아채기 위해서는 머릿속에서 자동적으로 떠오르는 비판적이고 처벌적이거나 요구적인 메시지를 인식하는 법을 배워야 한다. 일부 비판적 메시지와 그것이 반영하는 초기부적응도식의 예는 다음과 같다.

- "너는 정말 비호감이야."(결함/수치심 초기부적응도식)
- "너는 언제나 다른 사람의 욕구를 네 것보다 더 중요하게 여겨야 해."(자기희생 초기부적응도식)
- "너는 언제나 완벽해야 하고 그렇게 보여야만 해."(엄격한 기준 초기부적응도식)
- "너는 절대 충분히 성취하지 못할 거야."(실패 초기부적응도식)
- "너는 항상 슬프고 외롭다는 말을 하는 징징이야."(정서적 억제 초기부적응도식)

Young 등(2003)은 두 종류의 비판 양식을 구별했다. 규칙들이 어떻게 지켜지는지에 초점을 맞추는 처벌적인 것과, 그것의 시행이 아닌 규칙과 기준 그 자체에 집중하는 요구적인 것이 바로 그것이다. 역기능적 비판은 처벌적이거나 요구적일 수 있으며, 혹은 처벌적이면서 요구적일 수 있다. 처벌적 비판 양식에서는 표현할 수 없는 정상적인 욕구에 대해서 자신을 비난하거나 처벌한다. 스스로를 '나쁘다' '무가치하다' '멍청하다' '패배자' 혹은 다른 경멸적인 용어로 설명할 것이다. 처벌적 비판 양식은 자해를 하는 경계성 성격장애 내담자들이 가지고 있는 양식들 중 하나이다. 요구적 비판 양식에서 어떤 성취든 더 '잘할 수 있었다'는 생각과 같은 높은 성취에 강요되며, 아무리 작은 것이라도 실수는 절대 용납되지 않는다. 이 양식 상태에서 완벽해야 하기 때문에 높은 지위를 얻기 위해 노력하고, 모든 것을 순서대로 배열하고, 효율적으로 행동하고, 시간을 허투로 쓰는 것을 피하려고 한다. 감정을 표출하거나 즉흥적으로 행동하는 것이 잘못되었다고 느낀다. 냉소가, 비관주의자, 잔소리쟁이, 독재자 등의 많은 하위 유형이 가능하다. 중요한 것은 스스로의 형태가 무엇인지 확인하고, 그것에 대해 자신에게 의미 있는 이름을 붙이고, 그것이 언제 촉발되는지, 그것으로부터 오는 잘못된 메시지들은 무엇이 있는지에 대한 인식을 향상시키는 것이다.

 예시. 줄리아의 역기능적 비판 양식 인식

> 나는 내가 항상 더 잘할 수 있었다고 생각하는 완벽주의 엄마와의 아동기 경험에서 온 강한 엄격한 기준 심리도식을 가지고 있다. 나는 내 수행에 대해 긍정적 피드백을 받아 본 적이 거의 없으며, 나 또한 결함/수치심 초기부적응도식을 발달시켰다. 이러한 심리도식들이 (따로 혹은 동시에) 활성화되었을 때, 나의 요구적이고 처벌적인 비판 양식이 촉발되었다. 이 양식 상태에서 나는 더 하지 못한 나를 질책했다. 예를 들어, 어려운 케이스의 내담자를 위한 '완벽한' 개입 방법을 찾지 못한 것과 같은 것에서 말이다. 입으로 소리 내어 말한 것은 아니지만, 나는 내가 완벽하지 않으면 가치가 없을 것이고 '멍청'할 것이라는 엄마로부터 온 암묵적 메시지를 경험했다. 따라서 내가 실수를 할 때마다 마음을 통해 자동적으로 나타나는 메시지는 '이 멍청한 바보야!!'이다. 나는 배 속이 메스껍고 두려운 감정이 들었으며, 엄마가 내게 실망감을 느꼈을 때의 기억을 떠올린다. 심리도식치료 용어로, 나는 나의 비판적 양식이 슬프고, 거절당하고, 사랑받지 못하는 등의 감정을 느끼게 하는 나의 취약한 아동 양식으로 전환하는 것을 배웠다. 아동 양식에서 나는 오직 완벽만이 중요했던 다른 기억들이 떠올랐다. 예를 들어, 기하학에서 실수를 하나 해 99점을 맞아 온 반 애들 앞에서 혼나던 기억과 같은 것 말이다.

그 점수는 반에서 가장 높은 점수였지만 '앤 수녀의 수제자'였던 내게는 충분하지 않았고, 그 점을 모든 학생 앞에서 말했다.

내가 내 아동 양식의 고통을 더 이상 견딜 수 없을 때 탈출할 수 있도록 대처 양식이 이어받는다. 나의 대처 양식은 완벽주의적 과잉통제자 양식(과잉보상적 스타일)이나 분리된 보호자 양식(회피적 스타일)이다(이 양식들은 제2장에 설명되어 있음). 전자는 그 누구도 '결코 충분히 알 수 없음'에도 불구하고 쉴 새 없이 자료를 읽고 워크숍에 참여하게 한다. 후자는 분리시키고 어려운 내담자들과의 심리치료 회기에 감정적으로 함께할 수 없게 한다. 나의 완벽주의적 과잉통제자는 대인관계나 즐거운 활동을 위한 시간을 거의 남겨 두지 않고 '하루 종일' 일하게 하며, 내가 분리된 보호자 상태에 있을 때 진정으로 존재하지 못하는 것은 내가 얼마나 효과적으로 내담자들과 함께할 수 있는지를 제한한다.

역기능적 비판 양식들을 위한 심리도식치료의 목표는 바로 자신을 향한 그것의 영향과 자신의 행동에 대한 통제를 약화시키는 것이다. 심리치료자들은 가끔 이 집단에서 쉽게 찾아볼 수 있는 초기부적응도식인 엄격한 기준과 자기희생 도식에 의해 촉발되는 강한 요구적 비판 양식을 가지고 있다.

자신의 역기능적 비판의 메시지 확인하기

비판적 양식을 바꾸는 첫 번째 단계는 바로 그것의 메시지를 인식하는 것이다. 성인이 된 우리는 우리 안의 비판적 메시지를 잘 의식하지 않고, 따라서 도전하지도 않는다. 그 메시지들은 우리가 사실이라고 수용한 핵심 신념들이다. 스스로 비판적이라거나, 비난하거나, 처벌적인 감정을 느끼는 상황에서의 자신의 생각을 확인하는 것으로 자신의 인식을 향상시킬 수 있다. 이 훈련은 비판적 메시지를 기록하는 것이다.

예시. 페니의 역기능적 비판의 메시지

페니의 메시지는 줄리아의 그것과 비슷하다. 그것은 역기능적 비판 양식이 성인의 욕구를 충족시키는 것을 제한하는 세상 속에서 안전을 유지하는 방법에 대한 규칙을 생성할 수 있는지를 보여 주는 예시이다.

---

1. 나의 주요 처벌적/요구적 메시지

너 또 실수를 했구나. 정말 멍청하다.

너는 더 오래 그리고 열심히 일해야 해. 그러면 더 나아질 거야.

2. 그것은 어디에서 왔는가? 누구의 소리 같은가?

아무도 내게 그런 말을 하지는 않았지만 내가 실수를 하거나 완벽하게 일을 처리하지 않을 때마다 보았던 엄마와 선생님들의 혐오감으로부터 그것들을 만들었다.

3. 어떤 메시지가 자신의 확인된 문제와 관련되어 있는가?

너는 더 열심히 그리고 오래 일해야 해. 그러면 더 나아질 거야.

 예시. 이언의 역기능적 비판의 메시지

이언은 그의 감정 표현과 관련해 약간 다른 비판적 메시지를 가지고 있다.

---

1. 나의 주요 처벌적/요구적 메시지

규칙은 다른 사람들이 네가 상처받는 것을 눈치채게 해서는 안 된다는 것이다. 그것은 나를 약하게 만들고, 타인들이 너를 이용하고 더 상처주게 만들 것이다. 남자는 절대 약해서는 안 되고, 상처받은 감정을 드러내서는 안 된다.

2. 그것은 어디에서 왔는가? 누구의 소리 같은가?

아버지로부터 왔다. 아버지는 내게 이 말을 자주 했고, 내가 어렸을 때 조금이라도 울면 더 많이 나에게 상처를 주었다. 나는 아버지와 함께 어려움에 끝까지 맞서는 것을 빨리 배웠다.

3. 어떤 메시지가 자신의 확인된 문제와 관련되어 있는가?

절대 상처받았다는 기색을 드러내면 안 된다는 것이다. 대신, 누구든 나를 비판하면, 나는 나를 지키기 위해 연관된 사람들을 자동적으로 공격하게 된다.

훈련. 나의 역기능적 비판의 메시지

이제 자신의 문제에 관련된 역기능적 비판 양식의 메시지에 대한 정보를 다음에 적어 보자.

1. 나의 주요 처벌적/요구적 메시지

2. 그것은 어디에서 왔는가? 누구의 소리 같은가?

3. 어떤 메시지가 자신의 확인된 문제와 관련되어 있는가?

역기능적 비판 양식 인식 요약

다른 양식들과 마찬가지로, 변화의 첫 번째 단계는 양식 경험에 대한 이해를 발달시키고 그 양식이 촉발되는 초기 경고 신호들을 알아채는 것이다. 비판 양식을 더 빨리 인식할수록, 건강한 성인 양식이 그것의 메시지와 영향에 더 효과적으로 도전할 수 있게 된다. 줄리아는 그녀의 역기능적 비판 양식 인식 요약 양식을 다음과 같이 채웠다.

줄리아의 역기능적 비판 양식 인식 요약

상황	내가 심상 재구성하기와 같은 심리도식치료의 경험적 훈련을 설명해야 할 때, 내 내담자가 내가 말이 안 되는 것처럼 반응한다.
양식 촉발을 알리는 초기 경고 신호	내가 처음으로 눈치챈 것은 혼란스러운 내담자의 얼굴이었다.
신체적 감각	배 속이 메스꺼웠다.
느낌	나는 불안하고 두려운 느낌이었다.
사고(비판 메시지)	'너는 심리도식치료자가 되기에는 충분치 못해. 너는 너무 멍청하고 절대 제대로 할 수 없을 거야.'라는 생각이 들었다.
관련된 기억	나는 할머니가 우리 엄마 앞에서 우리집 이웃과의 문제에 대해 말하던 것이 기억난다. 할머니는 엄마에게 화가 났고, 엄마는 그날 집에 가던 길에 내게 모든 잘못된 점과 그들 사이의 오해를 불러일으킨 것에 대해 설명하라며 소리를 질렀다. 그리고 만약 제대로 설명하지 못할 거면 그냥 입을 다물고 있으라고 했다.
활성화된 심리도식	결함/수치심 심리도식, 엄격한 기준
양식의 생존적 기능	나는 내 비판적 양식이 생존적 기능이 있는지 모르겠다. 그 메시지는 "노력하지 마, 어차피 제대로 못할 거니까."라고 말해 더 이상 내가 실망하지 않도록 하기 때문에 어떤 면에서는 나를 보호하는 역할을 하는 것 같다. 나는 학교에서 눈에 띄거나 집에서 주목받지 않기 위해 조용히 지내곤 했다.
어떤 욕구가 현존하는가?	인정하기, 완벽하지 않은 있는 그대로의 나 수용하기
일반적으로 취해지는 행동	나는 개념들을 더 잘 설명하기 위해 밤늦게까지 심리도식치료 자료를 계속해서 다시 읽는다.
그 행동이 욕구를 충족시키는가?	아니다. 나는 아침에 너무 피곤하고, 내담자와의 회기에서는 잠이 오며, 더 많이 불안하고 내 설명을 더 엉망으로 만들었다.
다른 양식으로 전환하는가?	분리된 보호자. 나는 회기 중의 감정을 무시하고 그냥 진행하며, 회기 시간이 다 될 때까지 시계를 본다.

✍️ **훈련.** 나의 역기능적 비판 양식 인식 요약

이제 비판 양식에 이름을 붙이고 다음에 나오는 경험에 대한 인식 요약 양식을 완성한다.

나의 역기능적 비판 양식 인식하기 요약

상황	
양식 촉발을 알리는 초기 경고 신호	
신체 감각	
느낌	
사고(비판 메시지)	
관련된 기억	
활성화된 심리도식	
양식의 생존적 기능	
어떤 욕구가 현존하는가?	
일반적으로 취해지는 행동	
그 행동이 욕구를 충족시키는가?	
다른 양식으로 전환하는가?	

📓 과제

　다음 주 동안 혹은 모듈 11을 시작하기 전까지 비판 양식을 인식한 경험이 있다면 양식 요약에 추가한다. 모듈 11에서는 비판적 메시지에 도전하는 작업을 할 것이다. 지금 우리는 비판 양식이 작동할 때의 인식을 발달하는 과정으로서 이러한 메시지들을 모두 수집할 것이다.

💭 자기성찰적 질문

　처벌적인 혹은 요구적인 비판 양식 메시지나 규칙을 알아보는 과정을 통해 무엇을 경험했는가? 정서적 · 행동적 · 신체적 혹은 인지적 반응이 있었는가? 놀랄 만한 점이나 어려웠던 점이 있었는가?

　비판적 양식에 대해 확인한 메시지나 규칙이 확인된 문제와 연관되어 있었는가? 만약 그랬다면 어떻게 연관되어 있었는가?

치료자로서의 자신에 대한 비판적 메시지와 개인으로서의 자신에 대한 메시지 사이의 연결을 알 수 있었는가? 그러한 연결을 어떻게 이해할 수 있는가? 결과는 어땠는가?

_____

_____

여러분의 비판에 대한 문화적 혹은 종교적 · 영적 영향을 눈치챘는가? 그것들을 설명하고 그것들이 어떻게 영향을 끼쳐 왔는지 적어 본다.

_____

_____

_____

_____

_____

_____

_____

_____

_____

_____

답답하게 여겨졌던 내담자를 머릿속으로 떠올려 보라. 스스로의 역기능적 비판 양식을 눈치챈 경험이 그 사람을 이해하는 데 도움이 되었는가?

_____

_____

_____

_____

_____

_____

_____

_____

_____

_____

_____

_____

역기능적 비판에 대한 정보(사람, 경험 등)를 확인하는 것이 얼마나 어렵거나 쉬웠는가? '내면으로부터'의 경험이 이 과정을 경험할 내담자를 이해하는 데 도움이 되었는가? 이 경험에 기반하여 내담자들을 다룰 때 다르게 행동할 것인가?

_____

_____

_____

_____

_____

_____

_____

_____

_____

_____

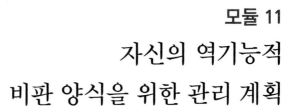

자신의 역기능적
비판 양식을 위한 관리 계획

저는 비판 양식 훈련을 통해 아직 해야 할 일이 있다는 것을 깨달았습니다. 저는 치료자로서 시간을 내어 자신의 문제를 해결하고 인간으로서 성장하는 것이 매우 중요하다고 믿습니다.

– 자기실천·자기성찰 참여자

이 모듈에서는 역기능적 비판 양식에 도전하기 위한 인지적 해독제와 비판을 위한 행동적 해독제를 위한 양식 관리 계획을 발달시킬 것이다. 경험적 해독제는 모듈 18에서 발달시킬 것이다.

🖈 노트. 심리도식치료를 처음 접하는 내담자들에게 욕구가 충족되지 못한 특정 아동기의 경험이 핵심 신념이라는 결과로 나타난다는 개념은 특이하게 들릴 수 있다. 심리도식이 새로운 경험과 정보에 대한 필터로서 작용하며 우리의 시각을 왜곡하고, 사건에 대한 우리의 해석을 편향되게 한다는 것은 그들에게 아주 새로운 개념이다.

우리는 비판 양식의 주요 인지적 왜곡으로서 '모 아니면 도'와 같은 이분법적 사고를 만든다. 비판적 메시지는 '완벽하고, 아름답고, 뛰어나거나 혹은 무가치하고, 멍청하고, 매력이 없거나'와 같은 형태이다. 성격장애가 있는 사람들에게 이러한 메시지들은 부정적 핵심 신념을 반영하며 아주 엄격하며 견고하다. 핵심 신념들은 '실제 사실'로 받아들여지며 우리가 세계, 우리 자신 그리고 타인들을 보는 방식을 결정한다. 이러한 부정적 핵심 신념들을 변화시키기 위해 그것에 대해 의문을 품는 것은 아주 중요하다. 심리도식치료에서 우리는 인지적 수준에서 그것에 도전하며, 내담자들은 이러한 접근에 더 친숙해한다. 만약 이것이 여러분이나 여러분의 내담자의 사례에 잘 맞지 않는다면, 그저 접근의 순서를 바꿔 보라. 이것은 바로 내담자들에게 맞추어 변형될 수 있는 심리도식치료의 융통성의 예시이다. 심리도식치료는 정서적 수준에서 부정적 핵심 신념과 모순되는 교정적 정서 경험을 제공하는 개입으로 정서적 수준을 지속적으로 다루고 있다. 이 단계의 경험은 모듈 18에서 다루게 되며, 그때 양식 관리 계획에 추가하게 될 것이다. 궁극적으로, 우리는 행동적 패턴 파괴 해독제를 통해 이러한 부정적 핵심 신념에서 비롯되는 행동들을 다룰 필요가 있다. 경험의 모든 세 가지 측면을 변화시키는 포괄적 접근이 바로 심리도식치료의 강점이다.

역기능적 비판 양식은 주로 인지적 수준에서 작동하지만 취약한 아동 양식의 정서 혹은 부적응적 대처 양식의 행동을 촉발시킨다. 이러한 촉발의 연결은 가끔 일어나며, 그것을 우리는 '양식 전환'이라고 말한다. 이것은 제2장의 [그림 2-2](36쪽)에 설명되어 있다. 다음은 줄리아의 예시이다.

 예시. 줄리아의 요구적 비판에 대한 반응으로서 양식 전환

	경험의 측면	양식 촉발
인지적	너는 결코 충분히 열심히 일하지 않았어. 이 보고서를 위해서 넌 최소한 네 시간은 더 일해야 해. 더 잘할 수 있어.	역기능적 비판 노예 감시인
감정적	불안, 수치심	취약한 아동 어린 줄리아
	분노	화난 아동 열 받은 줄리아
행동적	나는 리포트를 끝내지 않은 채로 일하는 것을 그만두었다. 나는 남은 저녁 시간 내내 오락 프로그램을 보며 팝콘을 배 터지게 먹었다.	분리된 자기위안자 누가 신경 써? 줄리아가 지겨워 죽겠어.

인지적 해독제 발달시키기

역기능적 비판 양식의 인지적 측면을 위한 해독제를 발달시키는 단계는 다음과 같다.

① 부정적 핵심 신념으로부터 유래한 자동적인 사고를 인식한다.
② 현존하는 인지적 왜곡을 확인한다.
③ 건강한 대안을 고려해 본다. 그것을 스마트폰이나 태블릿 PC에 적거나 녹음하여 언제든 쉽게 꺼내 볼 수 있도록 한다.
④ 만약 여러분이 건강한 성인 양식 대안을 생각해 낼 수 없다면 믿을 수 있는 사람에게 도움을 요청한다.

인지적 해독제는 양식의 신념이나 사고와 모순되는 자신에게 할 수 있는 진술이다. 예를 들어, 만약 가혹한 비판 양식을 가지고 있고 실수를 할 때마다 '이 멍청한 바보야.' 하는 자동적 생각이 든다면, 인지적 해독제는 어느 정도 믿는 도전적인 진술일 수 있다. 하나의 예시로 '실수를 저지르는 것이 나를 바보로 만드는 것이 아니야. 실수는 내가 사람이라는 것에 대한 증거지. 나는 이것을 통해 배울 수 있어.'가 있다. 이 예시는 실수를 건강한 성인 양식의 관점과 같은 더 건강한 관점에서 재구성한다. 어떤 실수들은 결과적인 문제를 만들고 인간관계나 작업에 영향을 미칠 수도 있다. 만약 좋지 못한 결과에 책임을 느끼며 처벌적 비판으로 전환하여 스스로를 비난하는 대신 건강한 성인 양식 태도로 '실수로부터 배우는 것'이라고 여긴다면 더 효과적이고 개선될 수 있을 것이다. 심리치료자들도 이러한 비판적 메시지들을 가지고 있다. 우리 모두는 우리 안의 비판적 메시지를 인식하고 그것의 영향을 줄여 나가기 위해 계속해서 노력해야 한다.

예시. 페니의 역기능적 비판 양식을 위한 인지적 해독제

나의 사고/비판의 메시지

너는 결코 충분히 열심히 일하지 않았어. 이 보고서를 위해 최소한 네 시간은 더 할애해야 해. 더 잘할 수 있어.

이 메시지를 지지하는 증거

내가 더 오랜 시간을 들여 일한다면 더 잘할 수 있겠지만 내일은 지쳐서 제대로 기능하지 못할 거야.

메시지에 모순되거나 메시지를 수정하는 증거

나는 이 보고서에 대해 오래 그리고 열심히 일했다. 이것은 나의 박사학위 논문이 아니다. 그것의 목적을 위해 충분히 좋다. 더 오래 일하는 것이 반드시 더 좋은 것은 아니다. 수익률이 감소하는 시점이 있다.

비판적 메시지를 반박하기 위해 내가 무슨 말을 해야 할까? = 인지적 해독제

나는 보고서를 잘 쓰고, 이것은 충분히 우수한 보고서다. 나는 내일 건강하게 느끼기 위해 잠을 자야 한다.

마지막 두 가지 진술은 역기능적 비판 양식을 위한 '인지적 해독제'로 구성되어 있다. 이제 여러분의 문제에 관련된 주요 비판 메시지를 다음 양식에 적고 인지적 해독제를 발달시킨다.

훈련. 나의 역기능적 비판 양식을 위한 인지적 해독제

나의 사고/비판의 메시지

이 메시지를 지지하는 증거

메시지에 모순되거나 메시지를 수정하는 증거

비판적 메시지를 반박하기 위해 내가 무슨 말을 해야 할까? = 인지적 해독제

행동적 패턴 파괴 해독제

역기능적 비판 양식 상태에 있을 때의 자동적 행동을 고려하는 것 또한 중요하다. 심리도식치료 모형에서 이러한 행동들은 부적응적 대처 양식의 부분으로 여겨진다. 행동적 패턴 파괴 해독제는 비판적 양식의 규칙을 따르는 대신 기저 욕구를 충족시키는 건강한 행동을 취하는 것으로 이루어져 있다. 역기능적 비판 양식의 힘을 줄이는 다음 단계는 양식 관리 계획을 세우는 것이다. 이것은 모듈 7의 문제 분석 양식에서 얻은 비판 양식을 위한 목표를 달성시키기 위해 발달시킨 인지적이며 행동적인 해독제를 어떻게 이용할 것인지에 대한 계획이다.

다음에 양식 관리 계획에 대한 줄리아의 예시가 제시되어 있다. 모듈 18의 계획에 경험적 해독제를 추가할 것이다.

줄리아의 역기능적 비판 양식 관리 계획

활성화된 상황	밤 아홉시에, 내일까지 끝내야 하는 보고서가 있었다.
활성화된 심리도식	엄격한 기준
촉발된 양식	분리된 자기위안자
감정	불안, 걱정
무엇이 필요한가?	일보다 더 중요한 것, 영양과 휴식
오래된 대처 양식 행동	나는 보고서를 끝내지 않고 오락 프로그램을 보면서 팝콘을 배터지게 먹었다.
욕구가 충족되었는가?	아니다. 자정이 지났을 때 보고서는 여전히 끝나지 않았고, 나는 불편할 만큼 속이 더부룩했다.
내가 내 욕구를 충족시키고 내 비판 양식과 싸우기 위해서는 어떻게 해야 하는가?	
인지적 해독제	나는 스스로에게 "네가 지금까지 한 것도 충분히 잘 했어. 저녁 먹고 끝낼 수 있어."라고 말한다.
행동적 해독제	나는 내 비판 양식을 무시하고 45분 정도 휴식을 취하며 저녁을 먹는다.
경험적 해독제	[모듈 18에서 추가될 예정]
결과	나는 30분 만에 보고서를 끝내고 11시에 잠자리에 들었다.

✍️ 훈련. 나의 역기능적 비판 양식 관리 계획

다음 양식에 따라 문제와 관련된 역기능적 비판 양식 관리 계획을 만든다.

나의 역기능적 비판 양식 관리 계획

활성화된 상황	
활성화된 심리도식	
촉발된 양식	

감정	
무엇이 필요한가?	
오래된 대처 양식 행동	
욕구가 충족되었는가?	
내가 내 욕구를 충족시키고 내 비판 양식과 싸우기 위해서는 어떻게 해야 하는가?	
인지적 해독제	
행동적 해독제	
경험적 해독제	[모듈 18에서 추가될 예정]
결과	

출처: Joan M. Farrell & Ida A. Shaw, *Experiencing Schema Therapy from the Inside Out: A Self-Practice/ Self-Reflection Workbook for Therapists*. Copyright ⓒ 2018 The Guilford Press. 이 표의 복사본은 이 책의 구매자가 개인적인 용도로 쓸 때만 허용됨. 학지사 홈페이지(www.hakjisa.co.kr)에서 다운로드 할 수 있음.

과제

역기능적 대처 양식 관리 계획을 자주 볼 수 있는 곳(하루에 한 번 정도, 계속해서 봐야 할 필요는 없음)에 놓아둔다. 모듈 11을 작업하는 동안 일주일에 몇 번 그것을 사용하려고 노력한다. 그 결과를 다음 양식에 정리한다.

새 행동(건강한 성인 양식)	내 욕구가 충족되었는가?

자기성찰적 질문

비판 양식의 촉발요인은 무엇이라고 확인하였는가?

___

인지적 해독제로 사용하기 위해 어떤 새로운 메시지를 발달시킬 수 있었는가? 이러한 메시지들을 고려할 때 어떤 감정이나 생각 혹은 감각을 느끼고 있는가?

_____

_____

_____

　　새로운 좋은 부모 메시지를 만드는 것은 어땠는가? 여러분의 머리(인지적 앎)로부터 나온 새 메시지를 마음으로부터 우러난(감각적으로 느껴지는) 것보다 더 믿는가? 그 사이에 충돌이 있을 때 어떤 감각이 느껴지는가?

_____

_____

_____

_____

_____

_____

_____

_____

_____

_____

　　역기능적 비판 양식을 작업할 때 어떤 훈련이 자신에 대한 이해를 높이는 데 가장 도움이 되었는가?

_____

_____

_____

_____

_____

_____

_____

_____

_____

어떤 훈련이 가장 적게 도움이 되었는가?

_____

_____

_____

_____

_____

_____

_____

_____

_____

현재 작업하는 내담자들에게 어떤 훈련을 하고 있다고 보는가?

_____

_____

_____

_____

_____

_____

_____

_____

_____

_____

양식 관리 계획을 사용하면서 어떤 점을 느꼈는가? 놀랄 만한 점이 있었는가?

_____

_____

_____

_____

_____

_____

_____

_____

_____

_____

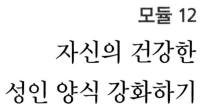

모듈 12
자신의 건강한
성인 양식 강화하기

저는 가해자-공격 양식 상태의 내담자가 저에게 소리를 질러 잠깐 동안 취약한 아동 양식으로 전환했을 당시 심리도식 플래시카드의 효과를 느끼고 깜짝 놀랐습니다. 보통 그런 식으로 촉발되었을 때 저는 분리된 보호자 양식으로 넘어가곤 했지만 이번에는 건강한 성인 양식에 도달해 내담자와 필요한 한계를 설정할 수 있었습니다.

– 자기실천 · 자기성찰 참여자

심리도식치료의 가장 중요한 목표는 바로 한 개인이 기저에 있는 역기능적 양식의 욕구를 건강한 방법으로 충족시킬 수 있는 건강한 성인 양식을 발달시키고 강화하는 것이다. 이 모듈에서는 자신의 건강한 성인 양식에 대한 정보를 수집하고 그것에 접근하는 방법을 알아보게 될 것이다.

📌 **노트.** 애정, 지지, 격려, 인정 그리고 일관성이 제공되고 경험할 수 있게 하는 아동기의 환경은 강한 건강한 성인 양식의 발달을 촉진한다. 정신장애를 가진 대부분의 사람은 그러한 아동기 환경이 없었으며 강한 건강한 성인 혹은 행복한 아동 양식을 발달시키지 못했다. 다행히도, 건강한 양식들은 심리도식치료를 통해 강화될 수 있다.

SMI를 통한 치료 후 긍정적 변화 또한 이러한 주장을 지지한다(Farrell et al., 2014).

건강한 성인 양식 상태에서 우리는 인생을 즐길 뿐만 아니라 업무도 수행해야 하기 때문에 욕구와 책임감 사이에서 균형을 잡을 수 있어야 한다. 건강한 성인 양식을 통해 우리는 업무, 육아, 그리고 성적으로, 지적으로, 문화적 흥미나 스포츠 등의 다른 즐거운 행위들을 추구할 수 있는 성인의 기능을 맡는다. 건강한 성인 양식은 역기능적 양식들의 감독자로서 생각할 수 있다. 건강한 성인 양식 상태에 있을 때는 다음과 같다.

- 취약한 아동 양식의 욕구를 지지하고, 인정하고 충족시킨다.
- 화나고 충동적인 아동 양식을 위한 한계를 설정하지만, 동시에 그것들의 욕구에도 귀를 기울인다.
- 행복한 아동 양식을 찾고 발달시킨다.
- 역기능적 비판 양식에 맞서 싸운다.
- 부적응적 대처 양식을 건강한 대처 전략으로 대체한다.

건강한 성인 양식은 다양한 힘을 가진 '좋은 부모'의 기술을 가지고 있다. 우리가 건강한 성인의 좋은 부모 측면이라고 부르는 것은 우리가 아동기와 청소년기에 받은 건강한 보살핌에서 얻었거나 내면화한 위안과 진정 기술들로 구성되며, 우리가 아이들에게 반응하는 것을 온화하고 돌보는 방식으로 보여 준다. 좋은 부모는 언제나 아동 양식에 대해 사려 깊은 태도와 긍정적인 관점을 가지고 있으며 부적응적 대처 양식의 근원과 생존적 기능을 이해할 수 있다. 좋은 부모는 종종 우리의 내담자들이 다른 사람들, 특히 어린이들을 대할 때 가지고 있고 사용하는 기능이지만, 그들 자신에게는 적용되지 않는다. 이것은 심리치료자들에게도 같다. 우리는 스스로에게보다 다른 사람들에게 훨씬 더 친절하다. 우리 자신의 좋은 부모를 발달시키는 것은 좋은 자기돌봄 기술을 위한 중요한 요소이다. 타인을 향한 좋은 부모의 존재를 확인하는 것은 자기 자신을 위해 좋은 부모의 존재를 이용할 수 있도록 하기 위한 중간 단계의 징검다리 역할을 한다.

자신의 건강한 성인 양식에 대해 알아가기

 예시. 이언의 건강한 성인 양식

건강한 성인 양식이 지금 존재하는 것처럼 **건강한 성인 양식에 대해 적어 본다.** 예를 들면 어떤 강점들을 인식했는지?

나는 참을성 있고, 믿을 만하고, 친절하며, 좋은 친구이며, 의리 있다. 나는 꽤 똑똑하며 고급 학위를 마쳤다. 나는 열린 마음으로 있으며 애정을 줄 수 있다. 나는 좋은 운동선수이며 몸이 건강하다. 나는 열심히 일한다. 나는 어떻게 즐기는지도 알고 있다.

보통 하루 중 **몇 %**를 건강한 성인 양식에 있는가?(0~100%)

한 주의 평균은 85% 정도. 나의 문제는 4일 정도는 100%였고, 그다음 날엔 30% 그리고 다시 80% 혹은 90%로 돌아왔다는 것이다. 따라서 나는 일관적이지 않다. 만약 대처 양식이 나를 장악하면, 나의 건강한 성인은 사라져 버린다.

건강한 성인 양식에 **어떻게 접근하는가?**

나는 몸 가운데로 깊게 심호흡을 하고, 3까지 센 후, "침착해, 이언, 아무도 너를 위협하고 있지 않아."와 같은 스스로를 진정시키는 자기대화를 한다. 가끔 나는 모듈 1에서 소개한 신체적 접지 훈련을 쓰기도 한다.

건강한 성인 양식의 한 부분인 **좋은 부모에 대해 적어 본다.**

나의 이 부분은 잘 발달되지 않았다. 나의 엄마는 그렇게 다정하지 않았고, 아버지는 전혀 아니었다. 내가 내 조카에게 친절하고 애정을 주곤 했기 때문에 약간의 기술이 있기는 하다. 나는 조카들이 실수를 하거나 물건을 부서트릴 때 나의 요구적 비판이 튀어나오는 것을 가끔 느끼기도 한다.

아동 양식이 필요로 할 경우에 **어떻게 좋은 부모에 접근하는가?**

나는 "좋은 부모는 어떻게 하는 거지?" 하고 스스로에게 물어보려고 한다. 나는 심리도식치료 워크숍에서 그 질문을 배웠고, 내담자들이 아동 양식 상태에 있을 때 그들을 위해 그것을 쓰려고 한다.

🖊 **훈련. 나의 건강한 성인 양식**

이제 건강한 성인 양식에 대해 빈칸을 채워 보자.

건강한 성인 양식이 지금 존재하는 것처럼 **건강한 성인 양식에 대해 적어 본다.** 예를 들면 어떤 강점들을 인식했는지?

_____

_____

_____

보통 하루 중 **몇 %**를 건강한 성인 양식에 있는가?(0~100%)

_____

_____

_____

건강한 성인 양식에 **어떻게 접근**하는가?

_____

_____

_____

건강한 성인 양식의 한 부분인 **좋은 부모**에 대해 적어 본다.

_____

_____

_____

아동 양식이 필요로 할 경우에 **어떻게 좋은 부모에 접근**하는가?

_____

_____

_____

메시지를 통해 건강한 성인 양식에 접근하기

〈표 2-8〉에 다양한 욕구를 충족시키는 심리도식 치료자들의 개입에 대한 예시가 제공되어 있다. 자기실천·자기성찰에서 여러분은 치료자들의 제한된 재양육 기능을 취할 것이다. 이를 하기 위한 방식 중 하나는 좋은 부모가 할 법한, 현재 욕구를 충족시킬 수 있는 메시지를 발달시키고, 그리고 나서 필요한 메시지를 제공하기 위해 건강한 성인 양식에 접근하는 것이다. 대처와 비판 양식들을 위해 자신의 건강한 성인을 통해 말하고 싶어 할 것이다. 아동 양식을 위해서는 건강한 성인 양식 중 양육적인 좋은 부모 부분을 통해 말하는 것이 더 많은 도움이 될 것이다. 아동 양식들이 촉발되었을 때 돌볼 수 있는 건강한 성인 양식의 한 부분에 대한 개념은 제2장에서 더 자세히 논의되었다.

 예시. 페니의 건강한 성인 양식으로부터의 메시지

다음은 페니의 예시이다.

양식	건강한 성인 양식 메시지
부적응적 대처 양식 분리된 보호자	약간 불안한 건 괜찮아. 죽지 않아. 그냥 크게 심호흡을 하고, 그녀를 분리시키지 마.
역기능적 비판 양식 요구적 비판	그녀는 초보자치고는 잘 하고 있어. 그만 비판하고 그냥 내버려 둬!
아동 양식을 위한 건강한 성인 양식의 좋은 부모 부분에서 보낸 메시지	
취약한 아동 양식	나는 여기 있어. 나는 너를 지지할 것이고 나쁜 일이 일어나지 않게 할 거야.
화난/충동적인 아동 양식	관련되지 않음
행복한 아동 양식	관련되지 않음

✍️ **훈련.** 나의 건강한 성인 양식으로부터의 메시지

이제 여러분 자신의 메시지를 발달시킬 차례이다. 그저 "좋은 부모라면 어떤 말을 하거나 행동을 할까?"라고 스스로 물어보는 것이 도움이 될 것이다.

양식	건강한 성인 양식 메시지
부적응적 대처 양식	
역기능적 비판 양식	
아동 양식을 위한 건강한 성인 양식의 좋은 부모 부분에서 보낸 메시지	
취약한 아동 양식	
화난/충동적인 아동 양식	
행복한 아동 양식	

심리도식치료 플래시카드 사용하기

이 훈련에서는 자신이 수집한 정보를 플래시카드의 형태로 정리할 것이다. 심리도식치료 플래시카드는 연관된 감정을 확인하고 검증하며, 그것의 역사적 근원, 연관된 욕구, 촉발되는 생존적 대처 행동, 현실 점검, 욕구를 충족시킬 행동을 확인한다.

🗣️ **예시.** 이언의 플래시카드

첫 번째 이언의 예시(단계를 모두 거치는)가 다음에 제시되어 있다. 사용의 편의성을 위해 바로 뒤에 소개된 단축형을 사용하는 것도 가능하다.

이언의 심리도식치료 플래시카드

지금 나는 불안함을 느낀다. 왜냐하면 나의 취약한 아동 양식이 내가 내담자에게 했던 실수를 슈퍼비전에서 지적당했던 상황에서 촉발되었기 때문이다.

하지만 나는 이것이 엄격했던 아버지가 작은 실수에도 너무 크게 벌주시곤 했던 경험을 통해 학습한 불신/학대 심리도식이 활성화되기 때문이라는 것을 안다.

이 심리도식(들)은 내가 굴욕에 취약할 위험에 처해 있는 정도까지 왜곡되도록 이끌었다.

따라서 나는 내가 무시당하고 굴욕당하게 될 것이라고 생각하지만 실제는 나는 성인이며, 슈퍼바이저는 아버지가 아니고, 나는 여기에 배우러 왔기 때문에 실수를 해도 괜찮다.

나의 건강한 성인 관점을 뒷받침하는 증거는 바로 슈퍼바이저가 나의 실수를 절대 놀린 적이 없으며, 심지어 '실수를 하라. 그것이 여러분이 배우는 방법이다'라는 말을 슈퍼비전 방 칠판에 적어 두기도 했다는 점이다.

따라서 나는 취약하게 느끼지 않기 위해 방어적인 태도를 취하고 싶음에도 불구하고,

대신 이것을 하기로 했다: 내가 회기 대부분에서 내담자의 분리된 보호자 양식을 눈치채지 못했다는 것을 알고 그것을 향상시키기 위한 피드백을 귀담아듣는다.

단축형

불신/학대 (심리도식)을 위한 나의 플래시카드

내가 두려운 감정을 느낌에도 불구하고

양식 인식: 나는 나의 반응이 안전하지 않았던 나의 아동기 경험에 토대를 두고 있으며 불신/학대 심리도식이 활성화되었다.

양식 관리: 낡은 대처 양식을 사용할 뻔했지만, 나는 나의 건강한 성인 양식에 접근하며 나의 욕구를 총족시킬 수 있도록 아내에게 확인을 요청할 것이다.

✐ 훈련. 나의 심리도식치료 플래시카드

이제 건강한 성인 양식의 접근을 돕기 위해 길고 짧은 형태의 플래시카드를 완성한다. 사용의 편의성을 위해 단축형 플래시카드를 완성하고 자주 볼 수 있는 곳에 둔다.

나의 심리도식치료 플래시카드

지금 나는 불안함을 느낀다. 왜냐하면 나의 취약한 아동 양식이 내가 내담자에게 했던 실수를 슈퍼비전에서 지적당했던 상황에서 촉발되었기 때문이다.

하지만 나는 이것이 엄격했던 아버지가 작은 실수에도 너무 크게 벌주시곤 했던 경험을 통해 학습한 불신 학대 심리도식이 활성화되기 때문이라는 것을 안다.

이 심리도식(들)은 내가 굴욕에 취약할 위험에 처해 있는 정도까지 왜곡되도록 이끌었다.

따라서 나는 내가 무시당하고 굴욕당하게 될 것이라고 생각하지만 실제는 나는 성인이며, 슈퍼바이저는 아버지가 아니고, 나는 여기에 배우러 왔기 때문에 실수를 해도 괜이다.

나의 건강한 성인 관점을 뒷받침하는 증거는 바로 슈퍼바이저가 나의 실수를 절대 놀린 적이 없으며, 심지어 '실수를 하라. 그것이 여러분이 배우는 방법이다'라는 말을 슈퍼비전 방 칠판에 적어 두기도 했다는 점이다.

따라서 나는 취약하게 느끼지 않기 위해 방어적인 태도를 취하고 싶음에도 불구하고,

대신 이것을 하기로 했다: 내가 회기 대부분에서 내담자의 분리된 보호자 양식을 눈치채지 못했다는 것을 알고 그것을 향상시키기 위한 피드백을 귀담아듣는다.

단축형

불신-학대 (심리도식)을 위한 나의 플래시카드

내가 두려운 감정을 느낌에도 불구하고

양식 인식: 나는 나의 반응이 안전하지 않았던 나의 아동기 경험에 토대를 두고 있으며 불신-학대 심리도식이 활성화되었다.

양식 관리: 낡은 대처 양식을 사용할 뻔했지만, 나는 나의 건강한 성인 양식에 접근하며 나의 욕구를 총족시킬 수 있도록 아내에게 확인을 요청할 것이다.

출처: Joan M. Farrell & Ida A. Shaw, *Experiencing Schema Therapy from the Inside Out: A Self-Practice/Self-Reflection Workbook for Therapists*. Copyright ⓒ 2018 The Guilford Press. 이 표의 복사본은 이 책의 구매자가 개인적인 용도로 쓸 때만 허용됨. 학지사 홈페이지(www.hakjisa.co.kr)에서 다운로드 할 수 있음.

💭 자기성찰적 질문

건강한 성인 양식을 설명할 때 얼마나 쉬었는가 혹은 어려웠는가? 역기능적 양식들을 설명하는 훈련과 비교하면 어떤가? 각각을 설명할 때 다르게 느껴진 점이 있었는가?

_____

_____

_____

_____

_____

_____

_____

_____

_____

욕구를 더 잘 충족시킬 수 있는 선택을 하기 위해 양식을 인식하는 과정에 대해 느낀 점을 적어 보자. 어려운 점이 있다면 뭐든지 적어 본다. 그 과정이 도움이 되었는가? 도움이 되지 않았는가? 인지적 수준에서는 어땠는가? 정서적 수준에서는?

_____

_____

_____

_____

_____

_____

_____

_____

건강한 성인 양식에 어떻게 접근하는가? 건강한 성인 양식에 연결하는 데 플래시카드 훈련이 도움이 되었는가? 이러한 연결을 방해하는 것이 있었는가(예: 비판 양식 등)?

_____

_____

_____

_____

_____

_____

_____

_____

_____

_____

인지적 해독제 작업을 할 때의 생각과 비교했을 때 다른 점이 있었는가? 건강한 성인 양식 연결을 유지하는 데 도움이 되도록 개인적 삶이나 직업적 삶에 필요한 것이 무엇인가? 이 연결을 어렵게 하는 상황에는 어떤 것들이 있는가?

_____

_____

_____

_____

_____

_____

_____

_____

_____

_____

집중하기로 정했던 문제나 스스로에 대한 양식 모형이 변화했을 때(강도를 포함하여) 그것을 확인할 수 있는 방법이 있는가? 만약 그렇다면 어떻게 하는가?

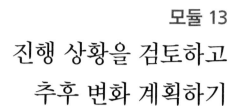

모듈 13
진행 상황을 검토하고
추후 변화 계획하기

내담자 입장에서 저의 기저 심리도식들, 그것들의 활성화, 다양한 양식의 활성화를
확인한 경험은 이러한 경험을 하고 있는 내담자를 공감하고 이해할 수 있게 하는 데 엄
청난 도움이 되었습니다.

– 자기실천 · 자기성찰 참여자

이 모듈에서는 완료된 작업의 효과를 평가하고 양식–심리도식 원형 도표 평가를 반복한다. 우리는 또한 이 시점에서 양식 작업으로 이동하고 취약한 아동 양식에 대한 치유가 바람직한지, 그리고 계속한다면 여러분의 목표가 무엇인지를 결정한다.

자신의 양식–심리도식 원형 도표 복습

이제 두 번째 양식–심리도식 원형 도표를 그릴 때이다. 우리는 여러분에게 처음 그렸던 도표를 보지 않고 바로 새로운 양식–심리도식 원형 도표를 그릴 것을 제안한다.

예시. 줄리아의 양식–심리도식 원형 도표 2

줄리아의 두 번째 양식–심리도식 원형 도표가 다음과 같이 제시되어 있다.

줄리아의 양식–심리도식 원형 도표 2

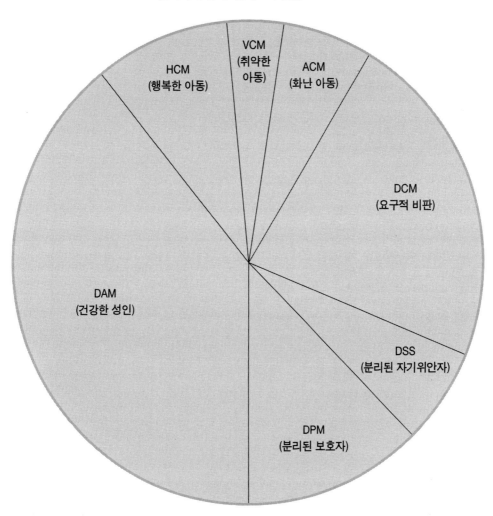

✍️ **훈련.** 나의 양식–심리도식 원형 도표 2

이제 다음 쪽에 자신의 양식–심리도식 원형 도표를 완성해 보자.

나의 양식-심리도식 원형 도표 2

날짜: _____

최근 2주간을 기준으로 경험했던 양식을 다음의 원에 선으로 나누어 제시해 본다.

양식 종류의 약어: VCM, 취약한 아동; ACM, 화난 아동; I/UCM, 충동적인/비훈육된 아동; DCM, 요구적 비판; PCM, 처벌적 비판; AVM, 회피적 대처 양식; DPM, 분리된 보호자; DSS, 분리된 자기위안자; CCM, 과잉보상 대처 양식; POC, 완벽주의적 과잉통제자; BAM, 가해자 공격; SAM, 자기과시자; AAP, 인정/승인 추구; CSM, 순응적 굴복자; HAM, 건강한 성인; HCM, 행복한 아동.

여러분의 양식–심리도식 원형 도표를 보라. 긍정적이거나 부정적인 변화가 있는가? 긍정적인 변화는 부적응적 대처 양식이나 역기능적 비판 양식의 시간의 양이 줄어들거나 건강한 성인 양식과 행복한 아동 양식의 시간의 양이 늘어난 것이다. 선천적 아동 양식의 변화는 훨씬 덜 명확하다. 때때로 사람들은 심리도식치료의 초기 회기에서 스스로가 고통스러운 감정과 선천적 아동 양식들에 대해 더 많이 알게 된다는 것을 발견한다. 이러한 반응은 인식의 향상을 반영할 수 있기 때문에, 취약한 아동 양식의 일시적인 증가는 긍정적인 변화로 본다. 하지만 이러한 향상된 인식은 일시적으로 불편할 수도 있다. 우리는 그것을 동상에서 회복하는 것에 비유한다. 만약 여러분의 팔다리가 아프다면, 그것은 그들이 치유되고 있으며 정상 기능으로 돌아갈 것이라는 신호이다. 만약 그들이 계속 무감각하다면, 여러분은 곤경에 처하게 될 것이다. 정서적 치유는 고통스러울 수 있지만, 그것은 향상된 정서적 건강으로 이끈다. 유사한 방식으로, 화난 아동 양식의 일시적인 증가는 그가 이전에 자신의 분노를 차단했다면 긍정적인 변화로 볼 수 있다. 하지만 일반적으로 충동적인 아동 양식이나 비훈육된 아동 양식에 소비한 시간의 증가는 보통 긍정적인 변화로 보지 않는다.

✍ 훈련. 나의 자기실천 · 자기성찰 작업 검토하기

아동 양식과 비판 양식에 대한 추가적인 경험적 작업을 활용한 자기실천으로 나아갈 것인지에 대한 선택을 내리기 위해 다음의 질문에 응답하라.

1. 자기실천 · 자기성찰 작업이 전문적 삶에 영향을 미쳤는가? 예컨대, 슈퍼비전이나 내담자와의 회기, 동료들 간의 관계에 있어서 말이다.

2. 여러분의 개인적 삶에는 어떤 영향을 미쳤는가?

----

3. 불안감이나 우울이 증가된 것을 느꼈는가?

----

4. 자기실천 · 자기성찰 작업으로부터 혜택을 받아 지금도 계속해서 진행하고 싶은가?

📌 **노트**. 이들 질문에 대한 응답과 자기실천 · 자기성찰의 처음 12개 모듈의 전반적인 경험을 통해 여러분은 프로그램의 제3부로 넘어갈 것인지, 제2부를 다시 한번 반복할 것인지, 혹은 자기실천 · 자기성찰 작업을 여기서 끝낼 것인지 정할 수 있다. 지금은 또한 슈퍼바이저나 개인치료자의 도움을 함께 받을지 평가해 보는 시간이다. 이런 종류의 검토와 평가는 심리도식치료의 전형적인 모습을 보여 준다. 심리도식치료에서 이러한 결정들은 회기의 횟수가 아닌 내담자의 부적응적 양식, 욕구 그리고 건강한 성

인 양식의 강도를 토대로 하여 정해진다. 이것처럼 보다 심층적이거나 기초적인 작업을 진행할 때는 치료의 진행 중 스스로의 삶도 살아 나가야 할 내담자들의 속도에 맞추는 것이 중요하다. 물론 이러한 관점은 자신의 자기실천 작업에도 적용된다.

모듈 14~18의 경험적 작업은 심리도식치료의 주요 구성요소이다. 이 구성요소가 없으면 실제로 심리도식치료를 '했다'고 말할 수 없다. 숙련된 심리도식치료자(우리 모두는 이 접근과 관련해 25년 이상의 경력을 가지고 있다)로서, 이 경험적 작업이 해롭거나 지나치게 화나게 할 것이라고 예상하지 않는다. 제3장의 실제적 문제 부분에서 설명했듯이, 경험적 훈련들은 다양한 정도로 정서적으로 활성화되도록 설계되었으며, 이것이 효과적인 안전 계획을 개발하는 것이 중요한 이유이다. 만약 여러분이 상당한 스트레스를 받고 있거나, 심각한 심리적 외상이나 상실 혹은 슬픔에 잠겨 있는 때라면, 심리도식치료 자기실천 · 자기성찰 프로그램을 더 이상 진행하기를 꺼릴 것이다.

여러분은 지금이 취약한 아동 양식에 대해 작업해도 되는 시간인지 정하기 위해서는 모듈 14~18의 경험적 작업을 확인해야 할 수도 있다. 우리는 내담자들이 치료자의 도움을 받아 심리도식치료에서 이 작업을 수행하도록 요청한다. 물론 이 모듈 중 하나를 건너뛰어 건강한 양식(행복한 아동과 건강한 성인)들을 강화하는 모듈 19와 20으로 이동한 다음 자기성찰 요약을 끝마칠 수도 있다. 하지만 우리는 여러 가지 이유로 모듈 14~18을 꼭 시도해 보라고 강하게 격려한다. 제3장에서 논의한 바와 같이 심리도식치료는 치료자들이 진정으로 회기에 참석하기를 요구한다. 결국 이 존재는 강한 감정에 대한 많은 자기인식과 위안을 요구한다. 만약 치료자가 자신의 취약한 아동 양식 경험과 정서적 욕구를 확인하지 못한다면, 심리도식치료는 그러한 치료자들이 사용하기에 알맞은 모형이 아닐 수 있다.

양식별로 성취된 변화에 대한 자기실천 검토

자기실천 · 자기성찰 작업을 계속할지 여부의 결정을 돕기 위해 우리는 각 양식에서 여러분이 성취했던 긍정적 변화를 검토하고 어떤 추가적 작업이 필요할지 확인해보기를 추천한다. 다음에 페니의 자기실천 검토가 제시되어 있다.

페니의 자기실천 검토

심리도식	엄격한 기준 나는 결함/수치심 심리도식이 관련되어 과잉보상적 양식을 촉발시키는 것 같다는 것을 알게 되었다.
부적응적 대처 양식	완벽주의적 과잉통제자
어떤 것이 변화했는가?	나는 다른 사람들과 함께 있을 때 이 심리도식의 촉발을 느낄 수 있게 되었다. 그래서 나는 조금 더 톤을 낮출 수 있게 되었다. 나는 내 목소리가 우리 어머니의 말처럼 들리기 시작할 때, 숨을 좀 쉬면서 상승을 멈추는 것이 필요하다는 것을 알았다.
어떤 작업이 마저 남아 있는가?	아직도 양식이 많이 촉발된다. 그 양식이 힘이 세져서 나를 과도한 업무로 몰아넣는 것을 더 잘 눈치채야 한다.
역기능적 비판 양식	요구적 비판
어떤 것이 변화했는가?	나는 다시 이 양식이 촉발되는 것을 알고 있다. 나는 이러한 비판을 상쇄하기 위해 나의 좋은 부모 메시지를 이용한다.
어떤 작업이 마저 남아 있는가?	나는 여전히 비판 양식의 비판과 추진력이 대단하다고 느낀다. 나는 내 취약한 아동 양식에 대한 비판 양식의 영향에 관련해서 조금 더 작업하고 싶다.
취약한 아동 양식	슬프고 외로운 아이
어떤 것이 변화했는가?	내가 과도하게 일하고 있을 때 어린 페니의 욕구를 눈치챈다. 어린 페니는 놀 시간을 갖고 싶어 한다.
어떤 작업이 마저 남아 있는가?	나는 놀이나 휴식의 필요에 더 주의하고 그것만을 위한 시간을 더 내야 한다.
다른 아동 양식(특정 유형)	비훈육된 아동 양식
어떤 것이 변화했는가?	나는 일과 놀이의 균형을 맞추기 위한 나의 방법으로 더 이상 일을 하지 않을 때를 본다.
어떤 작업이 마저 남아 있는가?	끊임없이 일하고 나서 반항하고 아무것도 하지 않는 것보다는 노는 시간을 허용한다면 더욱 효과적일 것이다. 그렇게 되면 나는 비판적 양식이 활성화되면서 그 휴식을 온전히 즐길 수 없다.
행복한 아동 양식	
어떤 것이 변화했는가?	딱히 그렇지도 않다.
어떤 작업이 마저 남아 있는가?	나의 이 부분에 대해서는 좀 더 알아봐야 할 것 같다.
건강한 성인 양식	
어떤 것이 변화했는가?	역기능적 양식이 촉발되는 대신 이 건강한 부분으로 접근할 수 있게 되었다.
어떤 작업이 마저 남아 있는가?	완벽주의적 과잉통제자나 비판 양식에 대해서는 많은 발전이 있었지만, 여전히 내 어린 페니의 슬픔이나 외로움을 눈치챘을 때는 자주 차단한다. 많은 업무 때문에 나는 어린 페니를 자주 잊고 무시하곤 한다.

✍️ 훈련. 나의 자기실천 검토

다음의 나의 자기실천 검토를 완성하라.

나의 자기실천 검토

심리도식	
부적응적 대처 양식	
어떤 것이 변화했는가?	
어떤 작업이 마저 남아 있는가?	
역기능적 비판 양식	
어떤 것이 변화했는가?	
어떤 작업이 마저 남아 있는가?	
취약한 아동 양식	
어떤 것이 변화했는가?	
어떤 작업이 마저 남아 있는가?	
다른 아동 양식(특정 유형)	
어떤 것이 변화했는가?	
어떤 작업이 마저 남아 있는가?	

행복한 아동 양식	
어떤 것이 변화했는가?	
어떤 작업이 마저 남아 있는가?	
건강한 성인 양식	
어떤 것이 변화했는가?	
어떤 작업이 마저 남아 있는가?	

출처: Joan M. Farrell & Ida A. Shaw, *Experiencing Schema Therapy from the Inside Out: A Self-Practice/Self-Reflection Workbook for Therapists*. Copyright ⓒ 2018 The Guilford Press. 이 표의 복사본은 이 책의 구매자가 개인적인 용도로 쓸 때만 허용됨. 학지사 홈페이지(www.hakjisa.co.kr)에서 다운로드 할 수 있음.

만약 계속해서 자기실천 · 자기성찰 작업을 지속하고 싶다면, 지금까지 해 온 작업과 확인된 문제에 대한 증가된 이해를 성찰하기 위해 양식별로 설정한 목표를 새로 갱신한다.

 예시. 페니의 자기실천 · 자기성찰 작업의 지속을 위한 양식별 목표

취약한 아동 양식 어린 페니	어린 페니에 대한 나의 인식(그녀의 감정과 욕구들)을 향상시킨다.
다른 아동 양식 어린 반항자	이 양식이 나타나는 것을 놀이나 휴식을 위한 시간이 필요하다는 신호로 사용한다.
역기능적 대처 양식 미스 완벽	내가 학생들을 너무 과도하게 관리하려고 할 때에 관한 인식을 향상시키고 손을 뗀다.
역기능적 비판 양식 노예 감독	그녀가 휴식 시간을 가지는 것에 대해 비판할 때 "너는 감독자가 아니야!"라고 그녀에게 크게 외친다.
건강한 성인 양식 좋은 부모 페니	어린 페니의 목소리를 듣고 그녀의 욕구를 충족시킬 수 있게 한다.

행복한 아동 양식 행복한 아동 페니	노는 방법을 배우고 그것을 온전히 즐길 수 있게 한다.

✍️ **훈련.** 나의 자기실천 · 자기성찰 작업의 지속을 위한 양식별 목표

자기실천 · 자기성찰 작업을 지속하기 위한 양식별 목표를 다음에 적어 보자.

취약한 아동 양식	
다른 아동 양식	
역기능적 대처 양식	
역기능적 비판 양식	
건강한 성인 양식	
행복한 아동 양식	

자기실천 · 자기성찰 작업을 지속하기 위한 장단점 목록

이 결정을 내리기 위해 지난 두 개의 훈련을 통해 수집한 정보를 가지고 장단점 목록을 만드는 것이 유용하다.

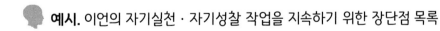 **예시.** 이언의 자기실천 · 자기성찰 작업을 지속하기 위한 장단점 목록

다음에 이언의 장단점 목록이 제시되어 있다. 이언은 비용보다 혜택이 더 많았기 때문에 자기실천 · 자기성찰 작업을 계속하기로 결정했다. 그는 또한 단점란에서 그의 심리도식 메시지들이 존재한다는 것도 알게 되었다(예: 특권의식의 메시지).

이언의 자기실천 · 자기성찰 작업을 지속하기 위한 장단점 목록

자기실천 · 자기성찰 작업을 지속해야 하는 이유	자기실천 · 자기성찰 작업을 중지해야 하는 이유
1. 직장에서나 집에서 가해자-공격 양식이 나를 지배하는 횟수를 줄이기 위해 조금 더 해야 할 작업이 있다. 2. 나는 가해자 이언보다 건강한 이언을 떠올릴 때 수치스럽거나 당황스러운 감정이 훨씬 덜하다. 3. 나의 심리도식치료 기술의 향상에 대한 슈퍼바이저로부터의 피드백을 들어야 한다. 4. 나는 내 행동에 책임을 져야 한다. 다른 사람 탓이 아니다. 5. 아내와 더 가깝고 안정적인 관계를 유지하고 싶다. 아내를 상처주고 밀어내고 싶지 않다. 6. 직장에서 '성마른 사람'처럼 보이고 싶지 않다. 심리치료자로서 좋아 보이지 않는다. 7. 나는 여전히 운동을 할 시간이 있다.	• 나는 충분히 변화했다. 이것은 상당히 힘든 작업이다. • 왜 사람들은 내가 비판에 예민하고 해고되었다는 것을 이해하지 못하지? 왜 내가 변해야 하는 거지? • 나는 내 그대로도 좋다. • 내가 너무 좋아하는 여가 활동인 스포츠 등을 할 시간을 빼앗는다.

✏️ **훈련.** 나의 자기실천 · 자기성찰 작업을 지속하기 위한 장단점 목록

자기실천 · 자기성찰의 경험에 관하여 수집한 정보를 통해 계속할지 말지의 결정을 하기 위한 장단점 목록을 만들어 보자.

나의 자기실천 · 자기성찰 작업을 지속하기 위한 장단점 목록

자기실천 · 자기성찰 작업을 지속해야 하는 이유	자기실천 · 자기성찰 작업을 중지해야 하는 이유

여러분의 결정은 무엇인가?

자기성찰적 질문

이제 워크북의 반을 끝냈다. 지금까지의 자기실천 훈련에 대한 전반적인 반응을 어떻게 설명할 수 있는가?

이 과정을 진행하면서 자신에 대해 어떤 것을 발견했는가? 그 발견이 '개인적인' 것과 '치료자적인' 것 중 어떤 것에 더 가까운가? 자기실천에 대한 경험 중 특히 눈에 띄는 것이 있는가?

_____

_____

_____

_____

_____

_____

_____

_____

_____

_____

_____

자기성찰적 질문들에 대한 전반적인 반응은 어떻게 요약할 수 있는가? 성찰적 과정
에 대한 어려움을 확인할 수 있었는가? 이 경험을 개선하기 위해 취할 수 있는 어떤 단
계들이 있는가?

_____

_____

_____

_____

_____

_____

_____

_____

_____

_____

　진행 상황을 검토한 경험은 어땠는가? 어떤 어려운 점이 있었는가? 결과에 대해 놀란 점이 있었는가? 자기실천 · 자기성찰 참여와 관련한 자기비판이 있었는가? 만약 그랬다면 어떤 양식이 관련되어 있는가?

_____

_____

_____

_____

_____

_____

_____

_____

_____

_____

_____

　자기실천 과정에서 이 평가를 완료하는 것은 내담자가 동일한 작업을 할 때 느끼는 것에 대한 추가적 통찰력을 얻을 수 있는가? 자신의 경험에 근거하여 내담자들과 검토하는 방식을 바꿀 것인가?

_____

_____

_____

_____

치료과정 중 어려움을 느꼈던 특정 내담자를 머릿속으로 떠올릴 수 있는가? 자신의 과정을 검토하면서 배운 것들 중에 이 내담자와 관련이 있는 것이 있는가? 만약 그렇다면 이러한 새로운 이해를 실제로 어떻게 적용할 것인가? 언제, 어떻게, 어디서?

제5부

경험적 양식 변화 작업

워크북의 제5부에 있는 자기실천 · 자기성찰 작업을 계속하기로 결정했다면, 여러분은 선천적 아동 양식과 역기능적 비판 양식의 방해에 대한 경험적이고 정서 중심적인 개입들을 알게 될 것이다. 이러한 개입들은 정서적 단계에서 작동하며 심리도식을 변화시키기 위해 꼭 필요한 교정적 정서 경험을 제공한다. Young(Young et al., 2003)은 심리도식치료의 이러한 요소를 정서적 수준에서 심리도식과 싸우는 것이라고 표현했다. 학습은 감정이 있는 상태에서 더 극적이고 더 빨리 일어난다. 심리도식치료의 주요 경험적 개입은 심상 재구성하기, 양식 대화, 이행 대상의 사용, 놀이, 그 외의 창조적이며 상징적인 작업(비판 인형, 건강한 성인의 힘을 보여 주는 팔찌의 구슬)과 같은 심상적 작업이다. 어떤 작업들은 초기 발달적 단계를 목표로 하며 치료자를 '좋은 부모'로서 내면화하고 스스로를 진정시키는 방법을 배우도록 촉진한다. 이것들과 같은 많은 교정적 정서 경험은 심리도식치료와 심리도식치료 자기실천을 통해 촉진된다. 이것들은 양식과 심리도식의 측면에서 느껴지는 변화를 위해 심리도식치료가 인지행동치료에 추가한 개입이다. 내담자들은 가끔 우리에게 "머리로는 내가 가치 없지 않은 걸 아는데, 내가 나쁘고 무가치하다고 느낀다."라고 말하곤 한다. 모듈 14에서 18까지의 경험적 개입은 경험의 후자적 측면을 다룬다.

모듈 14는 화난 혹은 충동적인/비훈육된 아동 양식을 다루는 이 부분으로부터 시작한다. 미충족된 핵심 욕구에 대한 아동의 감정을 표현하는 것은 바로 화난 아동 양식이다. 가장 기본적인 단계에서 이것은 배가 고프거나, 기저귀가 젖었거나, 추울 때 신생아가 울거나 소리 지르는 것과 같다. 취약한 아동 양식은 미충족된 욕구의 불편감을 담고 있으며 화난 아동 양식의 밑바탕이 된다. **모듈 15**에서는 취약한 아동 양식의 인식과 자기연민을 구축하는 데 초점을 맞출 것이다. 그런 다음 **모듈 16**에서는 여러분의 건강한 성인 양식의 '좋은 부모' 기술에 접근함으로써 충족되지 못한 욕구를 충족시키기 위한 양식 관리 계획이 이어진다. 역기능적 대처 양식은 자신의 욕구를 충족시키는 행동을 위한 한 개인의 노력을 방해할 수 있다. **모듈 17**은 비판의 영향력을 감소시키기 위한 경험적 개입을 설명하고 있다. 제5부의 마지막 모듈인 **모듈 18**에서는 취약한 아동 양식을 치유하는 데 도움이 되는 심상 재구성하기 작업을 제시한다. 자기실천에서 재구성하기에 적합한 경험들은 무엇인지 설명되어 있다.

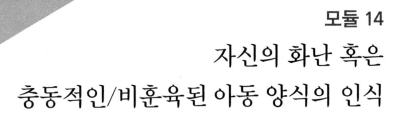

모듈 14
자신의 화난 혹은
충동적인/비훈육된 아동 양식의 인식

파트너와의 훈련에서 좌석에서 밀어내려고 수건을 당긴 후 감정의 방출을 경험했을 때 내 자신의 분노의 깊이에 놀랐던 경험이 있었기 때문에 자신이 완전히 알지 못하는 분노를 방출하기 위해 신체적 개입을 하는 것이 중요한 정보를 알려 주기도 한다는 사실을 내담자에게 힘주어 말할 수 있게 되었습니다. 저는 더 이상 그것들이 우스꽝스러운 일이 아니라는 것을 알게 된 것입니다.

– 자기실천 · 자기성찰 참여자

이 모듈에서는 양식 관리 계획과 심리도식치료 플래시카드의 개발을 통해 여러분의 화난 혹은 충동적인/비훈육된 아동 양식을 다룰 것이다.

🖊 노트. 분노는 화난 아동 양식의 주된 감정이다. 만약 이 양식 상태에 있다면 화, 격분, 좌절감, 혹은 짜증과 같은 감정을 느낄 것이며, 즉각적 상황에 비해 '너무 크거나' 성인으로서 적절해 보이지 않는 방식으로 분노를 분출하게 된다. 허기, 보호 혹은 편안감과 같은 욕구가 충족되지 않은 아이가 떼쓰고 화내는 것과 비슷할 수 있다. 반응은 분노 표출을 넘어 충동적인 행동으로 이어질 수도 있다. 기저 욕구를 충족시키기

위해 조치를 취할 때, 충동적인 아동 양식이 촉발된다. 충동적인 아동 양식 상태에 있을 때, 일어날 수 있는 부정적 결과에 대한 고려 없이 행동하게 된다. 충동적인 아동 양식 상태에서 화난 아동 양식과 같은 감정을 느끼지만, 거기에 더해 욕구를 충족시키기 위해 이기적이거나 통제되지 않는 행동을 하게 되며 '응석받이'로 보일 수 있다. 분노와 관련한 인식 없이도 제멋대로 행동하기도 한다. 이 경우에 우리는 그것을 화난 아동 양식보다는 충동적인 아동 양식이라고 부른다. 이 양식을 부르는 다른 이름은 비훈육된 아동 양식이다. 이 양식 상태에서 절제된 행동은 일어나지 않는다. 예를 들어, 내일까지 끝내야 하는 평가 보고서를 끝내는 대신에 TV 오락 프로그램을 시청한다. 그것은 장기적인 목표를 고려하지 않고, 직업을 유지하는 것과 같은 비핵심적인 욕구를 충족시키는 한 형태이다.

이러한 세 가지의 양식, 즉 화난, 충동적인 그리고 비훈육된 양식은 아동기 욕구가 충족되지 못한 것에 대한 선천적인 반응이다. 이들 양식은 현재 성인의 삶을 살고 있는 중에 초기부적응도식을 활성화시키는 상황에서 촉발된다. 따라서 반응은 해당 상황에 대한 즉각적인 반응일 뿐만 아니라, 욕구가 충족되지 않은 아동기 상황에 대한 반응이다. 사람이 건강한 성인 양식일 때, 분노는 상황의 강도와 필요성에 맞는 적극적인 방식으로 느끼고 표현되는 감정이다. 분노가 언어적 공격, 욕설, 소리 지르기, 혹은 신체적 공격을 사용하는 것과 같이 현재 상황에 부적합한 방식으로 표출되었을 때 그것은 바로 역기능적 양식이 연관되었다는 단서이다. 이 양식들의 표출에 대한 문제는 두 가지이다. 그것은 대부분 기저 욕구를 충족시키지 못하며, 다른 사람의 눈에 어떻게 비치는지와 대인관계 관점에서 부정적인 결과를 가져온다.

심리적인 문제를 가진 많은 사람은 화가 난 아이가 어떻게 반응해야 하고 어떻게 화를 안전하게 표현하도록 도와야 하는지를 보여 주는 건강한 모델을 가져 본 적이 없다. 종종 그들은 분노의 표현으로 벌을 받거나 화를 내는 것은 '괜찮지 않다'는 메시지를 받았다. 따라서 그들은 자신의 화난 아동 양식의 욕구들을 다루는 방법을 전혀 배우지 않았다. 어떤 사람들은 자신의 화난 아동 양식을 너무 오랫동안 억제해 왔기 때문에 자신이 화가 난 감정을 발견하기까지 시간이 좀 걸린다. 다른 사람들은 자신의 분노를 두려워하며 화난 아동 양식 상태에서는 스스로를 통제할 수 없다고 생각한다. 그들은 가끔 분노가 '나쁜' 것이라고 배우며 자라왔다. 즉, 그것은 누군가가 고함치고, 때리고, 심하게 처벌받을 것이라는 것을 의미한다. 그들의 분노에 대한 유일한 본보기는 아마도 통제를 벗어난 무서운 성인이었을 것이다. 그들은 현재에서 분노를 허용하게 되면 그들이 스스로 통제를 잃거나 '미친 듯이' 되어 버릴까 봐 두려워한다. 성격장애자들과 신체적 학대 경험이 있는 사람들, 건강한 성인 양식에 잘 접근하지 못하는 사람들을 포함한 내담자들을 위해 안전한 감정 분출을 설계하는 것이 더 어려울 것이다. 이것은 치료자가 진행하는 회기에서 적절한 안전과 심지어 즐거운 요소들을 포함하는 여러 가지 방법을 통해 천천히 작업될 수 있다(Farrell & Shaw, 2012; Farrell, Reiss, & Shaw, 2014).

여러분 자신 혹은 여러분의 내담자가 화난 아동 양식 상태에 있을 때 중요한 것은 스스로가 분노를 표현할 수 있는 안전한 방법을 가지고 있으며, 무엇이 화나게 하는지 말하고, 욕구를 표현하는 것이다. 이것은 일반적으로 하나가 아닌 여러 개일 수도 있으며, 심지어 엄청나게 많은 것이 쌓여 있을 수도 있다. 성인 양식에서는 화난 아동 양식에 귀를 기울이고, 기저 욕구를 듣고, 진지하게 받아들이고, 그 모든 것을 기억하는 것이 중요하다. 이를 통해 아동기의 경험들에 근거하여 분노를 이해할 수 있는 자기검증을 하는 것이다. 분출과 검증 이후에 중요한 것은 화난 아동 양식의 욕구가 무엇인지, 그리고 그것을 채울 수 있는 선택지에는 무엇이 있는지 확인하는 것이다. 또 스스로가 나중에도 자기 자신, 타인, 혹은 관계를 해치지 않으면서 효과적이고 안전하게 분출할 수 있으려면 분노를 어떻게 다뤄야 하는지 확인하는 것도 중요하다.

자신의 화난 혹은 충동적인/비훈육된 아동 양식 인식하기

자기실천에서 치료자에게는 어느 정도의 건강한 성인 양식이 있을 것이라고 추측하며, 따라서 화난 아동 양식을 다룰 수 있는 비교적 가벼운 개입을 제공한다. 만약 이 양식이 스스로에게 특별히 어려운 양식 중 하나라면, 이 자기치료 작업을 심리도식치료자와 함께 해도 된다. 모듈 14에서 화난 아동 혹은 충동적인/비훈육된 아동 양식으로부터 확인된 문제에 영향을 미치는 양식을 선택한다.

예시. 이언의 화난 아동 양식 경험

나는 아내와 집안일을 동등하게 하려고 노력해 왔다. 결과적으로, 재활용품 내다버리기와 같은 새로운 일들도 맡게 되었다. 나는 재활용차가 수거하기 직전까지 기다렸다가 한 주간의 재활용품들을 모아 버리는 경향이 있다. 아내가 보기에 이러한 것들이 재활용차가 오기 전까지 준비하는 것을 잊어버렸다고 생각하게 한 모양이다. 내가 버리러 나갈 준비를 하려던 참에 아내가 두 번째 내게 말을 했고, 나는 욱해서 고함치고 화내며 그녀에게 "젠장, 그렇게 잔소리할 거면 혼자 알아서 하시든가!"라고 말했다. 아내는 그 말을 듣고 울었고, 시간이 지나자 나는 스스로 '괴물'이 된 것처럼 느껴졌다. 내 행동을 되돌아보니 나의 결함 심리도식이 활성화되어 나의 화난 아동 양식을 촉발시켰다는 것을 알게 되었다. 나는 나의 완벽주의와 아버지에게 혼나던 어린 시절의 경험 때문에 너무 과도하게 반응했다는 것도 알았다. 나는 아내에게 했던 말이 수치스러웠고, 그렇게 큰일을 저지른 것이 부끄러웠다. 그것은 내 반응의 강도를 설명하기에는 너무 작은 것이었다.

 예시. 이언의 화난 아동 양식 인식에 대한 분석

아동 양식 반응이 촉발되었다는 단서
나는 강렬한 분노를 느꼈고, 바로 소리를 지르기 시작했으며, 내가 일반적으로 느끼거나 믿고 있는 것들이 아닌 것들을 아내에게 말했다. 아내는 그냥 물어봤을 뿐인데 너무 크게 반응했다.

어떤 욕구가 연관되어 있는가?
역량, 신뢰, 자율성, 존중의 인정

어떤 초기부적응도식이 활성화되었는가?
결함/수치심

어떤 기억이 연관되어 있는가?
쓰레기 버리는 것을 잊어버리는 것과 같이 아버지가 생각하기에 잘못했다고 생각하는 나의 모든 작은 것에 대해 나를 쓸모없고 게으르다고 소리 지르던 기억

내가 일반적으로 취하는 행동에는 무엇이 있는가?
나는 생각하기도 전에 바로 상대방에게 소리를 지른다. 나는 그 사람에게 욕을 한다.

일반적인 결과는 어떠한가? 나의 욕구는 충족되었나?

아내의 경우, 아내는 울고 가 버렸다. 나는 내가 나쁜 사람인 것 같고, 죄책감을 느꼈다. 동료들의 경우, 그들은 나를 제한하려다가 역겨운 표정으로 가 버렸다. 나는 지금 소수의 동료가 나와 함께 일할 것이라는 것을 알게 되었다.

 예시. 줄리아의 비훈육된 아동 양식 경험

나의 아동 양식은 비훈육된 유형이다. 집으로 가져온 지루한 업무들을 해야 하는 오후에 때때로 나는 쉽게 TV 쇼에 유혹당하거나 친구를 불러 몇 시간 동안 수다를 떨었다. 그러고 나서야 내가 정말 피곤하고, 자정이 되었으며, 아직 아무것도 끝내지 않았다는 것을 알게 된다.

줄리아의 비훈육된 양식 인식하기 요약은 다음과 같다.

 예시. 줄리아의 비훈육된 아동 양식 인식에 대한 분석

아동 양식 반응이 촉발되었다는 단서

나는 가만히 있지 못했고 내일 슈퍼비전을 위해 검토해가야 할 사례 메모들을 살펴보기가 싫었다. 나는 지루하고 그냥 일하러 갈 수 없을 것 같다.

어떤 욕구가 연관되어 있는가?

자기통제

어떤 초기부적응도식이 활성화되었는가?

부족한 자기통제/자기훈련

어떤 기억이 연관되어 있는가?

1분 안에 다시 암송할 수 있을 때까지 라틴어미 격변화를 끝없이 써야 한다. 나는 너무 지루했다.

내가 일반적으로 취하는 행동에는 무엇이 있는가?

나는 그것을 무시하고 케이블에 나오는 드라마 시리즈를 보기 시작했다. 내가 원한 건 바로 이거야.

일반적인 결과는 어떠한가? 나의 욕구는 충족되었나?

다음 날 결국 준비하지 못했고 무능한 기분이 들었다. 슈퍼바이저는 내게 이 분석에 대해 실망했다고 말했고, 여기에 시간을 거의 들이지 않았다고 하는 것처럼 들렸다.

아니다. 나는 어떤 자기통제력도 사용하지 않았다.

✍️ **훈련.** 나의 화난 혹은 충동적인/비훈육된 아동 양식 분석에 대한 분석

이제 앞과 같이 여러분의 문제에 관련된 아동 양식에 대한 인식을 분석해 보라.

나의 화난 혹은 충동적인/비훈육된 아동 양식에 대한 분석

아동 양식 반응이 촉발되었다는 단서

어떤 욕구가 연관되어 있는가?

어떤 초기부적응도식이 활성화되었는가?

어떤 기억이 연관되어 있는가?

내가 일반적으로 취하는 행동에는 무엇이 있는가?

일반적인 결과는 어떠한가? 나의 욕구는 충족되었나?

자신의 양식 관리 계획

인식은 양식 변화의 첫 번째 단계이다. 다음은 바로 양식이 촉발되었을 때 욕구를
더 잘 충족시킬 수 있는 건강한 방법으로 어떻게 반응해야 할지에 대한 계획을 만드는
것이다.

 예시. 이언과 줄리아의 양식 관리 계획

앞서 제시한 그들의 인식 분석을 토대로, 이언과 줄리아는 다음 양식 관리 계획을
작성하였다.

이언의 화난 아동 양식 관리 계획

이 양식은 어떨 때 촉발되는가?	비판당하거나 내가 무엇을 해야 할지 이야기 듣는 경우
어떤 초기부적응도식이 이 양식을 촉발시키는가?	결함/수치심
어떤 양식이 연관되어 있는가?	인정, 자율성
이 양식에 대한 인식을 어떻게 사용하여 중지하고 선택할 수 있는가?	폭발하기 전에 화난 아동 양식이 촉발되었다는 단서를 인식한다. 나는 내 목에서 얼굴로 열이 올라오는 느낌을 알아차리고, '내게 이래라 저래라 하지 마.'라는 생각을 알아차릴 수 있다.
만약 필요한 경우, 잔여 분노를 안전하게 분출하려면 어떻게 해야 하는가?	나는 그런 단서를 발견할 때마다 세 번 심호흡을 한다. 만약 그러고 나서도 계속해서 강한 분노가 느껴진다면 잠시 시간을 가지고 그 문제에 대해 나중에 이야기하자고 요청한다.
욕구를 건강한 방법으로 충족시키려면 어떻게 해야 하는가?	상기시키는 말에 왜 내가 그토록 강하게 반응하는지 사라에게 말할 수 있다. 나는 사라에게 재활용품 수거 30분 전에 알람을 맞춰 놓아 컴퓨터에 팝업으로 뜬다는 것을 설명함으로써 유능하고 가치 있는 사람으로 대접받고자 하는 나의 욕구를 충족시키기 위해 약간의 조치를 취할 수 있다. 나는 사라에게 계속해서 내게 해야 할 일을 상기시키는 것은 속상한 일이며, 내가 스스로 할 수 있게 더 이상 상기시키지 말아 달라고 부탁한다.
결과가 어땠는가? 욕구가 충족되었는가?	그녀는 나의 예전 기억을 들으니 나의 감정을 이해할 수 있다고 이야기했고, 내가 유능하고 책임감 있다는 것을 알고 있다고도 했다. 그녀는 집안일에 대해 정해진 시간에 내가 스스로 계획대로 할 수 있게 해 주기로 했다. 그렇다.
내 건강한 성인의 어떤 메시지를 이 모델의 해독제로 사용할 수 있는가?	"아빠가 널 대하는 방식 때문에 네가 왜 그렇게 화가 나고 굴욕감을 느끼는지 이해해. 하지만 이 사람은 아빠가 아니고 사라야. 그리고 그녀는 너를 깔보거나 비난하려고 하지 않았어."

줄리아의 비훈육된 아동 양식 관리 계획

이 양식은 어떨 때 촉발되는가?	기한을 정해 놓고 일을 시작해야 할 때
어떤 초기부적응도식이 이 양식을 촉발시키는가?	부족한 자기통제/자기훈련
어떤 양식이 연관되어 있는가?	자기통제
이 양식에 대한 인식을 어떻게 사용하여 중지하고 선택할 수 있는가?	내가 의자에 앉아 케이블 채널을 돌리기 시작할 때, 나는 바로 그만두고 해야 할 일에 집중해야 한다.
만약 필요한 경우, 잔여 분노를 안전하게 분출하려면 어떻게 해야 하는가?	마음껏 노는 대신에 일을 해야 할 필요성에 대해 크게 불평할 수 있었다.

욕구를 건강한 방법으로 충족 시키려면 어떻게 해야 하는가?	나는 저녁에 휴식을 취하고 오락거리를 가질 수 있는 시간을 갖도록 할 수 있을 뿐만 아니라 일을 끝낼 수 있는 충분한 시간도 할당할 수 있었다.
결과가 어땠는가? 욕구가 충족 되었는가?	슈퍼비전 준비를 하고 있던 다음 날 기분이 훨씬 좋아졌고, 드라마 시즌 하나를 볼 수 있다는 것에 만족했다.
내 건강한 성인의 어떤 메시지 를 이 모델의 해독제로 사용할 수 있는가?	"우리는 내일 일을 위해서 저녁 시간을 좀 써야 하지만, 놀 시간도 남 아 있어. 먼저 일하고 난 다음에 편하게 놀자."

노트. 이언의 예시에서 볼 수 있듯이, 화난/충동적인 아동 양식의 혼란은 현재 성인으로서 해결하기에 비교적 간단한 문제일 수 있지만, 이해되거나 논의되지 않고 관리 계획이 형성되지 않을 경우 관계를 손상시킬 수 있다. 심리도식치료의 목표는 건 강한 성인 양식이 화난 아동 양식이 분노를 무해한 방법으로 분출하도록 돕고, 시간이 지난 후에는 그 분노를 건강한 자기주장의 기술로 분출할 수 있게 그 통로를 바꾸게 하 는 것이다. 자신의 개인적 경계선을 명확하게 하고, 욕구를 표현하며, 목표에 도달하 기 위해 건강한 성인 양식으로부터 이러한 기술을 사용할 수 있다. 같은 방식으로, 줄 리아의 경우 그녀가 자신의 비훈육된 아동 양식을 대신할 수 있는 선택을 하고 있다는 인식은 그녀가 결과를 고려하도록 했고, 자기통제의 욕구를 가지고 놀이의 욕구를 관 리할 수 있는 방법을 찾을 수 있게 했다.

양식 관리 계획은 인지적 · 경험적 그리고 행동적 패턴 파괴 개입을 사용한다. 이언 의 예에서 **인지적 수준**은 현실 검증('이 사람은 아빠가 아니고 사라야. 그리고 사라는 너를 깔보거나 비난하려고 하지 않았어.')을 통해서 다루어진다. **경험적 수준**은 사라의 검증('그 녀는 나의 예전 기억을 들으니 나의 감정을 이해할 수 있다고 이야기했고, 내가 능력 있고 믿을 만하다는 것을 알고 있다고도 했다. 그 말을 들으니 기분이 좋았다.')에 의해 다루어진다. **행 동적 패턴 파괴 요소**(화난 아동 양식이 촉발되는 것을 알아채면 건강한 성인 양식을 떠올릴 수 있을 때까지 행동 취하는 것을 유예하기) 또한 존재하고 있다.

훈련. 자신의 화난 혹은 충동적인/비훈육된 아동 양식을 위한 양식 관리 계획

이제 여러분의 화난/충동적인 아동 양식을 위한 양식 관리 계획을 세워 본다.

나의 화난 혹은 충동적인/비훈육된 아동 양식 관리 계획

이 양식은 어떨 때 촉발되는가?	
어떤 초기부적응도식이 이 양식을 촉발시키는가?	
어떤 양식이 연관되어 있는가?	
이 양식에 대한 인식을 어떻게 사용하여 중지하고 선택할 수 있는가?	
만약 필요한 경우, 잔여 분노를 안전하게 분출하려면 어떻게 해야 하는가?	
욕구를 건강한 방법으로 충족시키려면 어떻게 해야 하는가?	
결과가 어땠는가? 욕구가 충족되었는가?	
내 건강한 성인의 어떤 메시지를 이 모델의 해독제로 사용할 수 있는가?	

출처: Joan M. Farrell & Ida A. Shaw, *Experiencing Schema Therapy from the Inside Out: A Self-Practice/ Self-Reflection Workbook for Therapists*. Copyright ⓒ 2018 The Guilford Press. 이 표의 복사본은 이 책의 구매자가 개인적인 용도로 쓸 때만 허용됨. 학지사 홈페이지(www.hakjisa.co.kr)에서 다운로드 할 수 있음.

심리도식치료 해독제 플래시카드

다음으로, 우리는 행동적 패턴 파괴 작업을 시각적으로 돕기 위해 플래시카드(단축형)로 각 양식 관리 계획을 요약할 것이다. 플래시카드는 부적응적 양식에 대해 얻은 인식을 상기시켜 주고, '투쟁, 도피, 얼어버림' 상황에서의 대안적 계획, 즉 건강한 성인 양식에 접근할 수 있는 선택지를 제공하기 때문에 중요하다.

 예시. 이언의 화난 아동 플래시카드와 줄리아의 비훈육된 아동 플래시카드

> 이언: 과거에 비해 나의 분노 감정이 더 크다는 것을 알아챘을 때 나는 내 안의 건강한 이언 부분을 떠올리며, 세 번의 심호흡을 하고, 내게 필요한 것이 무엇인지, 그것을 어떻게 어른스럽게 충족시킬 수 있는지 확인한다. 나는 화난 이언에게 아버지가 나를 어떻게 다루었는지 알기 때문에 그의 강렬한 감정을 이해한다고 말해 준다.

> 줄리아: 일이 끝나고 집에 와 TV 앞 소파에 앉고 싶을 때, 나는 건강한 성인 줄리아를 떠올리고 내가 일해야 할 시간과 놀아야 하는 시간의 양을 결정한다. 나의 비훈육된 줄리아가 얼마나 강한지 알기 때문에, 내일까지 해야 할 일을 먼저 하고, 그다음 그 보상으로써 TV를 볼 수 있도록 하는 계획을 세운다.

훈련. 나의 화난 혹은 충동적인/비훈육된 아동 양식 플래시카드

과제

다음 모듈로 넘어가기 전까지 양식 관리 계획과 플래시카드를 사용해 보라. 그 결과와 여러분의 경험에 대해 적어 본다.

자기성찰적 질문

화난 혹은 충동적인/비훈육된 아동 양식을 위한 자기실천 훈련을 할 때 전반적으로 느껴졌던 즉각적 반응은 무엇이었는가? 자신의 이 부분에 대해 생각하는 것이 쉬웠는가, 어려웠는가, 혹은 불편했는가? 훈련을 하면서 특정 감정, 신체 감각이나 사고를 경험하였는가?

아동 양식들 중 하나에 속하는 아동기 기억에는 무엇이 있는가? 거기에 어떻게 반응했는가? 기저 욕구가 이해되거나 충족되었는가?

이러한 아동 양식 중 하나를 경험했을 때 다른 양식으로 전환한 적이 있는가? 만약 있다면 어떤 것이었는가?

_____

_____

_____

_____

_____

_____

_____

_____

_____

_____

_____

_____

_____

화난 혹은 충동적인/비훈육된 아동 양식을 위한 내면의 좋은 부모의 태도는 어떤가?

_____

_____

_____

_____

_____

_____

_____

_____

_____

_____

_____

_____

_____

_____

내면으로부터 이러한 양식 훈련을 경험한 후, 이러한 양식에 대한 내담자의 경험을 이해하는 데 다른 점이 생겼는가? 이러한 양식 상태의 내담자와 작업할 때 다르게 하고 싶은 것이 있는가?

_____

_____

_____

_____

_____

_____

_____

_____

_____

_____

_____

_____

모듈 15
자신의 취약한 아동
양식 인식하기

저는 치료자가 압도당하지 않도록 자신의 취약한 아동 양식에 다가서서 바라볼 수
있어야 한다고 생각합니다. 그래야 내담자의 취약한 부분을 공감할 수 있기 때문이죠.
저는 심상 작업을 하던 중 제가 얼마나 작고 외로운 아이였는지 알게 되었을 때 느꼈던
큰 감정에 놀랐습니다. 저는 정말로 내담자에게 이것을 쓰고 싶습니다.

— 자기실천 · 자기성찰 참여자

이 모듈은 여러분이 취약한 아동 양식 상태에 있을 때 현존하는 감정과 욕구를
확인하는 데 초점을 맞추고 있다. 우리는 심상을 포함한 경험적 개입을 씀으
로서 이 양식 상태에 있을 때 생기는 감정과 욕구에 접근할 수 있게 하며 건강한 방식
으로 현재의 욕구를 충족시키기 시작할 수 있게 한다.

📌 **노트.** 취약한 아동 양식 상태에서 우리는 아동기에 우리의 핵심 아동기 욕구가
충족되지 못했을 때의 경험과 그것과 동반되는 감정을 경험하게 된다. 이러한 두려움,
불안, 슬픔, 외로움, 유기됨 등의 감정은 너무 강렬해서 심지어 우리 자신의 생존을 위
협하는 것처럼 느껴지기도 한다. 취약한 아동 양식 상태에서 우리는 다시 한번 무기력

한, 도움이 필요한 어린아이와 같은 느낌을 가지게 될 것이다. 심리도식치료 모형에서 취약한 아동 양식의 욕구를 다루기 위해 취한 생존 행동(투쟁, 도피 혹은 얼어버림)이 부적응적 대처 양식 중 하나로 개념화된다. 이러한 양식들은 모듈 8과 9에서 설명되고 작업되었다. 초기부적응도식의 핵심 신념들을 반영하며 취약한 아동 양식을 촉발시키는 부정적 메시지들은 역기능적 비판 양식으로 개념화된다. 이 양식은 모듈 10과 11의 인지적 및 행동적 개입, 모듈 17의 경험적 개입을 이용하여 설명되고 작업되었다.

　내담자들, 특히 성격장애 내담자들의 경우 아동기의 많은 핵심 욕구가 극단적인 방법으로 충족되지 않았다. 그들은 안전하거나 보호되고, 양육되거나 사랑받지 못했을 것이며 버림받았고, 학대받았으며, 방치되었을 것이다. 많은 치료자의 경우, 초기 환경의 실패는 그다지 심각하지 않을 것이다. 인정이 드물고 의도하지 않았던 것일 수 있다. 아마도 부모들은 직업에 몰두하고 있었고, 형제들 중 한 명은 병들어 있었으며, 추가적인 보살핌이 필요했을 것이고, 아동기 질병은 오랫동안 입원하고 부모로부터 멀리 떨어져 있어야 했으며, 어쩌면 부모는 군대에 있거나 단순히 정서적으로 억제되어 육체적으로 애정을 갖기 어려웠을 수도 있다. 물론 치료자의 아동기 환경 또한 내담자의 환경처럼 극심했을 수도 있다. 미충족된 어린 시절의 욕구로 이어지는 차이는 또한 아동의 기질과 부모의 기질 간 불일치의 결과로도 발생한다. 양립할 수 있는 기질이 부족하고 기질적으로 다른 아동의 욕구를 정확하게 평가하고 이해하지 못하는 것도 아동기 환경의 적절성에 중요한 역할을 한다. 초기 아동기의 욕구는 잘 충족되었지만, 자율성과 감정적 표현 등이 중심이 되는 청소년기의 욕구는 충족되지 않았을 수도 있다. 여기에서 교사, 코치 그리고 또래 집단들의 역할이 가장 중요하다. 따라서 취약한 아동 양식은 말을 하지 못하는 갓난아기 때부터 청소년기에 이르는 연속체로 이해될 수 있다. 따라서 내담자의 취약한 아동 양식과 여러분 자신의 아동 양식을 다룰 때 중요한 것은 나이를 고려하는 것이다.

　Young(Young et al., 2003)은 취약한 아동 양식 상태의 사람을 생존하기 위해 성인의 도움을 받아야 하는 세계에 있지만 그러한 돌봄을 받지 못한 어린아이와 같다고 설명한다. 취약한 아동 양식의 심각성은 그것이 적용되는 나이 범위와 같이 건강한 성인 양식이 동시에 얼마나 많이 존재하고, 관찰하고 개입할 수 있는지와 관련된 하나의 연속체라고 볼 수 있다. 건강한 성인 양식이 더 많이 존재할수록 취약한 아동 양식의 반응은 더 약해진다. 이 양식 상태에서 이러한 감정의 강도에 의해 거부하거나 혼란스러

취약한 아동 양식의 기술	취약한 아동 양식은 어떻게 발달하는가?	연관될 수 있는 심리도식
• 이 양식 상태에서 여러분은 슬프고, 미칠 것 같고, 두렵고, 사랑받지 못했으며, 패배감과 외로움을 느낀다. • 여러분은 무력하고 완전히 혼자 남겨졌다고 느끼며 자신을 돌봐 줄 사람을 찾는 데에 사로잡혀 있다. • 여러분은 자신을 구해줄 다른 사람들을 찾는다. • 이 양식 상태에 있는 성인의 경우 다양한 정도로 어린아이가 된 것 같은 느낌을 받는다.	이 양식은 핵심 아동기 욕구들 중 무엇인가가 충족되지 않거나 산발적으로 혹은 예측할 수 없게 충족되었을 때 발달된다. 여러분은 오랜 시간 동안 혼자 남겨져 있었을 수도 있고, 적절하지 않은 안전과 편안함, 양육을 받았을 수도 있으며, 신체적으로나 감정적으로 혹독하게 처벌받았을 수도 있고, 성과에 근거하여 애정이 보류되거나 혹독한 비판을 받았을 수도 있다. 중요한 것은 여러분의 핵심 욕구가 충족되는 데 어떤 부적절함이 있었다는 것이다.	• 유기 • 불신/학대 • 정서적 박탈, 결함/수치심 • 사회적 고립/소외 • 의존성/무능감 • 위험이나 질병에 대한 취약성 • 융합/미발달된 자기 • 부정성/비관주의

울 수 있다. 또한 어떤 기억이나 내용이 발전하거나 그것을 당황스럽거나 또는 약점을 나타내는 것으로 경험하기 전에 이 양식의 감정을 차단할 수도 있다. 초기 돌봄자들은 욕구를 표출하는 것에 대해 벌을 주었을 수도 있고, 반응 부족으로 인해 감정과 욕구가 잘못되었다는 메시지를 받았을 수도 있다. 이 양식 상태에 있을 때 '너무 궁핍하다'고 불렸을 수도 있고 그렇게 느꼈을 수도 있다. 이러한 감정들이 **정상적인 욕구**들이 적절하게 충족되지 않은 아동기의 경험으로부터 오는 것임을 기억해 두는 것이 도움이 될 것이다.

예시. 페니의 취약한 아동 양식

> 가끔씩 난데없이 눈물이 날 때가 있다. 나의 즉각적인 반응은 바로 인지 분석 단계로 넘어가 스스로에게 "갑자기 왜 이러지?" 하고 묻는다. 이렇게 감정을 분석하려고 하면 일반적으로 감정은 사라지게 된다(분리된 보호자 양식으로 가 버리는 듯). 따라서 나는 내 눈물이 주었을지도 모르는 정보를 이용할 수 없다.

페니는 그녀의 취약한 아동 양식의 신체적 변화와 감정으로부터 너무 빨리 분리되었기 때문에 충족되지 않았을 수도 있는 욕구와 함께 어떤 내용이나 기억이 존재하는지 결코 알지 못한다.

자신의 취약한 아동 양식과 연결하기

여러분은 어린아이인 자기 자신에 대한 이미지를 얻을 수 있는가? 사람들은 이러한 종류의 이미지를 잘 볼 수 있는지 혹은 그들 중 취약한 아동 양식 부분과의 접근을 경험할 수 있는지에 따라 다양하다. 때때로 사람들이 보는 이미지는 그들이 다른 나이 때의 아이였을 때 가지고 있던 사진들을 다시 만든 것이다. 사진들은 심상과의 연결을 촉진하기 위하여 쓰일 수도 있고, 그저 감정과 사고, 기억을 활성화하기 위하여 쓰일 수도 있다.

 예시. 줄리아가 자신의 취약한 아동 양식과 연결하는 방법

> 나의 돌잔치 사진이 기억난다. 나는 인형처럼 프릴이 달린 파티 드레스를 입고 곱슬머리를 하고 있었다. 사진 속의 나는 케이크 바로 앞에 앉아 동그란 모양의 케이크 장식을 코 위에 올리고 있었다. 그 사진은 완전히 각색된 것이었다. 실제로 나는 웃고 있지 않았고, 오히려 약간 무서워하는 표정이었다. 내게 이 사진은 엄마가 내게 원하던 완벽한 작은 소녀의 이미지를 상징하는 것이었고, 나는 그 작은 소녀와 강하게 연결될 수 있다.

✍️ **훈련.** 나의 취약한 아동 양식과 연결하기

1. 스스로 강하게 연결할 수 있다고 생각되는 어린 모습의 자기 사진을 찾아본다. 만약 그런 사진을 가지고 있지 않다면, 어렸을 때와 닮았으며 취약한 아동 양식 상태에 있을 때 발생하는 감정을 보여 주는 그림을 하나 그리거나 잡지에 나온 사진을 가지고 와서 설명해 보자.

_____

_____

_____

_____

2. 그 아이가 무엇을 느끼고 있었다고 생각하는가? 지금 무엇을 느끼고 있는가?

_____

_____

_____

_____

3. 그 아이가 무슨 생각을 하고 있었던 것 같은가? 지금 떠오른 생각은 무엇인가?

_____

_____

_____

_____

4. 아이에게 필요한 것은 무엇인가? 지금 필요한 것은?

_____

_____

_____

_____

5. 욕구를 채워 준 사람이 누구였는가? 얼마나 잘 채워졌는가? 지금 그것을 경험할 때 어떻게 채워지는가?

6. 이 아이에게 어떻게 연결할 수 있는가?

모듈 16~18을 작업하는 동안 스스로 아이로 있기 위해 그 사진을 계속 곁에 둔다. 만약 시각적 이미지를 떠올리기 힘들다면, 그 대신에 사진을 본다. 우리는 내담자들이 취약한 아동 양식 이미지에 접근하는 것을 돕기 위해 같은 훈련을 이용한다. 다음에 이 양식에 대한 여러분의 경험에 대한 정보를 정리해 본다.

나의 취약한 아동 양식 경험

사고

감정

신체 감각

기억

욕구

✍️ 훈련. '길거리의 외롭고 겁먹은 어린아이' 심상 훈련

이 양식이 여러분의 현재 삶에 존재할 때, 어렸을 때와 자신을 위해 동정심을 발전시키기 시작하는 것이 중요하다. 취약한 아동 양식 상태의 사람들은 자신의 욕구를 충족시켜 줄 좋은 부모가 필요하다. 심리도식치료의 중요한 목표는 취약한 아동 양식 부분을 위한 수용과 동정심을 발달시키고 사랑하는 어린아이와 함께하는 긍정적이고 배려하는 방식으로 반응할 수 있는 건강한 성인 양식의 '좋은 부모' 구성요소를 개발하는 것이다.

📌 **노트.** 심리도식치료에서 우리는 모든 어린이가 충족되어야 할 핵심 욕구가 있다는 생각을 받아들이는 것을 포함하는 내담자의 '좋은 부모' 기술을 평가하기 위해 이 심상 훈련을 사용한다. 우리는 또한 내담자 자신의 취약한 아동 양식과의 관계를 평가한다. 우리는 이와 같은 과정을 워크북에서도 똑같이 한다. 이 훈련은 여러분 내면의 좋은 부모를 찾기 위한 첫 번째 단계인데, 취약한 아동 양식 상태에 있을 때 궁극적으로 욕구를 돌보는 건강한 성인 양식의 한 부분으로 본다.

심상 훈련, 파트 1

이 훈련에 접근하는 데에는 두 가지 다른 방법이 있다. 지시 사항을 녹음해 다시 재생하는 것과 한 번에 한 부분을 읽은 후 그 부분의 지시사항을 따르는 것이다. 녹음을 이용하는 방법이 회기 중 내담자들이 경험하는 것과 더 비슷하다.

지시: 눈을 감거나 편안하게 아래를 내려다본 뒤, 우리가 여러분에게 설명해 줄 그 상황을 상상한다. 현재 나타나는 생각, 감정, 혹은 양식을 인식하고 아이의 성별은 자신에 맞게 바꾼다.

당신은 집을 향해 걸어가고 있는데 앞에 작은 어린아이가 보인다. 여러분이 처음 든 생각은 고작 3~4세쯤 되는 어린아이가 혼자 돌아다니기에는 너무 어리다는 것이었다. 어린아이에게 가까이 다가갔을 때, 아이가 고개를 숙이고 울고 있다는 것을 알아차린다. 그 아이가 당신을 봤을 때, 아이는 여전히 고개를 숙이고 있지만, 당신에게 애원하는 방식으로 손을 내민다.

1. 당신은 무엇을 하고 있는가?

2. 무엇을 느끼는가?

3. 어떤 생각들이 떠올랐는가?

4. 어떻게 계속 그녀를 돌볼 것인가? 취할 행동을 적어 본다.

심상 훈련, 파트 2

　다시 한번 당신은 집을 떠나다 거리에 앉아 울고 있는 작은 아이를 본다. 여러분은 위로의 말을 중얼거리며 아이에게로 걸어간다. 이번에는 여러분이 가까이 다가가자 아이가 안아 달라고 두 팔을 뻗는다. 그 아이를 안아 주기로 결정했고, 그렇게 하면서 그 작은 아이가 자신이었다는 것을 깨닫는다.

---

1. 무엇을 하고 있는가?

---

2. 무엇을 느끼는가?

---

3. 어떤 생각들이 떠올랐는가?

---

4. 여러분은 어떻게 자신의 작은 아이를 돌볼 것인가? 어린아이를 달래기 위해 어떻게 할 것인가? 여러분이 여기서 취할 행동과 어린 취약한 아동을 돌보는 데 방해가 되는 모든 것에 대해서 적어 본다.

✎ 노트. 이것은 상당히 감정을 불러일으킬 수 있는 훈련이다. 내담자들에게 그들이 취약한 아동 양식 상태에 있을 때 그들 자신을 돌보도록 하는 것이 첫 번째 단계이다. 이 훈련은 내담자가 자신의 취약한 아동 양식을 대하는 데 얼마나 많은 혹은 적은 연민을 가지고 있는지에 대한 정보를 제공해 준다. 스스로 심상 작업을 할 때, 그것은 취약한 아동 양식에 대한 연민 정도를 알려 준다. 많은 내담자는 상상 속의 낯선 아이에게 적절하거나 효과적인 반응을 하지만 그 아이가 자신의 취약한 아이라는 것이 확인되었을 때 부정적인 반응을 보인다. 그들은 그 아이에 대한 반감을 드러내거나 "그 아이에게 어떻게 해야 할지 모르겠다."와 같은 말을 하기도 한다. 이것은 기술이 부족한 것이 아니라 타인들에 대한 돌봄 기술을 그들 자신의 취약한 아동 양식의 욕구를 충족시키는 데 쓰지 않는 판별 오류이다. 자기실천 중인 어떤 치료자들은 그 아이가 타인일 때보다 자신의 어린 시절일 때가 어떤 면에서는 훈련이 더 어렵다고 말한다. 또다른 치료자들은 자신의 어린 취약한 아이를 돌보는 경험을 즐겼다고 말하기도 한다. 이러한 반응들은 내담자들에게 상상 속의 어린 외로운 낯선 아이가 가지고 있는 것과 같은 보편적인 욕구를 가진 어린아이들에게 연민의 개념을 소개하기 위한 기회를 제공한다. 우리는 우리의 내담자들에게 모든 아이는 이러한 보편적인 욕구를 충족시킬 자격이 있음을 상기시켜 주며, "여러분의 눈에는 어리고 순진무구한 이 아이가 얼마나 안돼 보이나요?"와 같은 날카로운 질문을 한다.

간혹 내담자들은 그들 자신에게 '좋은 부모' 부분이 없다고 말한다. 우리는 이러한 내담자들이 이미지 속으로 들어가 우리가 어린아이를 어떻게 보살피는지 정확히 지켜보고, 그것을 통해 그들이 그들 자신의 좋은 부모들을 만들기 시작할 수 있다고 말한다. 우리는 내담자들의 좋은 부모를 이전에 치료받았던 치료자를 포함하여 우리의 심리도식치료적 제한된 재양육을 통한 것들과 같은 그들이 인생 전반에 걸쳐 받아 온 좋은 양육에 대한 표상으로 본다. 좋은 부모는 건강한 성인 양식의 구성요소이다. 우리는 거의 대부분의 내담자가 좋은 부모 기술을 가지고 있지만 심리도식이나 역기능적 비판 양식들이 그들이 자신에게 그러한 기술을 사용하는 것을 막는다는 것을 발견했다. 비판 양식의 방해에 대해서는 모듈 18에서 더 설명될 것이다.

✍️ 훈련. 심상 훈련 반복

　　심상 훈련의 파트 2를 반복하는데, 이번에는 자신의 취약한 아동 양식을 만난다는 것을 알고 있는 상태로 진행해 본다. 자신의 심상 속에서 '어린아이'가 여러분이 주어야 할 모든 보살핌과 따뜻함을 받아들이도록 한다. 아이의 작은 손을 꼭 잡고 보살펴 주는 메시지를 준다. 예를 들어, "나는 너의 모습 그대로를 사랑해." "너는 멋지고 특별한 작은 아이이고, 나는 너를 보호하고 언제나 너를 위해 그곳에 있을 거야."와 같은 메시지가 있다. 만약 이러한 메시지가 어렵게 느껴진다면, 언제나 "나는 네가 사랑받아야 하고 보살핌 받아야 하며, 원하는 것이 충족되어야 한다는 것을 배우고 있어."라고 말할 수 있다. 이러한 메시지를 다음 박스와 색인 카드에 적어 자주 볼 수 있는 곳에 둔다.

자기성찰적 질문

자기실천 훈련들을 하면서 전반적인 즉각적 반응은 무엇이었는가? 이런 방식으로 자신을 생각하는 것이 쉬웠는가, 어려웠는가, 아니면 불편했는가? 이 훈련을 하면서 특정 감정이나 신체 감각 혹은 생각을 경험할 수 있었는가?

_____

_____

_____

_____

_____

_____

_____

_____

_____

_____

심상 작업을 사용하는 것이 얼마나 편안했는가? 내담자들에게 사용할 수 있는가?

_____

_____

_____

_____

_____

_____

_____

_____

_____

_____

취약한 아동 양식에 대한 반응에 대해 무엇이든 놀랄 만한 점이 있었는가? 촉발된
양식이 있었는가? 예를 들어, 역기능적 비판이 어린 취약한 아동 양식에게 "똑바로 서,
그만 울어!"와 같은 말을 했는가? 자기희생, 결함/수치심, 엄격한 기준 등 활성화된 심
리도식이 있었는가?

_____

_____

_____

_____

_____

_____

_____

_____

_____

_____

'길거리의 외롭고 겁먹은 어린아이' 훈련에 대한 자신의 반응에서 놀라운 점이 있었
는가? 그 어린아이의 욕구들을 확인하고 그에 반응하는 데 동정심을 느꼈는가?

_____

_____

_____

_____

_____

_____

_____

_____

_____

_____

_____

_____

취약한 어린아이의 욕구에 대한 반응이 낯선 아이에 대한 그것과 같았는가, 아니면 달랐는가? 자기연민에 대한 장애물들을 확인했는가?

_____

_____

_____

_____

_____

_____

_____

_____

_____

_____

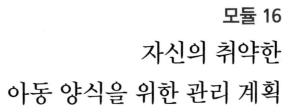

모듈 16
자신의 취약한
아동 양식을 위한 관리 계획

취약한 아동 양식 작업은 저 자신으로 하여금 스스로에게 덜 비판적이고 더 연민을 가지게 하는 데 도움이 되었습니다. 저는 제 내담자들을 그들의 치료과정 동안 더 잘 이해할 수 있게 되었습니다. 저는 저의 취약한 부분을 내담자들에게 보여 주는 것을 두려워하지 않으며, 내담자들이 스스로 취약하게 느낄 때 제가 먼저 그것을 느껴 봤고, 더 나아질 것이며, 심리도식치료가 도움이 된다는 것을 모두 경험했기 때문에 그들에게 더 연결될 수 있었습니다.

– 자기실천 · 자기성찰 참여자

취약한 아동 양식은 충족되지 않은 핵심 아동기 욕구에 기인하는 감정을 느끼는 우리 경험의 한 측면이라고 볼 수 있다. 취약한 아동 양식 관리 계획은 이 양식에 대한 여러분의 경험을 평가한 후 나아가는 다음 단계이다. 이 모듈에서는 취약한 아동 양식 상태에 있을 때 욕구를 충족시킬 수 있는 방법들을 알아본 후 이 양식을 위한 양식 관리 계획을 세울 것이다. 우리가 다른 양식에 대해 관리 계획을 세운 것처럼, 우리는 현재에 존재하는 욕구와 그것을 충족시키기 위한 현재의 방법을 고려하고, 그것이 얼마나 효과적인지 평가한 후 성인으로서 욕구를 충족시킬 수 있는 더 효과적인 방법들이 있는지 확인할 것이다.

📌 **노트.** 취약한 아동 양식과 작업할 때 초점을 맞추는 곳은 바로 경험의 정서적 측면이다. 어린아이들은 그들이 대우받는 방식에 근거해서 사랑을 받거나 그렇지 않거나, 안전하거나 그렇지 않거나, 가치가 있거나 그렇지 않다고 느낀다. 심리도식치료에서 제한된 재양육은 취약한 아동을 치유하는 강력한 개입이다. 처음에는 치료자가 유대, 인정, 안전, 위로, 안내, 정서적 표현에 대한 지지, 자율성, 자발성, 놀이 그리고 사랑받는 느낌과 같은 취약한 아동 양식의 욕구를 충족시키게 된다. 게다가 치료자들은 필요한 경우 전문적 관계의 경계 안에서 건강한 한계를 설정한다. 목표는 내담자가 치료자들을 내면화하여 그 자신이 건강한 성인 양식 측면의 좋은 부모의 일부가 되도록 하는 것이다. 모듈 15의 '길거리의 외롭고 겁먹은 어린아이' 심상 훈련의 맥락에서 논의되었듯이 가끔 내담자들과 치료자들은 타인을 위해 베풀 좋은 부모 기술을 가지고 있음에도 그것이 자기 자신의 욕구가 되면 '부모 목소리'가 비판 양식에 해당될 가능성이 높다. 만약 여러분이 취약한 아동 양식 상태에 있을 때 어린아이를 돌보는 것처럼 자신을 돌보는 과정은 종종 자기실천 작업을 하는 내담자들과 치료자들에게 강한 반응을 불러일으키는 과정이다. 이러한 훈련들에서 내담자들은 종종 그들의 돌봄 욕구를 최소화하고 그들이 '좋은 부모' 메시지를 들을 때 당황스럽고 불편함을 느끼며 대신에 비판적 규칙들을 듣는다. 이러한 규칙들은 "그냥 참고 견뎌!" "아기처럼 굴지 마." "딱히 나쁘진 않네. 나 어렸을 땐 이것보다 더 심했다고." "고작 이런 거에 울다니 믿을 수가 없다." 혹은 이와 비슷한 진술로 이루어져 있다. 내담자들이 취약한 아동 양식 상태에 있을 때 그런 위안과 돌봄을 받아들이게 되면 그것은 그들이 어렸을 때 좋은 부모를 얼마나 적게 받았는지 경험하면서 정서적인 고통과 분노를 불러일으킨다. 경계성 성격장애 내담자들의 경우, 깊은 슬픔과 분노를 포함하는 애도 기간은 전형적으로 이 과정의 일부분이다. 더 건강한 성인 양식을 가진 내담자들의 경우, 눈을 감고 아동 양식에 더 많이 접촉할 수 있도록 하는 경험적 훈련이 도움이 될 것이다. 여러분도 똑같이 하고 싶을 것이다. 우리는 자기실천·자기성찰 집단을 지도하면서 이러한 지시를 먼저 제시한다.

✎ 훈련. 취약한 아동 양식으로부터의 메시지: '좋은 부모'가 사랑하는 아이에게 말할 수 있는 것

취약한 아동을 위한 첫 번째 훈련은 바로 스스로의 좋은 부모 대본을 만드는 것이다. 이것을 하기 위해 자신이 생각하기에 좋은 부모가 사랑하는 어린아이에게 말할 것이라고 생각하는 것들의 목록을 만든다. 그것은 예전에 들었던 말일 수도 있고, 좀 더 자주 들었으면 하는 말일 수도 있으며, 들어보지는 않았지만 필요한 말일 수도 있다. 취약한 아동 양식 상태에서 우리는 여전히 애정과 위안, 보호와 인정과 같은 표현을 들어야 한다. 취약한 아동이 작은 아이인지 혹은 사춘기인지 나이에 따라 그에 적절한 아이 언어를 이용하도록 한다. 예를 들어, "나는 너랑 노는 게 즐거워." "너는 정말 좋은 아이야." "나는 네 미소와 포옹이 정말 좋아." "너는 정말 창의적이고 내게 특별한 사람이야."와 같은 말을 한다. 여러분이 작은 아이에게 말을 걸 때는 아이와 어떤 관계(부모, 이모, 삼촌, 조부모, 친구 등)인지 고려하고, 약 열 가지 정도의 다른 진술을 하도록 노력한다.

취약한 아동을 위한 좋은 부모 메시지 예시

• **줄리아가 가장 좋아하는 메시지**: 난 있는 그대로의 너를 사랑해. 이 메시지는 그녀가 어렸을 때 경험했던 조건부 애정에 대한 해독제의 역할을 한다.

• **이언이 가장 좋아하는 메시지**: 난 위해로부터 너를 언제나 보호해 줄 거야. 이 메시지는 그가 어렸을 때 아버지로부터 받았던 혹독함과 처벌에 대한 해독제이다.

• **페니가 가장 좋아하는 메시지**: 완벽한 사람은 세상에 아무도 없고, 너는 지금 아주 잘하고 있어. 이 메시지는 그녀의 학업적 성취가 100%보다 낮을 때마다 들었던 선생님들의 반응에 대한 해독제 작용을 한다.

나의 '좋은 부모' 메시지

이것들은 아이였을 때 들었으면 혹은 더 자주 들었으면 좋았을 메시지들이다. 이 메시지들은 내가 오늘 취약한 아동 양식 상태에 있을 때 꼭 들어야 할 메시지들이다.

1.

2.

3.

4.

5.

6.

7.

8.

9.

10.

이 진술들을 휴대폰이나 녹음기에 녹음한다. 부드럽고 차분한 목소리로 말하는 데 집중하고, 10분 정도는 방해받지 않을 편안한 장소에 앉아 눈을 감고 녹음본을 들으라. 다음에 경험에 대해 적어 본다.

┌───┐
│   │
│   ....   │
│   ....   │
│   ....   │
│   ....   │
│   ....   │
│   │
└───┘

📌 **노트.** 이 훈련을 내담자들과 함께 했을 때, 우리는 만들어진 모든 메시지를 모아 그것을 '좋은 부모' 대본이라고 부르는 것에 한데 모아 두었다. 우리는 우리 자신이 만든 몇 개의 메시지를 추가했다. 내담자들은 해당 회기에서 쓰인 대본을 받거나 치료자가 그것을 소리 내어 읽을 때 대본을 기록한다. 이 훈련에 대한 과제는 우리가 취약한 아동 양식에 초점을 맞추고 있는 몇 주 동안 매일 대본을 살펴보거나 듣는 것이다.

취약한 아동 양식의 양식 관리 계획

어린아이들의 욕구를 충족시키기 위해서는 말보다 행동이 더 중요하다. 취약한 아동 양식 상태의 사람도 같다. 이 훈련에서 우리는 취약한 아동 양식 상태에서 가지고 있는 욕구를 충족시키기 위한 행동을 발달시키게 된다.

 예시. 이언의 취약한 아동 양식 경험과 양식 관리 계획

┌───┐
│ **이언의 취약한 아동 양식 경험:** 비판에 대한 나의 예민함은 너무 강해서 직장 동료가 어떤 것 │
│ 을 다른 방식으로 해 달라고 단순히 요청했을 때에도 가해자-공격 양식으로 반응하게 된다. 이것 │
│ 은 나에 대한 부정적인 평가로 이어지며, 나는 다른 사람들이 나와 함께 일하는 것을 피한다는 │
│ 사실을 느낀다. 이것은 아내와 나 사이에도 거리를 만든다. 나는 취약한 아동 양식 상태에 있을 │
│ 때 아내가 주는 위안과 이해를 필요로 하는데, 내가 마치 큰 불량배처럼 보이기 때문에 아무도 │
│ 나의 욕구를 알지 못한다.   │
└───┘

이언의 취약한 아동 양식 관리 계획

취약한 아동 양식에서 내가 알아 차리게 되는 욕구는 무엇인가?	가치 있다고, 사랑받는다고 느끼는 것
그 욕구를 충족시키기 위해 일반적으로 하는 행동은 무엇인가?	나는 뾰로통해져서, 만약 아내가 물어보면 그냥 기분이 좀 안 좋다고 하거나 아내가 나를 인정해 주거나 애정을 더 자주 표현하지 않는다고 그녀에게 약한 화를 낸다.
결과	아내는 나보고 화났냐고 물어보고, 내가 "아니."라고 말하면 아내는 화난 것처럼 보인다고 하고, 결국 우리는 언쟁을 하게 된다.
어떤 심리도식과 양식이 건강한 행동을 하지 못하게 방해하는가?	결함 심리도식이 나의 자기과시자 양식을 촉발시켜 "그녀는 저런 이야기를 항상 해야만 할 거야. 나는 멋지고, 존경받을 만해."라는 메시지를 준다.
건강한 성인 현실 점검:	
이 상황의 객관적인 사실은 무엇인가?	나의 건강한 성인은 비판과 자기과시자 모두에게 도전할 수 있다. "내가 원하는 것을 요구하는 건 괜찮아. 나는 사랑받을 만한 사람이야. 나는 내 정서적 욕구를 충족시키기 위해서는 어른스럽게 의사소통해야 하는, 다른 사람들과 같은 특별하지 않은 사람이야." 만약 내가 안심시키는 말을 요청하면, 그녀는 기꺼이 그 말을 해 준다.
욕구를 건강한 방식으로 충족시키게 하는 '좋은 부모' 행동은?	나는 내가 느끼는 것에 대해 아내에게 말하고, 그녀에게 내가 사랑받고 가치 있다고 느낄 수 있는 것들을 해 달라고 부탁한다. 예를 들어, "사랑해." "당신은 내게 최고의 남편이야."와 같은 말들. 나는 또한 그녀가 내게 필요한 것은 없는지 물어볼 수 있다.
결과	그녀는 내가 그녀의 남편이어서 매우 기쁘고, 나를 많이 사랑하며 이 말들을 내게 더 자주 할 수 있도록 노력하겠다고 말했다. 나도 그녀에게 같은 말을 하고 소파에서 서로 껴안았다. 나는 따뜻하고 사랑받는 기분을 느꼈고 내가 가치 있다고 느꼈다.

💬 예시. 줄리아의 취약한 아동 양식과 양식 관리 계획

줄리아의 취약한 아동 양식 경험: 나는 어렸을 때 나의 애착 욕구를 제대로 충족시키지 못했다. 현재 나는 내담자들과 동료들과의 애착에 대한 승인과 인정을 갈구하며, 거절당하는 것과 같은 경험에 예민하다. 내가 외로움과 거부감을 경험하게 되면, 나의 정서적 박탈 심리도식이 활성화되고 나의 취약한 아동 양식이 촉발된다. 나는 '어린 줄리아'가 좋아하는 것이 무엇인지 생각하고, 마음을 달래는 활동들로 따뜻한 음료수, 흔들의자, 강아지를 안는 것, 털이 보송보송한 담요로 감싸는 것을 떠올렸다. 내가 혼자 지내기 때문에, 나의 취약한 아동 양식은 내 안의 좋은 부모를 통해 충족되어야만 한다.

줄리아의 상처받기 쉬운 아동 양식 관리 계획

취약한 아동 양식에서 내가 인식하게 되는 욕구는 무엇인가?	힘든 날을 보냈을 때나 감정이 다쳤을 때 위안이 필요하다. 나는 누군가 나를 붙잡고 흔들며 "괜찮을 거야." 라고 말해 주길 바란다.
그 욕구를 충족시키기 위해 일반적으로 하는 행동은 무엇인가?	나는 패스트푸드를 폭식하고 난 후 메스꺼움과 구역질을 느낀다.
결과	기분이 더 안 좋아진다. 더욱 통제 불능이고 결함이 많다고 느껴진다.
어떤 심리도식과 양식이 건강한 행동을 하지 못하게 방해하는가?	결함/수치심 심리도식이 나의 처벌적 비판을 촉발해 "강해져야지, 이 몸집만 큰 아기야." 라고 말한다.
건강한 성인 현실 점검:	
이 상황의 객관적인 사실은 무엇인가?	누구든 힘든 날에는 위안을 필요로 한다. 취약한 아동 양식 상태에 있을 때 조금 진정을 원하는 것은 괜찮다.
욕구를 건강한 방식으로 충족시키게 하는 '좋은 부모' 행동은?	나는 나의 털이 보송보송한 담요를 가지고 나와 그것을 두르고 흔들의자에 앉고는 강아지를 안는다. 나는 나의 좋은 부모 메시지를 반복한다. 나는 어린 줄리아가 호감이 가고 내가 그녀를 돌보기 위해 여기에 있으며 그녀는 혼자 있지 않을 것이라고 말해 그녀를 안심시킬 수 있다. 나는 그녀에게 너는 괜찮을 것이고, 아무것도 잘못하지 않았다고 이야기해 준다.
결과	나는 점점 따뜻하고 안전한 느낌이 든다. 나는 몸을 이완하고 편안해진다. 나는 나의 좋은 부모 메시지를 들을 때 더 강해지고 안전한 기분이 든다.

✍ 훈련. 나의 취약한 아동 양식 관리 계획

이 계획은 자기실천·자기성찰 워크북의 나머지 부분 그리고 그 이상에 계속해서 추가하는 것이다. 시간이 흐르면서 동정심으로 반응하고 좋은 부모는 자동적이 될 것이다.

나의 취약한 아동 양식 관리 계획

취약한 아동 양식에서 내가 인식하게 되는 욕구는 무엇인가?	
그 욕구를 충족시키기 위해 일반적으로 하는 행동은 무엇인가?	
결과	
어떤 심리도식과 양식이 건강한 행동을 하지 못하게 방해하는가?	
건강한 성인 현실 점검:	
이 상황의 객관적인 사실은 무엇인가?	
욕구를 건강한 방식으로 충족시키게 하는 '좋은 부모' 행동은?	
결과	

과제

다음 몇 주간 양식 관리 계획을 사용해 보고 그 경험에 대해 다음에 적어 보라.

자기성찰적 질문

이 모듈에서 어떤 느낌, 생각, 혹은 신체 감각을 인식하였는가? 활성화된 심리도식이나 촉발된 양식이 있었는가?

_____

_____

_____

_____

_____

선천적 아동 양식을 다루는 모듈 15와 16에서 어떤 훈련이 자신에 대한 이해를 더하는 데 가장 도움이 되었는가? 어떤 훈련이 가장 도움이 덜 되었는가?

_____

_____

_____

_____

_____

_____

_____

_____

_____

_____

_____

양식 모형을 사용하면서 자신을 보는 방식이나 워크북에서 집중해 온 문제를 보는 방식이 바뀌었는가? 만약 그렇다면 어떻게 바뀌었는가?

_____

_____

＿＿＿＿＿＿＿＿＿＿＿＿＿＿＿＿＿＿＿＿
＿＿＿＿＿＿＿＿＿＿＿＿＿＿＿＿＿＿＿＿
＿＿＿＿＿＿＿＿＿＿＿＿＿＿＿＿＿＿＿＿
＿＿＿＿＿＿＿＿＿＿＿＿＿＿＿＿＿＿＿＿
＿＿＿＿＿＿＿＿＿＿＿＿＿＿＿＿＿＿＿＿
＿＿＿＿＿＿＿＿＿＿＿＿＿＿＿＿＿＿＿＿
＿＿＿＿＿＿＿＿＿＿＿＿＿＿＿＿＿＿＿＿
＿＿＿＿＿＿＿＿＿＿＿＿＿＿＿＿＿＿＿＿
＿＿＿＿＿＿＿＿＿＿＿＿＿＿＿＿＿＿＿＿

어려움을 겪고 있는 취약한 아동 양식에 대한 양식 관리 계획 영역이 있는가? 무엇을 도울 수 있다고 생각하는가?

＿＿＿＿＿＿＿＿＿＿＿＿＿＿＿＿＿＿＿＿
＿＿＿＿＿＿＿＿＿＿＿＿＿＿＿＿＿＿＿＿
＿＿＿＿＿＿＿＿＿＿＿＿＿＿＿＿＿＿＿＿
＿＿＿＿＿＿＿＿＿＿＿＿＿＿＿＿＿＿＿＿
＿＿＿＿＿＿＿＿＿＿＿＿＿＿＿＿＿＿＿＿
＿＿＿＿＿＿＿＿＿＿＿＿＿＿＿＿＿＿＿＿
＿＿＿＿＿＿＿＿＿＿＿＿＿＿＿＿＿＿＿＿
＿＿＿＿＿＿＿＿＿＿＿＿＿＿＿＿＿＿＿＿
＿＿＿＿＿＿＿＿＿＿＿＿＿＿＿＿＿＿＿＿

현재 내담자들과 작업할 때 사용할 아동 양식 훈련은 무엇인가? 이 일을 내면으로부터 경험하면서 추후 내담자들에게 다르게 행동할 수 있는 최소한 한 가지 이상을 생각할 수 있는가?

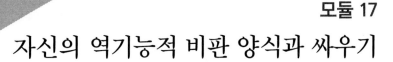

모듈 17
자신의 역기능적 비판 양식과 싸우기

지금 제 인생에서 비판 양식이 미치는 영향을 보면, 저는 여전히 사람으로서 나 자신에게 덜 가혹해지는 법을 배워야 한다는 것을 깨달았습니다. 심리도식치료 자기실천은 지금까지 내가 경험한 최고의 학습 경험이었습니다.

– 자기실천 · 자기성찰 참여자

이 모듈에서는 역기능적 비판 양식의 메시지, 신념 및 규칙이 발생할 때 취약한 아동 양식의 욕구를 충족시키기 위해 노력할 때 발생하는 방해 유형을 확인하고 작업한다.

📌 **노트.** 모듈 11과 12를 통해 비판 양식을 쫓아내기 위한 인지적 그리고 행동적 패턴 파괴 해독제에 관해 작업해 왔고, 여기에서 경험적 해독제를 발달시킬 것이다. 비판적 양식의 가치에 대해 내담자들에게 약간의 의구심을 갖게 한 후, 우리는 다음 단계로 이동한다. 바로 그들 내면의 역기능적 비판을 그들 자신으로서 보는 것이 아니라, 성인기에 교정되고 대체될 수 있는 아동기와 청소년기 전반에 걸친 부정적 메시지들의 선택적 내면화로서 보는 것이다. 우리는 인형이라는 비판의 실재적 상징을 만듦

으로써 이 점을 경험적으로 입증한다. 실재적 상징을 사용하는 것은 몇몇의 치료적 목적을 위한 것이다. 그것은 그것이 내담자 자신이나 그들의 부모 자체가 아닌 내면화된 부정적 대상이라는 심리도식치료의 이론을 보여 준다. 비판적 양식의 통제를 줄이는 첫 번째 단계는 바로 내담자가 그것이 그들 자신의 목소리가 아니라는 것에 대해 이해하기 시작하는 것이다. 내담자들은 일반적으로 인형의 얼굴을 괴물이나 악마처럼 그린다. 이러한 성격묘사는 비판이 인간적으로 보이지도 않기 때문에 유용하게 쓰이고 있는데, 이는 전체 사람이 아니라 양육자의 부정적인 측면만을 선택적으로 내면화한다는 점을 강조한다. 이러한 인식은 내담자들의 현재 부모와의 관계나 그들이 그들과 함께 했던 어떤 지원이나 긍정적인 경험에도 위협적이지 않다. 그것은 내담자들이 그들의 부모나 다른 애착 인물들로부터 분리되어야 한다는 메시지에서 오는 유기의 공포를 피하고 그러한 관계들의 장점을 잃어버리지 않게 해 준다. 역기능적 비판 양식에 대한 이러한 견해는 또한 가족충성심 문제에 부딪힐 가능성을 낮춘다. 역기능적 비판 인형은 많은 감정을 불러일으키는데, 두려움에서 시작하지만 분노로 나아가고 해로운 메시지에 대한 희망찬 거절로 이어진다.

✍️ **훈련.** 나의 역기능적 비판의 메시지와 싸우기

① 역기능적 비판 양식일 때 인식하게 되는 3~5가지의 메시지를 적어 보라. 특별히 확인된 문제와 관련된 비판적 메시지를 적어 보라.

예시. 페니의 역기능적 비판 메시지

- 너는 멍청이야. 실수를 하잖아.
- 넌 이것보다 더 잘해야만 해.
- 넌 게을러.
- 넌 어려워.
- 너는 더 열심히 일해야 해. 너는 너무 많이 놀아.

나의 역기능적 비판의 메시지

-

-

-

-

② 이제 종이나 화이트보드에 비판 양식의 얼굴을 그려 보자. 간단하게 선으로 그리면 된다. 못 그릴수록 더 좋고, 못생기게 그리면 제일 잘 그린 것이다. 이제 옆에 취약한 아동 양식을 상징하는 작은 얼굴을 그린다. 간단하게만 그리고, 동그란 얼굴에 무표정한 혹은 슬픈 눈과 입만 있으면 된다.

페니가 그린 그녀의 비판과 어린 아동 양식

여러분의 비판과 어린 아동 양식의 그림을 그려 본다.

③ 이제 비판적 메시지를 포스트잇 한 장에 하나씩 적는다.

④ 그 포스트잇들을 취약한 아동 양식 얼굴에 붙인다.

⑤ 한 발짝 물러앉아 그림을 본다. 어린아이는 그 비판적 메시지에 숨이 막히고 있다. 아이는 이러한 부정성에서 빠져나오기 아주 어렵거나 불가능하다(페니의 그림을 보라).

 훈련. 나의 건강한 성인의 좋은 부모가 역기능적 비판에 답하기

① 아이 그림에서 포스트잇을 뗀다.

② 각 메시지를 보며 다른 포스트잇에는 '들었어야만 했던' 메시지로 바꾸어 그것을 다시 적는다. 즉, 어린아이들이라면 누구나 들어야 할 긍정적인 이야기들을.

③ 이 훈련에서는 여러분의 아동 양식에 맞는 아이 수준의 언어를 쓴다(예: "나는 너를 있는 그대로 사랑해." "너는 내게 소중해." "나는 네가 내 아이라서 정말 기뻐." "너는 정말 너무 멋진 아이야." "내가 항상 네 곁에 있을게." "내가 너를 지켜 줄게."). 마음속에 떠오른 말이 "나는 네 성취가 자랑스러워."와 같이 조금 어려운 말이라면, "너는 멋져." 또는 "네가 내 아이라 정말 기뻐."와 같은 쉬운 말과 표현으로 바꾼다.

예시. 페니가 그녀의 좋은 부모로부터 다시 쓴 메시지

네가 이렇게 말했어야 했어:
- 너는 똑똑한 어린 소녀야. 실수를 통해 배우는 거지.
- 지금까지 정말 잘해 왔어.
- 넌 열심히 일했으니 조금 놀아도 돼.
- 나는 있는 그대로의 너를 사랑해. 넌 정말 재밌는 애야.
- 계속 놀아. 노는 게 좋은 거야.
- 네가 웃는 소리를 들으니 좋다.

321

나의 어린아이를 위해 다시 쓴 좋은 부모 메시지

-
-
-
-
-
-

④ 비판적인 메시지를 아주 작은 조각으로 쪼개서 마음대로 처분하라.

⑤ 좋은 부모 메시지 포스트잇을 비판 얼굴 그림 위에 하나씩 붙여서 가능한 한 완전히 덮는다. 포스트잇을 하나씩 붙일 때마다 "너는 (포스트잇의 내용)이라고 말했어야 했어."라고 큰 소리로 말한다. 우리는 의도적으로 '너'라는 말을 사용하여 역기능적 양식에 도전한다. 왜냐하면 도전은 건강한 성인 양식의 좋은 부모 부분에서 나오고 취약한 아동 양식을 향하기 때문이다.

⑥ 비판이 좋은 부모 메시지로 모두 덮인 것을 사진으로 찍는다.

⑦ 이제 비판 그림 위의 좋은 부모 메시지 포스트잇들을 모두 떼어서 취약한 아동 양식 그림 주위로 붙인다. 이번엔 그림 위가 아니고, 얼굴 그림 주변을 둘러 붙이고 비판 그림 부분은 찢어서 쓰레기통에 버리거나, 바닥에 두고 발로 쿵쿵 짓밟는 등 해서 없앤다. 아동 그림의 입을 웃는 모양으로 바꾼다.

⑧ 가만히 앉아서 아이 그림을 쳐다본다. 어떤 생각과 기분이 드는가?

⑨ 좋은 부모 메시지로 둘러싸인 아동 양식의 그림을 사진으로 찍어 둔다.

훈련. 나의 좋은 부모 vs. 역기능적 비판

이 훈련의 또 다른 단계는 비판적 메시지와 좋은 부모 메시지를 나란히 두는 것이다.

예시. 페니의 메시지

나의 비판적 메시지	나의 좋은 부모 메시지
너는 멍청이야. 실수를 하잖아.	너는 똑똑한 어린 소녀야. 실수를 통해 배우는 거지.
넌 이것보다 더 잘해야만 해.	지금까지 정말 잘해 왔어.
넌 게을러.	넌 열심히 일했으니 조금 놀아도 돼.
넌 어려워.	나는 있는 그대로의 너를 사랑해.
너는 더 열심히 일할 필요가 있어. 너는 너무 많이 놀아.	계속 놀아. 네가 웃는 소리를 들으니 좋다. 너는 정말 재밌는 애야.

나의 비판적 메시지와 좋은 부모 메시지	
나의 비판적 메시지	나의 좋은 부모 메시지

아이일 때는 주어진 메시지에 대해 선택의 여지가 없었지만 성인이 된 지금은 어떤 메시지를 간직할 것인지 선택할 수 있으며, 마땅히 들어야 할 건강한 메시지를 더할 수도 있다. 여러분이 만든 메시지 표를 한번 보라. **여러분의 취약한 아동 부분에게 어떤 메시지를 줄 것인가? 다음에 그 메시지들을 적어 본다.**

취약한 아동 양식을 위한 이행 대상

노트. 아주 어린 아이들이 분리 불안에 대처하기 위해서는 대상영속성(눈에 보이지 않아도 부모나 양육자들이 존재하고 있다는 인지적 능력)과 대상항상성(적극적으로 욕구가 충족되지 않을 때에도 부모나 양육자들과의 관계나 연결이 존재한다는 인식)을 발달시켜야 한다. 건강한 발달의 다음 단계는 바로 내면화이다. 이는 부모가 실제로 존재하지 않을 때 부모의 진정시키는 이미지를 불러일으키는 능력이다. 이것이 자기진정 능력이 발달되는 방법이다. 이 발달적 과정에서 아이들은 부모의 위안을 상기시키는 이행 대상으로 담요나 동물 인형과 같은 품목들을 가지고 있다(예: 부드럽고 따뜻한 담요를 침대 속에 넣어 두는 것). 부모를 상징하는 실재하는 대상을 갖는 것은 어린아이가 부모의 실재를 느끼도록 돕는다.

취약한 아동 양식이 촉발되었을 때 느끼게 되는 고통, 두려움, 외로움, 슬픔 등의 감정은 여러분의 욕구를 충족시키지 못한 어린 시절의 경험으로 되돌아가게 된다. 우리는 여러분의 취약한 아동 양식의 욕구가 충족되는 경험을 제공하기 위해 심상을 사용한다. 여러분의 취약한 아동 양식에 대한 이행 대상이 이 과정을 촉진할 수 있다. 이 대상들은 여러분의 취약한 아동 양식이 외부(치료자들, 중요한 다른 사람들)에서 오는 편안함과 위안에서 내부, 즉 건강한 성인 양식의 좋은 부모 부분에서 그것을 제공할 수 있도록 전환하는 데 도움을 줄 수 있다. 이것은 심리도식치료가 여러분이 어렸을 때 놓쳤던 것들을 교정하는 데 도움이 될 수 있는 또 다른 방법이다. 내담자들이 좋은 부모 대본을 떠올리고 내면화의 과정을 돕기 위해서 우리는 이 훈련과 관련된 이행 대상을 그들에게 준다. 이행 대상의 사용은 취약한 아동 양식의 발달 수준에 대한 심리도식치료의 관심과 일치한다. 이행 대상은 제한된 재양육의 보조수단으로 사용된다. 우리는 치료자들이 쓰는 향을 첨가하거나 첨가하지 않은 부드러운 폴리스 천 조각, 치료자가 준 특별한 의미가 담긴 구슬을 줄에 꿴 것, 그들을 위한 좋은 부모 메시지가 적힌 종이 등과 같은 것들을 사용한다. 취약한 아동 양식을 위한 좋은 부모 대본이나 다른 메시지들은 글씨로 적힌 혹은 음성 파일 플래시카드, 시, 노래, 그림, 혹은 어떤 다른 유형적이며 치료 밖에서 이용할 수 있는 이행 대상으로 만들어질 수 있다. 우리는 내담자들에게 그들이 어렸을 때 편안한 담요, 동물 인형 등을 사용했는지 물어본다. 그들은 보통 그들에게 특별한 무언가를 가지고 있었고, 많은 사람은 또한 부모가 그것을 없애 버려 그들의 감정이 황폐해졌던 이야기를 가지고 있다. 그들이 스스로 '좋은 부모 형상'을 개발하고 접근할 수 있는 것처럼, 우리의 이행 대상은 그들이 심상 훈련이나 치료실의 안전하고 수용적인 환경으로부터 경험한 편안함을 상기시킬 수 있다고 말한다. 대상에 대한 근거를 제시하여 취약한 아동 양식과 건강한 성인 양식 모두에 호소하는 것이 중요하다.

🖎 훈련. 이행 대상 선택

① 개인적인 어떤 의미가 있거나 좋은 부모 메시지를 쉽게 연결할 수 있는 취약한 아동 양식을 위한 대상을 선택한다.

② 혼자 있을 수 있는 조용한 장소로 가서 좋은 부모 대본을 들은 경험을 떠올린다.

③ 다음에 그 경험에 대해 적어 보자.

자기성찰적 질문

이 훈련의 다음 단계를 행하면서 어떤 느낌이나 생각 그리고 신체 감각을 느꼈는가? 어린아이의 얼굴을 부정적 메시지로 가릴 때? 메시지들로 다시 비판의 얼굴을 가릴 때? 좋은 부모 메시지로 아이 주변을 둘러쌌을 때?

_____

_____

_____

_____

훈련 중에서 어떤 부분이 가장 좋았거나 가장 유용했는가? 어느 것이 가장 마음에
들지 않았는가, 아니면 가장 도움이 되지 않았는가?

_____

_____

_____

_____

_____

_____

_____

_____

_____

_____

_____

'이것이 바보 같다.'라고 생각하는 자신을 발견했는가, 아니면 비판 양식의 다른 메
시지들을 발견했는가? 다른 양식이 촉발되었는가? 어떤 양식이? 방해를 어떻게 처리
했는가?

_____

_____

_____

_____

_____

_____

_____

_____

_____

_____

아동기나 청소년기의 비판적 메시지에 얼마나 쉽게 접근할 수 있었는가? 들었어야 하는 내용으로 메시지를 다시 쓰는 것은 얼마나 쉬웠는가?

_____

_____

_____

_____

_____

_____

_____

_____

_____

이 훈련을 경험한 뒤 그것을 내담자에게 사용하는 자신을 볼 수 있는가? 만약 그렇지 않다면 무엇이 가로막고 있는가?

_____

_____

_____

_____

_____

_____

_____

_____

_____

_____

_____

_____

_____

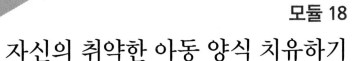

모듈 18
자신의 취약한 아동 양식 치유하기

심상 재구성하기 자기실천 훈련을 통해 저는 내담자들이 눈물을 흘리면서 상실을 슬퍼할 수 있도록 진정으로 격려할 수 있습니다. 그들이 멈출 것이라고 안심시킬 수 있기 때문입니다. 가끔 내담자들은(그리고 물론 저도) 만약 그들이 울기 시작하면 절대 멈추지 않을까 봐 두려워합니다.

– 자기실천 · 자기성찰 참여자

모듈 18에서 우리는 취약한 아동 양식을 치유하기 위한 경험적 개입에 초점을 맞출 것이다. 이러한 개입들은 현재에도 취약한 아동 양식에 존재하고 있는 아동기의 욕구를 충족시키는 교정적 정서 경험을 제공한다. 훈련에는 재구성된 장면을 기록하는 선택권이 있는 서면 연습을 통한 심상 재구성하기가 포함된다. 신체적 또는 성적 학대 외상을 스스로 재구성하려고 시도하지 않는 것이 좋다. 이것은 치료자의 도움으로 이루어져야 한다. 당연히 정서적 외상은 손상을 줄 수 있다. 따라서 부모의 죽음처럼 심각한 정서적 외상 경험을 선택하지 말고 좋은 부모가 필요할 때 거기에 아무도 없었던 자신의 확인된 문제와 관련된 상황에 초점을 맞춘다.

✎ 노트. 심상 재구성하기는 심리도식치료의 주요 경험적 개입 중 하나이다. 우리는 내담자들에게 그것에 대한 근거를 알려 주고 그것이 어떻게 작동되는지에 대한 기본적인 설명을 하면서 이 훈련을 시작한다. 다음은 내담자들의 근거를 요약한 것으로, 이 경우 아동기 기억을 재구성할 준비를 시킬 수 있을 것이다.

우리의 어린 시절 기억들은 지금 막 일어난 것이 아니다. 대신 그것들은 우리가 어린 시절의 사건들과 연관되어 저장해 둔 지각들, 감정들, 광경들, 소리들 그리고 생각들의 이미지이다. 비록 그것들이 '지금 일어나고 있다'는 의미에서 '진짜'가 아니더라도, 우리가 그것들을 떠올리게 할 때 **마치 지금 일어나고 있는 것처럼 느낄 수** 있고, 그것은 정서적인 고통을 야기한다. 심상 속에서 마땅히 받아야 했던 보호적이고 강한 '좋은 부모'가 그곳에 있었다면 **일어났어야 했던 일들**에 대한 자신의 이미지를 만들어 고통스러운 기억의 끝을 바꿀 수 있다. 부정적인 어린 시절의 기억이 되살아날 때 우리 모두가 고통과 두려움을 다시 경험할 수 있듯이, 우리는 또한 심상에서 '새로운 결말'을 경험할 때 편안함, 보호, 보살핌을 경험할 수 있다. 마음은 우리의 인식의 화면에 한 번에 하나의 이미지를 넣는 슬라이드 프로젝터처럼 작동한다. 심상 재구성하기에서는 특정 상황에 맞게 프로젝터에 넣은 슬라이드를 변경한다. 우리는 내담자들에게 "이것이 마법처럼 들릴 수도 있을 겁니다."라고 말한다. 그러나 심상의 효과는 심리적 반응과 뇌 반응과 관련하여 실제의 경험의 효과와 비교할 수 있다는 과학적 연구에 의해 지지되었다(Holmes & Mathews, 2010; Arntz, 2012). 따라서 심상 재구성하기는 사람들이 외상적 어린 시절 기억을 치유하는 효과적인 방법이다.

게다가 우리가 중요한 삶의 사건에서 **빼낸 가장 중요한 것** 중 하나는 그 사건이 일어났다는 것이 **우리에게 어떤 의미가 있다고 생각하는가**이다. 따라서 만약 우리가 보호받지 못하거나 우리의 감정이 비판받거나 무시당하게 되면, 우리의 취약한 아동 양식 부분은 "너 혼자야, 아무도 너를 보호하거나 도울 수 없어." "너는 도움 받을 자격이 없어." 혹은 "너의 감정은 잘못되거나 나쁘거나 너무 과해."로 번역될 수 있는 '네가 나쁘거나 너무 심하다.'와 같은 것을 의미한다고 해석한다. 어린이로서 우리는 진정한 문제가 어떤 면에서 우리가 잘못된 것이 아니라는 것을 이해할 수 없다, 진짜 문제는 **우리를 위한 사람이 거기에 아무도 없다**는 것이다. 우리는 아이의 정상적인 욕구를 가지고 있었지만, 그 욕구를 충족시켜 줄 사람이 거기에 아무도 없었던 것이다. 우리는 크게 아동기와 청소년기에 자신의 욕구가 충족되었는지의 여부에 따라 우리 자신, 다른 사람들, 삶에 대한 핵심적인 신념을 형성한다. 그런 다음 우리는 그것에 의문을 제기하지 않는다. 그것들이 우리의 현실이다. 치료 시간이 경과함에 따라 내담자들은 우리에게 "네 머릿속으로는 나는 내가 나쁘거나 악하지 않다는 것을 알고 있다. 나는 그곳에 아무도 없었기 때문에 그 욕구가 충족되지 않은 정상적인 아이의 욕구를 가진 아이일 뿐이다."라고 말한다. 하지만 그들은 또한 어떤 면에서는 **자신이 나쁜 사람처럼 느낀다**고 말한다. 경험의 암묵적 또는 감정적 수준은 사람이 가치 있고 살 만하다고 느낄 수 있도록 도달하고 영향을 줄 필요가 있다. 그것은 우리가 심상 안에서 작업하는 부분인데, 여전히 가치 없고, 잘못되고, 실패하고, 너무 궁핍하고, 또는 내면화한 다른 메시지들이라고 느낀다. 심리도식치료는 심상 재구성하기와 같은 개입으로 더 깊은 정서적 수준에 영향을 미치기 위해 핵심 신념의 인지적 수준을 뛰어 넘는다.

　심상 재구성하기의 목표는 취약한 아동 부분에게 보호, 위로, 양육, 사랑, 지도 및 아이들이 필요한 모든 것을 제공할 수 있는 좋은 부모를 주는 것이다. 우리는 압도당하거나 나쁜 기억을 다시 경험하지 않기를 바라기 때문에 작은 단계로 이 작업에 접근한다. 우리는 어떤 나쁜 일이 일어나기 전에 고통스러운 기억을 멈추고 싶다. 우리는 새로운 이미지 경험에서 나쁜 일이 일어나지 않도록 결말을 다시 쓰고 싶다.

취약한 아동 양식을 치유하기 위한 경험적 작업: 심상 재구성하기

　집단 심리도식치료에서 우리는 새로운 결말을 브레인스토밍(창조적 집단사고법)하기 위해 참여한 집단과 함께 치료자의 기억을 재구성하는 단계를 거치는 것으로 시작한다. 개인 심리도식치료에서는 내담자들에게 우리가 재구성한 어린 시절로부터의 적당히 어려운 상황의 예를 준다. 우리는 어린 시절 경험에서 가져온 메시지들과 그것들이 우리의 심리도식과 양식에 어떤 영향을 미쳤는지도 포함한다. 자기노출의 이러한 접근은 Farrell 등(2014)이 상세히 기술하고 있다. 이러한 방식으로 자기노출을 사용하는 것은 내담자들에게 우리가 어떻게 심상 재구성 작업을 하는지 보여 주고, 그들의 불안감을 줄여 주고, 그들의 자기노출을 원활하게 한다. 또한 우리 모두가 양식을 가지고 있다는 것을 보여 준다. 치료자가 더욱 현실적이고 진실되게 보이게 하여 내담자들과의 관계를 증진시킬 수 있다.

이 워크북에서 우리는 여러분에게 우리가 내담자들에게 주는 지시 사항과 같은 지시를 제공하며, 우리는 3인의 치료자 중 한 명인 페니의 예시를 사용한다.

 예시. 페니의 재구성하기 상황

> 나는 내가 여섯 살 때 엄마와 상점에서 쇼핑을 하던 상황을 기억한다. 나는 이 경험이 내가 완벽하지 않으면 내가 무가치하다고 느끼게 하는 엄격한 기준의 뿌리가 된 경험 중 하나인 것 같다. 엄마는 나와 연결되기가 쉽지 않은 사람이었다. 엄마는 나를 가졌을 때 나이가 많았고, 엄마는 "우리 애들은 뭘 만지면 안 되는지 이미 다 알아."와 같이 그녀의 집 안에서 '잠금 장치'는 필요하지 않다는 점에 대해 자랑스럽게 여기곤 했다. 엄마는 도자기 찻잔을 좋아해서 그걸 모으곤 했다. 가끔 엄마는 그걸 꺼내서 썼기 때문에 나도 엄마 옆에서 그걸 볼 수 있었다. 그때가 크리스마스 즈음이었고, 근처 백화점에서는 아이들의 용돈으로 살 만한 선물들을 모아 둔 아이 전용 코너가 있었다. 내 계획은 거기에 가서 부모님을 위한 선물을 사는 것이었다. 나는 내 지갑을 챙겨가서 '다 큰 숙녀'처럼 느껴졌고, 내가 일을 스스로 할 때마다 엄마가 얼마나 좋아했는지 알고 있었다. 그 코너에 들어갈 수 있는 최소 나이가 9세였기 때문에 엄마는 내가 들어갈 수 있게 점원을 설득해야 했다. 엄마는 점원에게 내가 얼마나 믿을 만하고 예의 바르게 행동하는지 이야기했고, 나는 들어갈 수 있었다. 나는 높은 선반에 있는 도자기 찻잔을 발견했고, 그것이 엄마의 선물로 제격이라고 생각했다. 나는 겨우 그것을 집어 들고 내려왔을 때, 찻잔이 손에서 미끄러져 바닥에 떨어져서 수천개의 조각으로 깨지고 말았다. 상점 점원은 소리를 지르며 내게 달려왔고, 내가 가지고 있던 단 하나의 1달러짜리 지폐로 그 값을 배상하라고 했다.

페니의 어린아이가 무엇을 느꼈고 무엇을 필요로 했다고 생각하는가?

페니는 다음과 같이 적었다.

나는 엄청난 실수를 저지르고 엄마를 당황스럽게 할 것이란 생각에 부끄럽고 놀랐고, 나쁜 아이가 된 것 같았다. 그것은 또한 만약 내가 무슨 문제가 생기면 나는 혼자일 것이라는 메시지를 주었다. 엄마는 바깥에서 무슨 일이 있는지 보고 들었겠지만 나를 도와주거나 변호해 주지 않았다. 나는 엄청나게 충격을 받았지만 울지는 않았다. 왜냐하면 정말 아이처럼 느끼고 싶지 않았기 때문이다.

페니는 이 기억이 가치와 완벽성에 대한 현재의 심리도식(엄격한 기준)과 핵심 신념과 요구적 비판 양식과 연관되어 있는 것을 알아차렸다.

이 기억이 그렇게 큰일은 아니지만, 나는 이것이 나의 엄격한 기준 심리도식과 내가 아주 작은 실수에도 크게 반응하는 현재의 부분에 관련되어 있다는 것을 안다. 말로 꺼내 보지는 않았지만, 말로 만든다면 "얼마나 멍청한 짓을 한 거야, 이 얼간아!" 정도의 말이 마음속에 울려 퍼진다. 내가 계속 그에 대해 노력해서 나의 처벌적 비판 양식의 메시지의 좋은 예시를 통해 그 반응을 잡을 수 있었지만, 그것이 여전히 가끔 떠오른다. 나는 이 기억이 나의 엄격한 기준 심리도식과 역기능적 비판 양식의 뿌리가 된 기억 중 하나라고 생각한다.

📌 노트. 개인 혹은 집단 심리도식치료에서 치료자들은 페니가 어린 페니의 보호에 대한 욕구와 그녀의 나이의 한계에 대한 인정 그리고 아무도 완벽하지 않다는 안내

와 이해, 즉 사고와 실수들이 일어날 수 있고 그것을 통해 배우면 된다는 것에 대한 욕구를 충족시킬 수 있게 '좋은 부모'를 통해 상황을 재구성하는 방법에 대한 계획을 세워야 한다.

페니의 경험에 대해 다음 질문들에 대답해 본다.

1. 좋은 부모는 어떤 것을 다르게 했을까?

_____

_____

2. 페니의 기억을 어떻게 재구성할 것인가?

_____

_____

3. 재구성한 대본을 페니가 다시 경험한다면 어떤 건강한 메시지를 가지고 갈 수 있을까?

_____

_____

_____

이제 페니가 재구성한 메시지들을 생각해 보자.

 예시. 페니가 재구성한 대본

　　우리 페니, 괜찮니? 유리 조각 위험하니까 얼른 이리 와. 어디 다치진 않았어? 걱정하지 마, 별문제 아니야. 사고였는데 뭐. (점원에게 단호하게) 그만하세요. 이 어린애한테 소리 지르지 마세요. 얘도 놀랐잖아요. 아직 어린애한테 소리 지르면 안 되죠! 이것에 대해서는 제게 말하세요. 제가 책임지고 손해가 되는 것은 배상하겠어요. (다시 페니에게) 괜찮아, 페니야. 네가 잘못한 게 아니야, 사고였어. 엄마한테 이 찻잔을 선물하고 싶었던 것 알아. 아주 예쁜 찻잔이네. (점원에게) 여기 2달러 드릴게요. 하나는 부서진 찻잔 값이고, 남은 1달러로는 이 아이에게 새 찻잔을 가져다주세요."

여러분이 다시 쓴 이미지는 페니의 것과 어떻게 다른가?

어린 페니의 욕구를 적절하게 충족시켜 주었는가?

놓친 것은 무엇이고, 어떤 것을 더하고 싶은가?

✎ 훈련. 나의 심상 재구성하기

이제 우리는 여러분이 워크북에서 집중하고 있는 문제에 영향을 미치는 심리도식이나 양식과 관련이 있다고 확인한 여러분의 기억 중 하나를 재구성하라고 요청한다. 여러분에게 영향을 미치고 페니와 비슷한 수준의 어려움에 있는 기억을 선택하라. 성적, 신체적으로 혹은 정서적으로 학대당한 기억은 작업하지 말라. 15~20분 동안 방해받지 않을 장소와 시간을 찾으라. 이 훈련을 할 때 최상의 방법은 지시 사항들을 녹음해 훈련 중에 그 녹음본을 들으면서 하는 것이다.

1. 눈을 감고 여러분의 안전지대 이미지를 인식하라(모듈 1에서 설명됨). 잠시 시간을 내서 안전지대 이미지를 떠올리고 그것에 접근할 수 있도록 준비하라. 만약 불편한 감정이나 기억이 촉발된다면, 여러분은 자신의 안전지대로 가서 그곳에서 그 예시를 계속 듣거나 읽을 수 있다.

2. 여러분에게 '좋은 부모'가 필요했는데 거기에 아무도 없었던 상황에 처했을 때의 어린 시절 시간으로 돌아가라. 여러분을 위해 좋은 부모가 필요했던 때로서 어떤 기억이 떠오르든지 집중하라. 그 기억 속에서 생생히 살아 있을 수 있게 자기 자신에게 시간을 주라. 여러분이 어떤 감정을 느꼈고 무엇을 필요로 했는지를 알아야 한다. 여러분이 어렸을 때 어린아이가 되려고 노력하라.

3. 이제 여러분의 기억에 대해 적어 보라. 거기에 누가 있었고, 여러분은 몇 살이었고, 어디에 있었는가? 무엇을 필요로 했고, 어떻게 느꼈는가?

4. 그 경험으로부터 여러분 자신, 여러분의 욕구 그리고 여러분의 감정에 대해 어떤 메시지를 가지고 오게 되었는가?

5. 여러분의 욕구가 적절하게 충족된 경험으로서 '발생했어야 하는' 경험을 다시 적으라.

6. 여러분이 적은 것들을 이미지로 바꾸라. 다시 앉아, 눈을 감고, 심호흡을 몇 번 한 뒤, 여러분의 새로운 경험에 대한 영상이 마음속에 스며들게 하라. 여러분이 있었던 공간을 둘러보고, 여러분이 어떻게 생겼는지, 그리고 다시 쓴 기억이 마치 여러분의 마음속에 흐르는 비디오 클립처럼 되게 하라.

7. 여러분이 나중에 다시 재생할 수 있도록 이 짧은 비디오를 기억할 수 있는 방법을 찾으라. 예를 들어, 페니는 '기념품 가게'로 이름 지을 수 있다.

8. 여러분이 어린 시절에 쓴 긍정적인 재구성을 경험했다면 발전했을 새로운 메시지(자신, 세계 그리고 타인)를 확인하라.

📝 과제

다음 주 동안 재구성된 기억을 머릿속으로 이미지를 떠올리며 몇 번 더 작업한다.

---

1. 이 기억을 다시 생각하면서 어떤 생각, 느낌 그리고 신체 감각을 느꼈는가?

2. 만약 취약한 아동 양식 상태에 있을 때 필요한 다른 것들을 발견한다면 여러분의 재구성 이미지에 추가한다.

자기성찰적 질문

페니의 기억을 읽으면서 어떤 기분이 들었는가? 그녀의 재구성된 이미지를 읽었을 때 어땠는가?

_____

_____

_____

_____

_____

_____

_____

_____

_____

_____

_____

좋은 부모를 제공하기 위해 그녀의 기억을 다시 재구성하는 것이 어땠는가?

_____

_____

_____

_____

_____

_____

_____

_____

_____

_____

_____

좋은 부모를 필요로 했지만 거기에 아무도 없었을 때의 기억을 찾은 것은 어땠는가? 어린 시절 기억을 재구성하는 과정은 어땠는가? 어떤 느낌이 들었는가?

_____

_____

_____

_____

_____

_____

_____

_____

_____

_____

훈련을 하면서 저항을 느꼈는가? 촉발된 양식은? 요구적이거나 처벌적인 비판 메시지들이 촉발되었는가? 예를 들어, "이건 정말 바보 같아. 누가 이렇게 스킨십 중심의 훈련을 해?"라거나 "페니가 경험한 게 뭔 대수라고. 그게 그 사람한테 영향을 미친다는 걸 믿을 수가 없어!"와 같은 메세지 말이다. 만약 그랬다면 관련된 양식을 어떻게 다루었는가?

_____

_____

_____

_____

_____

_____

_____

_____

_____

_____

_____

_____

심상에서의 교정적 경험의 결과로 재구성한 것으로부터 어떤 변화된 메시지를 가지게 되었는가?

_____

_____

_____

_____

_____

_____

_____

_____

_____

_____

_____

_____

이 자기실천을 끝낸 후 내담자들과 심상 작업을 하는 데 더 편안해질 것 같은가? 인지적으로는 바뀌었지만 정서적 수준에서는 여전히 비판 양식에서 벗어나지 못한 내담자를 마음속으로 떠올려 본다. 그 내담자에게 영향을 미치려면 모듈 18의 훈련을 어떻게 사용해야 하는가?

_____

_____

_____

_____

_____

_____

_____

_____

_____

_____

제6부

변화를 유지하고 강화하기

제6부에서는 자기실천·자기성찰 워크북을 통해 여러분이 만들어 온 긍정적인 변화들을 강화시키고 유지하는 데 집중한다. 심리도식치료에서 이 작업은 건강한 성인 양식과 행복한(만족한) 아동 양식이라는 두 가지 건강한 혹은 적응적 심리도식 양식에 대한 접근성을 강화하고 보장함으로써 수행된다. 제2장과 **모듈 12**에서 설명되었듯이, 건강한 성인 양식은 모든 성인 기능을 수행하고 적응적인 방식으로 사람의 욕구를 충족시키기 위한 역할을 한다. 행복한 아동은 우리가 어렸을 때 그랬던 것처럼 놀이와 즐거움을 즐기고 자유롭게 참여할 수 있는 우리의 일부분이다. **모듈 19**는 행복한 아동 양식을 불러일으키고 접근할 수 있는 도구들을 제공한다. **모듈 20**은 여러분의 건강한 성인 양식에 대한 접근을 강화하고 유지하는 데 초점을 맞출 뿐만 아니라, 선천적 아동 양식들을 돌보기 위하여 필요한 좋은 부모 기술을 포함하고 있다.

모듈 19
자신의 행복한 아동 양식을 발견하고 강화하기

제게 이 훈련들은 아주 새로웠습니다. 특히 풍선이나 다른 놀이요소들로 이루어진 훈련들은 제가 행복한 아이와 제 작업의 재미있는 측면을 연결시키는 데 도움이 되었습니다. 저는 제가 이 일을 왜 그렇게 좋아하는지 생각났습니다. 즐거움의 순간들이 내담자들의 고통의 균형을 잡는 데 도움이 될 수 있습니다.

– 자기실천 · 자기성찰 참여자

이 모듈에서는 다른 건강하고 기능적인 양식에 대해 논의한다. 바로 행복한 아동 양식이다. 이 양식의 주요 목표는 여러분이 행복한 아동 양식에 접근하거나 역기능적 비판 양식의 방해 없이 편안하게 머물 수 있도록 돕는 계획을 발달시키는 것이다. 경험적 측면에서 중요한 것은 놀이에 참여하고 즐기는 것이며, 좋아하는 것과 싫어하는 것을 탐색하고, 그냥 재미있게 지낼 수 있다는 것이다.

📌 **노트.** 행복한 아동 양식에서 우리는 사랑받고, 흡족하고, 연결되고, 만족하고, 충족되고, 보호받고, 칭찬받고, 가치 있고, 양육되고, 인도되고, 이해되고, 인정받고, 자신 있고, 유능하며, 적절하게 자율적 또는 자립적이고, 안전하고 탄력적이고, 강하

며, 동제력이 있고, 적응력이 있고, 낙관적이며, 자발적임을 느낀다. 만약 우리가 이 양식에 있다면, 그것은 우리의 핵심 정서적인 욕구가 현재 충족되고 있다는 것을 의미한다. Young(Young et al., 2003)은 이 양식을 만족한 아이라고 불렀지만, 우리는 이 양식의 유쾌하고 즐거운 측면에 초점을 맞추는 것을 선호하므로 그것을 행복한 아동 양식이라고 부른다. 일반적으로 우리 내담자들은 행복하거나 장난기가 있는 것을 지지하는 어린 시절의 환경을 가지고 있지 않다. 이것은 방치, 빈곤한 정서적 환경, 심지어 성취와 일이 우세하고 놀이가 경박하고 목적이 없는 것으로 인정되는 환경 때문일 수 있다. 이러한 환경은 자신이 무엇을 즐기는지 모르거나 즐거움을 위해 시간을 들이지 않는 어른들을 장려하며, 취미나 오락 활동을 발달시키지 않았을 수도 있다. 놀이는 또한 아이들의 창의적인 면을 발달시키고 탐색할 수 있는 기회이기도 하다. 행복한 아동 양식에 대해 더 많이 배우고 발달시키면 건강한 성인에게 필요한 놀이와 재미를 줄 수 있다. 놀이는 다른 사람과의 관계를 맺고, 협상하고, 만나고, 우정을 맺는 우리의 가장 초기의 경험을 제공한다. 놀이가 금지되거나 미발달되면 사람들은 이 기초적인 발달적 경험을 놓치게 된다.

심리도식치료에서 놀이는 학대받고 정서적으로 박탈당한 내담자들이 정서적인 고통 이외의 것을 느낄 수 있고 신뢰하는 법을 배울 수 있는 안전한 경험을 제공함으로써 불신과 두려움의 블록을 돌파하는 데 도움이 되는 강력한 도구이다. 행복한 아동 양식의 기쁨에 접근하면 그들이 '모두 나쁘다'는 신념이 산산조각 날 수 있다. 놀이는 치료자와 내담자 모두에게 즐거운 경험이다. 취약한 아동, 화난 아동 및 행복한 아동의 욕구를 안전하게 돌볼 수 있기 때문이다. 이것은 치료자에게도 해당된다. 놀이에 있어서는 학습의 간극이 있을 수 있다. 우리에게 초점은 좋은 성적이었을 수도 있고, 놀이는 적절하게 지원되고 격려되지 않았을 수도 있다. Joan은 그녀의 어머니가 어릴 때 '어른스럽게' 행동을 한 것에 대해 가장 강하게 강화했던 것을 떠올린다. 그녀는 Joan이 2세 때 식당에서 직접 점심을 주문하는 이야기를 친구들에게 들려주었다. 행복한 아동 양식을 불러일으키는 놀이의 즐거움을 경험하는 것은 치료자들에게 필요한 양육적이고 즐거운 경험이다.

자신의 행복한 아동 양식 불러일으키기

여러분의 행복한 아동 양식이 어떤 사람 같으면 좋을지 혹은 어땠으면 좋을지(예: "나는 함께 나들이를 가던 친구 칼리가 좋아."), 그리고 어떤 활동을 좋아하는지(예: 〈슈렉〉 같은 웃긴 영화를 보거나, 수영장에 뛰어들거나, 파티를 위해 꾸미거나) 생각해 보자. 여러분의 행복한 아동 양식을 불러일으킬(요컨대, 그/그녀를 불러서 노는) 활동들을 찾아본다. 게임을 하거나, 재밌는 영화나 만화를 보거나, 좋아하는 야외 스포츠를 하거나, 친구들을 사귀거나, 특정 노래를 듣거나, 애완동물과 놀거나 하는 것과 같은 즐거운 활동들을 말이다.

 예시. 페니가 행복한 아동 양식을 불러일으키는 방법

> 나는 강아지와 놀면서 나의 행복한 아동 양식을 불러일으킨다. 강아지는 수건 당기기 놀이를 즐기며 공 물어오기를 좋아한다. 나는 강아지와 함께 바닥에 엎드려 수건 당기기를 하는 동안 강아지에게 으르렁거리며 강아지가 공을 잡고 다시 시작하기 위해서 빨리 달려올 때 박수를 치고 칭찬해 준다. 강아지는 빙글빙글 돌며 공중에 공을 던지고 직접 잡는 것을 좋아한다. 강아지는 매우 재미있는 쇼를 하고 나는 그 연극을 철저히 즐긴다.

훈련. 나의 행복한 아동 양식 불러일으키기

여러분은 자신의 행복한 아동 양식을 어떻게 불러일으키는가?

1. 여러분이 생각한 모든 것을 여기에 적어 본다.

2. 이제 그 목록 중 하나의 활동을 골라 시도해 본다.
3. 다음의 질문들의 답변을 통해 그 경험에 대해 적어 본다.
　　어떤 활동을 선택하였는가?

　　어떤 기분이 들었는가?

　　신체 감각은 어디에 있었는가?

　　생각난 것이 있었는가?

　　미소 짓거나 웃었는가?

　　미소 짓거나 웃는 느낌이 어땠는가?

📌 **노트**. 심상을 통해 긍정적이고 즐거운 경험들을 재방문하는 것은 여러분에게 는 어렵지 않지만 내담자들에게는 일반적으로 힘든 일이다. 가능하다면, 우리는 우리 의 내담자들이 심상 훈련을 녹음해 그것을 들으며 시각적으로 더 잘 떠올릴 수 있도록 한다. 이 모듈의 시각화는 재미있는 활동이 되도록 의도되었다. 만약 여러분이 자신의

요구적 비판이 떠오르는 것을 알아차리면, "너는 그것을 완벽하게 시각화할 수 있어야 해." 또는 "훈련을 더 해."(너는 이것보다 더 잘해야 해)와 같은 말을 하면서 즉각적으로 그것을 중지하고 즐거운 일(TV 보기, 누군가에게 이야기하기, 초콜릿 하나 먹기 등)을 하라.

자신의 역기능적 비판 양식이 즐거움을 멈추려 할 때

내담자들은 다른 경험적 훈련을 어려워하는 것만큼 신나는 활동에 어려움을 느낄 수 있다. 역기능적 비판 양식이나 부적응적 대처 양식이 촉발될 수 있다. 이런 일이 일어났을 때 이 회기에서 비판 양식들을 추방하거나 부적응적 대처 양식을 극복하기 위하여 개입하는 것이 중요하다. 그래서 행복한 아동 '작업'은 재미를 설정하는 것뿐만 아니라 방해하는 양식을 다루는 것을 포함할 수 있다. 심리적 어려움을 가진 내담자들은 종종 그들 스스로 행복한 아동 양식을 경험하도록 하는 데 어려움을 겪는다. 부정적 어린 시절 기억들이 연관되었을 수 있다. 우리는 입원 내담자의 행복한 아동 양식 집단에서 내담자들이 그들이 참석해야 하는지를 반복적으로 물어봤기 때문에 집단의 이름을 '의무적인 즐거움'이라는 부제로 지었다. 우리 집단은 또한 집단 장소의 문에 "비판 금지!!"라고 적어 공지하는 표지판을 만들어 달기도 했다.

✍️ 훈련. 비판 양식의 메시지를 대체하는 건강한 성인 메시지

역기능적 비판 양식들은 행복한 아동 양식에 대해 말할 부정적인 것을 가지고 있겠지만, 여러분의 행복한 아동은 약간의 긍정적인 피드백을 필요로 한다. 만약 이것이 여러분의 경험이라면, 해독제로서 쓸 만한 건강한 성인 양식 메시지를 떠올리고 그것을 다음 예시 이후에 나열해 보라.

예시. 행복한 아동 양식에 대한 건강한 성인 메시지(해독제)

---

1. **줄리아**: 나는 네가 놀 때 짓곤 하는 너의 행복한 웃음이 좋아.

2. **페니**: 너는 충분히 열심히 일했어. 균형을 맞추기 위해선 좀 노는 시간도 필요해.

3. **이언**: 가서 재미있게 놀아, 꼬마야.

이제 자신의 비판 양식을 대체할 때 쓸 수 있는 건강한 성인 해독제를 기록해 보자.

나의 건강한 성인 해독제
1.
2.
3.
4.

📝 과제

15~20분간, 확인된 행복한 아동 양식을 불러일으키는 재미있는 활동 중 하나에 참여한다. 그 경험에 대해 그리고 다른 양식이 방해하지는 않았는지 등을 적어 본다.

여러분이 해 본 행복한 아동 양식 활동에서 재미있고, 장난스럽고, 행복한 경험의 긍정적인 이미지를 떠올리는 것을 연습한다. 어떤 이미지를 떠올렸는지 짤막하게 적어 둔다. 고통스럽거나 힘들었던 기억을 상쇄하기 위해 다시 갈 수 있도록 행복한 기억들을 모아 둔다. 만약 비판 양식이 방해가 된다면 필요에 따라 좋은 부모의 메시지를 사용한다.

월	
화	
수	
목	
금	
토	
일	

🗨 자기성찰적 질문

여러분의 행복한 아동 양식을 불러일으키는 과제를 쭉 따라갈 수 있었는가? 재미를 위해 무언가를 하면서 시간을 보내도록 한 경험은 어땠는가? 심리도식이 활성화되거나 양식이 촉발되었는가? 어떤 것이었는가?

비판 양식에서 온 "이건 바보 짓이야."나 그와 비슷한 메시지를 생각하는 자신을 발견했는가? 여러분이 행복한 아동 양식과 연결되지 못하게 하는 여러분이 경험했던 방해요인을 어떻게 처리했는가?

_____

_____

_____

_____

_____

_____

_____

_____

_____

행복한 아동 양식에 접근하는 것의 목적을 이해할 수 있었는가? 그것은 무엇인가?

_____

_____

_____

_____

_____

_____

_____

_____

_____

_____

_____

　행복한 아동 양식과의 경험이 이 분야에서 내담자들과 함께 작업하는 것을 보는 방식에 어떤 영향을 주었는가? 심리도식치료에서 성인 내담자에게 놀이라는 개념을 이용하는 것이 여러분에게는 편안한가?

_____

_____

_____

_____

_____

_____

_____

_____

_____

_____

_____

_____

_____

_____

모듈 20
자신의 건강한 성인 양식에의
접근 강화하기

'양식 훈습' 훈련을 통해 양식이 촉발되었을 때의 평상시의 긴 숙고를 극복할 수 있었습니다. 그것은 내가 강렬한 감정을 가지고 있을 때 무엇이 관련되는지 명확히 하고 이해하는 데 도움을 주었습니다.

– 자기실천 · 자기성찰 참여자

이 훈련은 양식 활성화에 대한 저의 인식을 향상시키는 데 유용했습니다. 저는 제 자신의 양식에 대해 생각할 수 있었고, 그 결과 내담자들이 그들의 양식을 훈습하도록 하는 데 훨씬 더 자신감을 갖게 되었습니다.

– 자기실천 · 자기성찰 참여자

이 모듈에는 이전 모듈을 통해 만든 변화를 유지시키고 확장하기 위해 건강한 성인 양식에 접근하고 강화하는 훈련들이 제시되어 있다. 부적응적 대처 양식을 기본으로 설정하거나 역기능적인 비판 양식이 질책하게 하는 대신 건강한 성인 양식을 사용해 행동적 패턴 파괴를 지속하기 위해 사용할 수 있는 몇 가지 다른 접근법과 훈련이 있다. 확인된 문제와 욕구에 부합하는 문제 중에서 선택할 수 있는 네 가지 훈련이 제시된다. 첫 번째 훈련은 심상으로 취약한 아동 양식과 건강한 성인 양식을 더 연결한다. 두 번째 훈련은 '양식 훈습'이라고 불리며, 건강한 성인 양식에서 확인한 다음 현재 욕구를 충족시키기 위한 계획을 수립하여 특정 시간에 작동하는 다른 양식에 대해 정보를 얻는 검토이다. 세 번째 훈련에서는 두 번째 훈련을 사용하여 건강한 성인 양식 관리 계획을 수립하여 수집한 정보를 요약하고, 네 번째 훈련은 역기능적 양식들이 촉발되는 상황에서 건강한 성인 양식에 대한 접근을 유지하는 데 도움이 되는 심리도식치료 플래시카드이다. 훈련들에 대한 실험들과 그들에 대한 여러분의 경험을 반영하여 자신에게 가장 효과적인 것과 정기적인 자기관리 일정에 맞는 것을 선택한다. 우리가 내담자들에게 말하는 것처럼, 이러한 도구를 계속 사용하면 여러분의 건강한 성인 양식을 유지하고 강화하는 데 도움이 될 것이다.

📌 **노트.** 심리도식치료의 가장 큰 목표는 한 개인의 건강한 성인 양식을 발달시켜 성인의 욕구에 부응하고 적응적인 방식으로 그들을 충족시키는 것이다. 그 능력은 다음과 같다.

① 여러분이 취약한 아동 양식 상태에 있을 때 여러분의 욕구를 보살핀다. 건강한 성인 양식의 이 기능은 우리가 '좋은 부모'라고 부르는 부분이다. 우리 내면의 좋은 부모로부터 우리는 충족되지 않은 어린 시절의 욕구를 반영하는 두려움, 슬픔 또는 외로움이 경험될 때 취약한 아동 양식의 욕구에 응답할 수 있다.

② 건강한 성인 양식에서 부적응적 대처 양식이 촉발될 때 행동을 중단하고, 감정이 발생할 때 성인 방식으로 경험하고, 다른 사람들과 연결하며, 욕구를 표현할 수 있다. 회피와 같은 부적응적 대처 양식을 기본 대처로 설정하기보다 욕구와 성인 상황의 현실을 충족시키는 대처 선택이 이루어진다.

③ 화난 혹은 충동적인/비훈육된 아동 양식을 다루기 위해, 건강한 성인 양식은 이들 선천적인 아동 양식들의 기본 설정 행동의 기저 감정과 욕구들을 적절하고 효과적인 방법으로 대체한다. 예를 들어, 욕구를 적극적인 성인 방식으로 표현하고 화를 건강한 방식으로 표현하는 것이다.

④ 역기능적 비판 양식의 통제가 사라진다. 가혹하고 내면화된 처벌적 비판 양식을 건강하고 긍정적인 방식으로 동기를 부여하고, 실수를 받아들이며, 필요할 때 이

를 보상하는 능력으로 대체하여 가혹하고 내면화된 처벌적 비판 양식을 제거한다. 요구적 비판 양식은 현실적인 기대와 기준을 가지도록 조절하는 법을 배우라.

⑤ 행복한 아동 양식을 자유롭게 해 놓을 수 있는 환경을 탐험하고 삶에서 즐거움을 주는 것에 대해서 배운다.

요약하자면, 매 순간 네 가지의 선택지가 있다.—투쟁, 회피, 얼어버림, 혹은 건강한 성인 양식에 접근하기—

✎ 훈련. 건강한 성인과 취약한 아동을 연결해 주는 '그네' 심상

지시: 앉아서, 심호흡을 몇 번 한 후, 눈을 감고, 이야기를 들으며 자연스럽게 머릿속으로 이미지를 떠올린다.

산책을 하다 아름다운 공원을 지나가게 되었다고 상상해 보라. 문득 장미 향기를 맡게 되고, 그것을 찾아 공원을 살피게 되었다. 그네에 앉아 있는 서너 살 정도의 아이를 발견한다. 아이는 그네에 앉아 놀려고 하지만, 다리가 너무 짧아 발을 구르지 못해 그네가 제대로 움직이지 않고 있다. 아이 곁으로 다가가다 그 아이가 자신이라는 것을 깨닫게 된다. "거기 있었구나!" 여러분은 애정을 담아 말한다. "내가 먼저 앉을 테니, 내 무릎 위에 앉으렴. 같이 그네를 타자!" 보호하듯이 두 팔로 아이를 감싸고 아이의 웃음소리를 즐긴다. 타는 그네는 점점 더 높아지고, 머리카락을 스치는 바람과 내 얼굴과 꼭 닮은 아이의 미소를 즐긴다. 둘 모두가 원하는 만큼 그네를 탄 후, 손에 손을 잡고 집에 가는 길이다. 아이에게 말한다. "너한테 부탁할 게 하나 있어. 가끔은 내가 일을 하느라 바쁘거나 집안일을 하는 데 방해를 받기도 하지만 너와의 관계를 잃고 싶지는 않단다. 이런 일이 일어나기 시작하면 나에게 너와 다시 연결하도록 몇 번 그네라는 단어를 말해 주겠니?"

이 심상 훈련에서 '그네'는 건강한 성인 양식이 필요하다는 신호가 된다. 이미지 떠올리기를 몇 번 연습하고, 신호를 생각하는 것에 유의하라.

과제

매일 그녀 이미지를 재방문하고, 연습을 기록한다.

여러분의 양식을 훈습하기

이것은 역기능적 양식이 촉발된 것을 인식하거나 오늘 하루가 끝날 때 검토하는 정기적으로 사용하는 훈련이다.

 예시. 줄리아의 자신의 양식 훈습하기

다음은 건강한 성인 양식에서 확인할 때 사용할 수 있는 질문이다. 여기에는 좋은 부모가 포함되며 오늘 경험한 모든 양식이 포함된다.

1. 나의 취약한 아동 양식

내가 나의 취약한 아동 양식과 연결되었을 때 무엇을 알아차릴 수 있는가? 나의 느낌, 욕구, 생각 그리고 신체 감각에는 어떤 것들이 있는가? 만약 고통이 있다면 무엇이 촉발된 상황인가?

나는 배 속에서 슬프고, 쓸모없고, 무거운 느낌을 느낀다. 나는 안심시켜 주는 것이 필요하고, 아무리 노력해도 나는 그저 형편없는 치료자일 뿐이라는 생각이 든다.

2. 나의 화난 아동 양식

내가 나의 화난 아동과 연결되었을 때 무엇을 알아차릴 수 있는가? 나의 느낌, 욕구, 생각 그리고 신체 감각에는 어떤 것들이 있는가? 만약 고통이 있다면 무엇이 촉발된 상황인가?

나는 그것이 너무 힘들고 불공평하며 아무도 나를 안심시키는 데 도움이 되지 않아서 화가 난다.

3. 나의 분리된 자기위안자 양식 부적응적 대처 양식 목록을 작성한다

내가 나의 분리된 자기위안자 양식과 연결되었을 때 무엇을 알아차릴 수 있는가? 나의 느낌, 욕구, 생각 그리고 신체 감각에는 어떤 것들이 있는가? 만약 고통이 있다면 무엇이 촉발된 상황인가?

나는 음식에 대한 엄청난 욕구를 느끼며 저녁 내내 TV를 본다. 나는 아내의 오늘 회기에서 겪었던 문제는 그냥 잊고 싶다. 나는 위안과 오락이 필요하다.

4. 나의 역기능적 비판 양식

내가 나의 비판 양식과 연결되었을 때 무엇을 알아차릴 수 있는가? 나의 느낌, 욕구, 생각 그리고 신체 감각에는 어떤 것들이 있는가?(비판 양식은 3개 이하의 문장으로 제한한다. 그 비판 양식의 논평은 상처를 주며, 건전한 목적에 가혹하다. 어린 시절, 그것을 들을 수밖에 없었다. 지금도 여전히 그 메시지들을 들을지도 모르지만, 그것의 효과를 제한하기 위한 건강한 성인 관점을 가지고 있다)

나의 비판은 내게 너는 심리도식치료자로서 성공할 리가 없으며 희망도 없으니 그만둬야 한다고 말한다. 또한 나는 너무 감정적이고 나약해서 절대 좋은 인간관계를 가질 수 없다고도 한다. 나는 충분히 잘하고 있지 않다.

5. **나의 건강한 성인 양식 관리 계획:** 나는 오늘 경험한 모든 양식을 확인했고 이 인식에서 도출한 정보를 활용하여 다음과 같은 계획을 세웠다.

- 나의 취약한 아동 양식의 욕구를 충족시키기 위해, 나의 좋은 부모는 다음과 같은 행동을 취할 것이다.

나의 좋은 부모님은 어린 줄리아를 의자에 앉혀 놓고 흔드실 것이다. 그리고 그녀가 훌륭한 어린 소녀이며, 그녀를 소중히 여기고 받아들이는 친구들과 가족이 있다는 것을 상기시켜 주실 것이다. 그녀 또한 자신의 내담자들을 아끼고 그들을 위해 존재한다는 것을 상기시켜 줄 것이다. 그녀는 계속해서 노력하고 열심히 일한다.

- 이야기를 들어주고 그 감정을 인정해 주길 바라는 내 화난 아동의 욕구를 충족시키기 위해, 나는 다음과 같은 행동을 취할 것이다.

나의 좋은 부모님은 화난 어린 줄리아의 분노를 들어주고 어린 화난 줄리아가 발을 구르고 불평하도록 격려한다. 왜냐하면 그녀에게 그렇게 어려운 것은 공평하지 않기 때문이다. 그녀는 또한 "당연히 화가 날 일이지! 화내도 괜찮아."라고 말할 것이다.

- 나의 분리된 자기위안자 양식이 인수하도록 허락하는 대신에 나는 나의 기저 욕구를 충족시키는 다음과 같은 건강한 행동을 할 것이다.

나와 함께 심리도식치료 프로그램을 하는 치료자 친구들 중에 한 명을 불러서 그녀와 회기에 대해 이야기를 나눌 것이다. 그녀는 항상 내가 재앙으로 보는 것을 더 건강한 시각으로 바라보도록 도와준다.

- 나의 역기능적 비판 양식의 영향을 줄이기 위해서, 나는 다음과 같은 행동을 취할 것이다.

나는 나의 비판 양식 관리 계획을 따를 것이고, 모듈 11에서 내가 적은 비판 양식에 대한 메시지를 읽을 것이다.

- **결과:**

나는 얀에게 문제 회기에 대해 이야기했고, 내담자가 치료를 그만둘까 생각하고 있다고 내게 말했을 때 나의 취약한 아동 양식이 촉발되었다는 것을 깨닫고는 기분이 나아졌다. 얀은 내가 1년도 안 되어 이 내담자의 네 번째 치료자라는 사실을 상기시켰고, 그것은 나에게 부정적인 성찰이 아니었다. 그녀는 내가 그것을 잘 처리했다고 말했다. 나는 방어적이거나 비판적이지는 않았지만, 그저 내담자의 패턴을 공감적으로 직면시켜 주었다. 얀과 이야기를 나눈 후, 나는 건강한 식사를 했고 TV에서 <크리미널 마인드> 에피소드를 보는 것으로 보상을 받았다. 어린 줄리아는 서로 연결되어 있고 훨씬 더 나아졌다고 느꼈다.

✍️ **훈련**. 나의 양식 훈습하기

---

1. 나의 **취약한 아동 양식**

내가 나의 취약한 아동 양식과 연결되었을 때 무엇을 알아차릴 수 있는가? 나의 느낌, 욕구, 생각 그리고 신체 감각에는 어떤 것들이 있는가? 만약 고통이 있다면 무엇이 촉발된 상황인가?

---

2. 나의 **화난 아동 양식**

내가 나의 화난 아동 양식과 연결되었을 때 무엇을 알아차릴 수 있는가? 나의 느낌, 욕구, 생각 그리고 신체 감각에는 어떤 것들이 있는가? 만약 고통이 있다면 무엇이 촉발된 상황인가?

---

3. 나의 _____ 양식(부적응적 대처 양식 목록을 작성한다)

내가 나의 _____ 양식과 연결되었을 때 무엇을 알아차릴 수 있는가? 나의 느낌, 욕구, 생각 그리고 신체 감각에는 어떤 것들이 있는가? 만약 고통이 있다면 무엇이 촉발된 상황인가?

---

4. 나의 **역기능적 비판 양식**

내가 나의 비판 양식과 연결되었을 때 무엇을 알아차릴 수 있는가? 나의 느낌, 욕구, 생각 그리고 신체 감각에는 어떤 것들이 있는가?(비판 양식은 3개 이하의 문장으로 제한한다. 그 비판 양식의 논평은 상처를 주며, 건전한 목적에 가혹하다. 어린 시절, 그것을 들을 수밖에 없었다. 지금도 여전히 그 메시지들을 들을지도 모르지만, 그것의 효과를 제한하기 위한 건강한 성인 관점을 가지고 있다)

5. **나의 건강한 성인 양식 관리 계획: 나는 오늘 경험한 모든 양식을 확인했고 이 인식에서 도출한 정보를 활용하여 다음과 같은 계획을 세웠다.**

- 나의 취약한 아동 양식의 욕구를 충족시키기 위해, 나의 좋은 부모는 다음과 같은 행동을 취할 것이다.

- 이야기를 들어주고 그 감정을 인정해 주길 바라는 내 화난 아동의 욕구를 충족시키기 위해, 나는 다음과 같은 행동을 취할 것이다.

- 나의 _____ 양식이 인수하도록 허락하는 대신에 나는 나의 기저 욕구를 충족시키는 다음과 같은 건강한 행동을 할 것이다.

- 나의 역기능적 비판 양식의 영향을 줄이기 위해서, 나는 다음과 같은 행동을 취할 것이다.

과제

다음 몇 주간 매일 저녁 양식들을 훈습한다. 다음에 그 결과를 기록한다. 여러분의 일상 속에서 부정적 영향을 경험할 때마다 심리도식과 양식 활동을 모니터하는 것이 유용한 훈련이라고 느끼는지 생각해 본다.

✍️ 훈련. 나의 건강한 성인 양식 유지 계획

자신의 양식 훈습하기 연습을 통해 수집한 정보를 사용하여 건강한 성인 양식 유지 계획을 작성한다. 이언의 예는 다음에 제시되어 있다. 그 아래 여러분이 작성해야 할 빈 양식이 있다.

이언의 건강한 성인 양식 유지 계획

양식 인식	취약한 아동 양식	부적응적 대처 양식	역기능적 비판 양식
기분	기분이 상하다, 슬프다	분노, 억울함	가치 없는, 부끄러운
생각	나는 사랑받지 못한다.	그녀를 아프게 하고 싶다.	너는 사랑받을 자격이 없다. 너는 패배자다.
촉발점	아내가 친구를 만나러 들락거렸다.	상처받은 기분	내 일에 대한 부정적인 피드백을 받고 있다.
욕구	사랑받는 느낌	인정, 사랑	있는 그대로 나를 수용
건강한 성인 계획	1. 아내에게 언제 집에 올지, 그리고 그때 내 하루를 그녀에게 이야기할 수 있는지 물어본다. 2. 내 자신을 사랑스러운 방법으로 대한다. 예를 들어, 편안한 옷을 입고, 따뜻한 음료를 준비하고, 소파에서 가장 좋아하는 잡지를 읽는다. 3. 내가 완벽하지 않을 때마다, 나는 아무도 나를 사랑하거나 받아들이지 않을 것이라는 것에 두려움을 느낀다는 것을 내 자신에게 상기시켜 준다. 왜냐하면 내가 우리 아빠와 어렸을 때 그렇게 느꼈기 때문이다.		
결과	아내가 일찍 집에 와서 우리는 앉아서 내 하루 일과 그것이 촉발된 것에 대해 이야기했다. 나는 그저 그녀가 나를 사랑하고 있다는 확신을 갖고 안아 줄 필요가 있다고 말했다. 그녀는 그렇게 했고 나는 기분이 훨씬 좋아졌다. 나의 욕구는 충족되었다.		

나의 건강한 성인 양식 유지 계획

양식 인식	취약한 아동 양식	부적응적 대처 양식	역기능적 비판 양식
기분			
생각			
촉발점			
욕구			

건강한 성인 계획	
결과	

취약한 아동 양식을 위한 플래시카드

 예시. 줄리아의 취약한 아동 양식을 위한 플래시카드

나는 나의 취약한 아동 양식 상태에 있다. 왜냐하면 나는 지금 극심한 두려움을 느끼고 있기 때문이다. 나의 내담자가 가해자-공격 양식으로 전환하여 내가 회기를 늦게 시작했다고 큰 소리로 계속해서 고함을 질렀다. 나의 두려움은 상황보다 너무 큰 것 같다.

내게 필요한 것은 줄리아가 내담자를 볼 때 거기에 있지 않는 것이다.

나의 건강한 성인 양식은 나의 취약한 아동 양식을 그녀가 치료를 할 때 내가 그녀의 사무실에서 벗어나 우리의 안전지대 이미지에 떨어져 있게 함으로써 잘 돌볼 수 있다.

예시. 이언의 취약한 아동 양식을 위한 플래시카드

> 나는 나의 취약한 아동 양식 상태에 있다. 왜냐하면 나는 정말로 동료와의 그 대화를 나에게서 멀어지게 했다. 나는 그가 우리 회의에 10분이나 늦었기 때문에 그에 대해 다소 극단적이고 부정적인 말을 했다. 나는 뭔가 잘못했다고 느낄 때 받는 그런 느낌이 든다.
>
> 내게 필요한 것은 가끔 내가 약간 통제력을 갖게 되더라도 나는 괜찮다는 확신이다.
>
> 나의 건강한 성인 양식은 나의 취약한 아동 양식을 상황을 파악하여 잘 돌볼 수 있다. 그것은 끔찍하지 않았고, 만약 그가 다음에 내가 그를 볼 때 나에게 화가 난 것처럼 보인다면, 내가 너무 지나친 것에 대해 사과할 수 있다. 나의 반응은 나를 끔찍한 사람으로 만들지는 않는다.

훈련. 나의 취약한 아동 양식을 위한 플래시카드

이제 여러분의 차례이다.

> 나는 나의 취약한 아동 양식 상태에 있다. 왜냐하면
>
> _____
>
> _____
>
> _____
>
> 내게 필요한 것은
>
> _____
>
> _____
>
> _____
>
> 나의 건강한 성인 양식은 나의 취약한 아동 양식을 잘 돌볼 수 있다.
>
> _____
>
> _____
>
> _____

✏️ 훈련. 마지막 양식 - 심리도식 원형 도표

자기실천·자기성찰 작업을 마무리하는 단계로, 세 번째 양식-심리도식 원형 도표를 채워 보자. 다음에 줄리아의 세 번째 양식-심리도식 원형 도표가 있다. 그녀의 첫 번째 그리고 두 번째 도표와 비교하여 그 변화를 확인한다. 다음으로, 다음 쪽에 있는 여러분 자신의 양식-심리도식 원형 도표를 채운다. 마지막 부분에 나오는 자기성찰 질문들을 통해 첫 번째 그리고 두 번째 원형 도표와 비교해 보고 발견한 차이를 적어 본다.

줄리아의 양식-심리도식 원형 도표 3

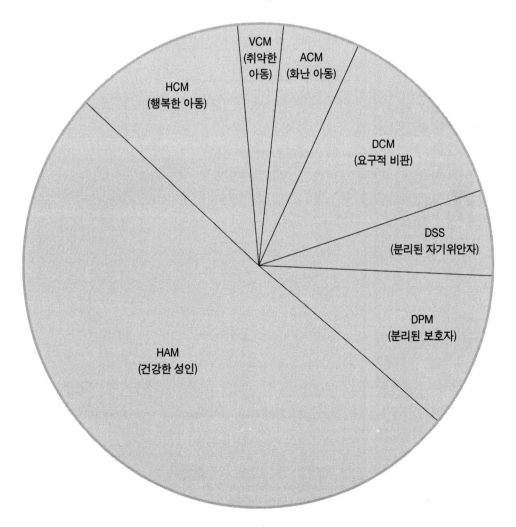

나의 양식-심리도식 원형 도표 3

날짜: _____

지난 2주간의 경험을 바탕으로 원을 선으로 나누어 제시해 보라.

양식 종류의 약어: VCM, 취약한 아동; ACM, 화난 아동; I/UCM, 충동적인/비훈육된 아동; DCM, 요구적 비판; PCM, 처벌적 비판; AVM, 회피적 대처 양식; DPM, 분리된 보호자; DSS, 분리된 자기 위안자; CCM, 과잉보상 대처 양식; POC, 완벽주의적 과잉통제자; BAM, 가해자 공격; SAM, 자기과시자; AAP, 인정/승인 추구; CSM, 순응적 굴복자; HAM, 건강한 성인; HCM, 행복한 아동.

🗨 자기성찰적 질문

나의 양식 훈습하기에 대한 경험은 어땠는가? 어떤 심리도식이 활성화되거나 양식
이 촉발되었는가? 스스로를 놀라게 하는 것이 있었는가? 스스로에 대한 주기적인 확인
방법으로서 이 훈련이 얼마나 유용하다고 생각하는가?

그네 훈련에 어떤 영향을 받았는가? 건강한 성인 양식에 접근할 수 있도록 스스로에
게 상기시켜 주는 주기적 방법으로서 이 훈련을 사용할 것인가, 아니면 다른 기술을 사
용할 것인가?

_____

_____

_____

_____

_____

_____

워크북에 있는 훈련 중 건강한 성인 양식을 강화하는 데 가장 효과적이었던 것은 무엇이었는가? 새로운 행동을 만들고 스스로 건강한 메시지를 주는 데는 무엇이 가장 유용했는가?

_____

_____

_____

_____

_____

_____

_____

_____

_____

_____

_____

지속적인 연습으로 양식 모니터링을 사용한 경험이 향후 이 도구를 내담자에게 사용하는 방법에 어떤 영향을 미쳤는가?

_____

_____

세 개의 양식-심리도식 원형 도표에 대한 변화를 기록해 보라. 당신이 관찰한 긍정적 변화를 어떻게 유지시킬 것인가? 건강하지 않은 양식 발생의 빈도는 어떻게 줄일 것인가?

제 7 부

요약
자기성찰적 질문

이제 여러분은 워크북을 끝마치게 되었다. 작업과정을 요약하기 위해 다음 질문에 대답하며 가졌던 다른 생각이나 감정들을 기록한다.

1. 전체적으로 이 워크북에 대한 경험에서 기억하고 싶은 핵심 사항, 즉 개인적 자기와 전문적 자기를 위한 '결론' 메시지는 무엇인가?

- 추가적 자기성찰을 위한 문제가 포함된 자기 자신을 위한 목록을 만든다.
- 이 학습을 어떻게 통합할 것인가? 무엇을 해야 하는가?
- 다음 내담자를 만날 때 기억하고 싶은 점을 목록으로 만든다.

374

2. 심리도식치료 사례 개념화, 원형 도표 그리고 다이어그램을 완성하면서 무엇을 배웠는
가? 어떤 것이 가장 유용했는가? 내담자에게 사용하고 싶은 것이 있는가?

----

3. 이러한 훈련들이 심리도식과 양식 변화에 대한 인식을 넓혀 주었는가? 내담자의 경험을
이해하는 데 있어 자신의 경험은 어떤 영향을 주었는가? 내담자들과의 작업에는?

----

4. 어떤 훈련이 가장 유용했고 어떤 훈련이 가장 덜 유용했는가? 어떤 식으로?

----

5. 문화적이거나 영적 · 종교적 영향을 알아차렸는가? 그에 대해 설명하고 그것이 어떻게 영향을 끼쳐 왔는지 적어 본다.

6. '내면으로부터'의 경험이 심리도식치료에 대한 이해에 어떤 영향을 미치는가? 경험적 · 인지적 · 행동적 전략과 그것들의 상대적 효과 사이의 관계를 어떻게 이해하는가? 이 세 가지가 어떻게 실무적으로 가장 잘 통합될 수 있다고 보는가?

7. 심상이 몇몇 훈련에서 활용되었다. 이 접근법을 어떻게 경험했는가? 그것이 차이를 만들었다고 생각하는가? 그렇다면 어떤 차이가 있는가? 연구 이론에 대한 지식으로부터, 심상의 가치를 어떻게 이해하는가? 실무에서 규칙적으로 사용하는가?

참고문헌

민성길, 이창일, 서신영, 김동기(2000). 한국판 세계보건기구 삶의 질 간편형 척도(WHOQOL-BREF)의 개발. 신경정신의학, 39, 571-579.

박범석(2014). 의과대학생과 일반대학생의 삶의 질 관련 요인 비교분석. 가천대학교 의학전문대학원 석사학위논문.

Arntz, A. (1994). Treatment of borderline personality disorder: A challenge for cognitive-behavioural therapy. *Behaviour Research and Therapy, 32*(4), 419-430.

Arntz, A. (2012). Imagery rescripting as a therapeutic technique: Review of clinical trials, basic studies and research agenda. *Journal of Experimental Psychopathology, 3*(2), 189-205.

Arntz, A., & Jacob, G. (2012). *Schema therapy in practice: An introductory guide to the schema mode approach.* Chichester, UK: Wiley-Blackwell.

Arntz, A., & van Genderen, H. (2009). *Schema therapy for borderline personality disorder.* Chichester UK: Wiley-Blackwell.

Bach, B., Lee, C., Mortensen, E. L., & Simonsen, E. (2015). How do DSM-5 personality traits align with schema therapy constructs? *Journal of Personality Disorders, 30*(4), 502.

Baljé, A., Greeven, A., van Giezen, A., Korrelboom, K., Arntz, A., & Spinhoven, P. (2016). Group schema therapy versus group cognitive behavioral therapy for social anxiety disorder with comorbid avoidant personality disorder: Study protocol for a randomized controlled trial. *Trials, 17,* 487.

Bamelis, L. M., Evers, S., Spinhoven, P., & Arntz, A. (2014). Results of a multicenter randomized controlled trial of the clinical effectiveness of schema therapy for personality disorders. *American Journal of Psychiatry, 177*(3), 305–322.

Bamelis, L. M., Renner, F., Heidkamp, D., & Arntz, A. (2010). Extended schema mode conceptualizations for specific personality disorders: An empirical study. *Journal of Personality Disorders, 25*(1), 41–58.

Bateman, A., & Fonagy, P. (2016). *Mentalization-based treatment for personality disorders*. Oxford, UK: Oxford University Press.

Beck, J. S. (2011). *Cognitive behavior therapy* (2nd ed.): *Basies and beyond*. New York: Guilford Press

Behary, W. (2014). *Disarming the narcissist* (2nd ed.). Oakland, CA: New Harbinger.

Bennett-Levy. J., & Lee, N. K. (2014). Self-practice and self-reflection in cognitive behaviour therapy training: What factors influence trainees' engagement and experience of benefit. *Behavioural and Cognitive Psychotherapy, 42*(1), 48–64.

Bennett-Levy, J., Thwaites, R., Haarhoff, B., & Perry, H. (2015). *Experiencing CBT from the inside out: A self-practice/self-reflection workbook for therapists*. New York: Guilford Press.

Bennett-Levy, J., Turner, F., Beaty, T., Smith, M., Paterson, B., & Farmer, S. (2001). The value of self practice of cognitive therapy techniques and self-reflection in the training of cognitive therapists. *Behavioral and Cognitive Psuchotherapy, 29*(2), 203–220.

Bernstein, D. P., Nijman, L. L., Karos, K., Keulen-de Vos, M., de Vogel, V., & Lucker, T. P. (2012). Schema therapy for forensic patients with personality disorders: Design and preliminary findings of a multicenter randomized clinical trial in the Netherlands. *International Journal of Forensic Mental Health, 11*, 312–324.

Bronfenbrenner. U. (1970). *The worlds of childhood: US and USSR*. New York: Simon & Schuster.

Cassidy, J., & Shaver, P. R. (Eds.). (1999). *Handbook of attachment: Theory, research, and clinical applications* (pp. 21–13). New York: Guilford Press.

Cockram, M. D., Drummond, P. D., & Lee, W. C. (2010). Role and treatment of early maladaptive schemas in Vietnam veterans with PTSD. *Clinical Psychology and Psychotherapy, 17*, 165–182.

Davis, M. L., Thwaites, R., Freeston, M. H., & Bennett-Levy, J. (2015). A measurable impact of a self practice/self-reflection programme on the therapeutic skills of experienced cognitive-behavioural therapists. *Clinical Psychology and Psychotherapy, 22*(2), 176–184.

De Klerk, N., Abma, T. A. Bamelis, L., & Arntz, A. (2017). Schema therapy for personality disorders: A qualitative study of patients' and therapists' perspectives. *Behavioural and Cognitive Psychotherapy, 45*(1), 31–45.

Dickhaut, V., & Arntz, A. (2014). Combined group and individual schema therapy for borderline personality disorder: A pilot study. *Journal of Behavior Therapy and Experimental Psychiatry, 45*(2), 242-251.

Edwards, D., & Arntz, A. (2012). Schema therapy in historical perspective. In M. van Vreeswijk, J. Broersen, & M. Nador (Eds.), *The Wiley-Blackwell handbook of schema therapy* (pp. 3-26). Oxford, UK: Wiley-Blackwell.

Farrand, P., Perry, J., & Linsley, S. (2010). Enhancing self-practice/self-reflection approach to cognitive behaviour training through the use of reflective blogs. *Behavioural and Cognitive Psychotherapy, 38*, 473-477.

Farrell, J. M., Reiss, N., & Shaw, I. A. (2018). 심리도식치료 임상가이드: 개인 및 집단 심리도식치료 프로그램을 구축하고 실시하기 위한 완벽한 자원(*The schema therapy clinician's guide: A complete resource for building and delivering individual, group and integrated schema mode treatment programs*). (이은희, 송영회 공역). 서울: 학지사. (원저는 2014에 출판).

Farrell, J. M., & Shaw, I. A. (1994). Emotional awareness training. A prerequisite to effective cognitive behavioral treatment of borderline personality disorder. *Cognitive and Behavioral Practice, 1*, 71-91.

Farrell, J. M., & Shaw, I. A. (2010). *Unpublished data: SMI scores for BPD patients*. Indianapolis, IN: Schema Therapy Institute Midwest.

Farrell, J. M., & Shaw, 1. A. (2012). *Group schema therapy for borderline personality disorder: A step-by step treatment manual with patient workbook*. Oxford, UK: Wiley-Blackwell.

Farrell, J. M., & Shaw, L. A. (2016, June). *Balancing model integrity and the session limits of a changing mental health care world using the mode model, or "can schema therapy be brief?"* Paper presented at the International Society Schema Therapy biannual conference, Vienna, Austria.

Farrell, J. M., Shaw, I. A., & Webber, M. (2009). A schema-focused approach to group psychotherapy for outpatients with borderline personality disorder: A randomized controlled trial. *Journal of Behavior Therapy and Experimental Psychiatry, 40*, 317-328.

Giesen-Bloo, J., van Dyck, R., Spinhoven, P., van Tilburg, W., Dirksen, C., van Asselt, T., et al. (2006). Outpatient psychotherapy for borderline personality disorder: Randomized trial of schema-focused therapy vs. transference-focused psychotherapy. *Archives of General Psychiatry, 63*, 649-658.

Greenberg, L. S., & Safran, J. D. (1990). *Emotion in psychotherapy*. New York: Guilford Press.

Haarhoff, B. A. (2006). The importance of identifying and understanding therapist schema in cognitive therapy training and supervision. *New Zealand Journal of Psychology, 35*(3), 126–131.

Haarhoff, B. A., Thwaites, R., & Bennett-Levy, J. (2015). Engagement with self-practice/self-reflection as a professional development activity: The role of therapist beliefs. *Australian Psychologist, 50*(5), 322–328.

Hawthorne, G., Herrman, H., & Murphy, B. (2006). Interpreting the WHOQOL-BREF: Preliminary population norms and effect sizes. *Social Indicators Research, 77*(1), 37–59.

Holmes, A., & Mathews, A. (2010). Mental imagery in emotion and emotional disorders. *Clinical Psychology Review, 30*, 349–362.

Lane, R. D., & Schwartz, G. (1987). Levels of emotional awareness: A cognitive developmental theory and its application to psychopathology. *American Journal of Psychiatry, 144*, 133–143.

Lobbestael, J., van Vreeswijk, M. F., & Arntz, A. (2008). An empirical test of schema mode conceptualizations in personality disorders. *Behaviour Research and Therapy, 46*, 854–860.

Lobbestael, J., van Vreeswijk, M. E., Spinhoven, P., Schouten, E., & Arntz, A. (2010). Reliability and validity of the short Schema Mode Inventory (SMI). *Behavioral and Cognitive Psychotherapy, 38*, 437–458.

Loose, C., Graf, P., & Zarbock, G. (2013). *Schematherapie mit Kindern und Jugendlichen.* Weinheim, Germany: Beltz.

Malogiannis, I. A., Arntz, A., Spyropoulou, A., Tsartsaru, A., Aggeli, A., Karveli, S., et al. (2014). Schematherapy for patients with chronic depression: A single case series study. *Journal of Behavior Therapy and Experimental Psychiatry, 45*, 319–329.

Muste, E., Weertruan, A., & Claassen, A. M. (2009). *Handboek Klinische Schematherapie.* Houten, The Netherlands: Bohn Stafleu van Loghum.

Nadort, M., Arntz, A., Smit, J. H., Wensing, M., Giesen-Bloo, L., Eikelenboom, M., et al. (2009). Implementation of outpatient schema therapy for borderline personality disorder with versus without crisis support by the therapist outside office hours. A randomized trial. *Behaviour Research and Therapy, 47*(11), 961–973.

Nordahl, H. M., Holthe, H., & Haugum, J. A. (2005). Early maladaptive schemas in patients with or without personality disorders: Does schema modification predict symptomatic relief? *Clinical Psychology and Psychotherapy, 12*(2), 142–149.

Perris, P., Fretwell, I., & Shaw, L. A. (2012). Therapist self-care in the context of limited reparenting. In M. van Vreeswijk, J. Broersen, & M. Nadort (Eds.), *The Wiley-Blackwell handbook of schema therapy* (pp. 473–492). Oxford, UK: Wiley-Blackwell.

Reiss, N., Lieb. K., Arntz, A., Shaw, I. A., & Farrell, J. M. (2014). Responding to the treatment challenge of patients with severe BPD: Results of three pilot studies of inpatient schema therapy. *Behavioural and Cognitive Psychotherapy, 42*(3), 355-367.

Renner, F., Arntz, A., Peeters, F. P., Lobbestael, J., & Huibers, M. L. (2016). Schema therapy for chronic depression: Results of a multiple single case series. *Journal of Behavior Therapy and Enerimental Psychiatry, 51*, 66-73.

Rijkeboer, M. M., van den Berghe, H., & van den Bout, J. (2005). Stability and discriminative power of the Young Schema Questionnaire in a Dutch clinical versus non-clinical population. *Journal of Behavior Therapy and Experimental Psychiatry, 36*(2), 129-144.

Romanova, E., Galimzyanova, M., & Kasyanik, P. (2014, June). *Schema therapy for children and adolescents*. Paper presented at the International Society Scheman Therapy biannual conference, Istanbul Turkey.

Romanova, E., & Kasyanik, P. (2014, June). *An introduction to group schema therapy*. Paper presented at the International Society Schema Therapy biannual conference, Istanbul, Turkey.

Safran, J., & Segal, Z. V. (1996). *Interpersonal process in cognitive therapy*. Lanham, MD Rowman & Littlefield.

Shaw, I. A., Farrell, J. M., Rijkeboer, M., Huntjens, R., & Artz, A. (2015). *An experimental case series of schema therapy for dissociative identity disorder*. Unpublished protocol. Maastricht University The Netherlands.

Shellield, A., & Waller, G. (2012). Clinical use of schema inventories. In M. van Vreeswijk, J. Broersen, & M. Nador (Eds.), *The Wiley-Blackwell handbook of schema therapy* (pp. 111-124). Oxford, UK. Wiley-Blackwell.

Siegel, D. J. (1999). *The developing mind,* New York: Cuilford Press.

Simone-DiFrancesco, C., Roediger, E., & Stevens, B. (2015) *Schema therapy for couples*. Oxford, UK Wiley-Blackwell.

Simpson, S. G., Skewes, S. A., van Vreeswijk, M., & Samson, R. (2015). Commentary: Short-term group schema therapy for mixed personality disorders: An introduction to the treatment protocol. *Frontiers in Psychology, 6*, 609.

Spinhoven, J., Giesen-Bloo, L., van Dyck, R., Kooiman, K., & Arntz, A. (2007). The therapeutic alliance in schema-focused therapy and transference-focused psychotherapy for borderline personality disorder. *Journal of Consulting and Clinical Psychology, 75*(1), 104-115.

ten Napel-Schutz, M. C., Tineke, A., Bamelis, L., & Arntz, A. (2017). How to train experienced therapists in a new method: A qualitative study into therapists' views. *Clinical Psychology and Psychotherapy, 24*, 359-372.

van Asselt, A. D., Dirksen, C. D., Arntz, A., Giesen-Bloo, J. H., van Dyck, R., Spinhoven, P., et al. (2008). Outpatient psychotherapy for borderline personality disorder: Cost-effectiveness of schema-focused therapy vs. transference-focused psychotherapy. *British Journal of Psychiatry, 192*(6), 450-457.

van Vreeswijk, M., Broersen, J., & Nadort, M. (Eds.). (2012). *The Wiley-Blackwell handbook of schema therapy*. Oxford, UK: Wiley-Blackwell.

Videler, A., Rossi, G., Schoevaars, M., van der Feltz-Cornelis, C., & van Alphen, S. (2014). Ellects of schema group therapy in older outpatients: A proof of concept study. *International Psychogeriatrics, 26*(10), 1709-1717.

Wetzelaer, P., Farrell, J. M., Evers, S. M., Jacob, G, Lee, C., Brand, O., et al. (2014). Design of an international multicenter RCT on group schema therapy for borderline personality disorder. *BMC Prychiatry, 14*, 319.

WHOQOL Group. (1998). Development of the WHOQOL-BREF Quality of Life Assessment. *Psychological Medicine, 28*(3), 551-558.

Winnicott, D. (1953). Transitional objects and transitional phenomena. *International Journal of Psychoanalysis, 34*, 89-97.

Yalom, I. D., & Leszcz, M. (2005). *The theory and practice of group psychotherapy* (5th ed.). New York: Basic Books.

Younan, R., May, T., & Farrell, J. M. (in press). "Teaching me to parent myself": The feasibility of an inpatient group schema therapy program for complex trauma. *Behavioural and Cognitive Psychotherapy*.

Young, J. E. (1990). *Cognitive therapy for personaliy disorders: A schema-focused approach*. Sarasota, FL: Professional Resource Exchange.

Young, J. E. (2017). *Young Schema Questionnaire*. New York: Schema Therapy Institute. Available at www.schematherapy.org.

Young, J. E., Arntz, A., Atkinson, T., Lobbestael, J., Weishaar, M. E., van Vreeswijk, M. F. et al. (2007) *The Schema Mode Inventory*. New York: Schema Therapy Institute.

Young, J. E., & Klosko, J. (1993). *Reinventing your life*. New York: Penguin.

Young, J. E., Klosko, J. S., & Weishaar, M. E. (2003). *Schema therapy: A practitioner's guide*. New York: Guilford Press.

Zarbock, G., Rahn, V., Farrell, J., & Shaw, I. A. (2011). Group schema therapy. An innovative approach to treating patients with personality disorder (DVD set). Hamburg, Germany: IVAH. Available at www.bpd-home-base.org.

부록 I. 한국판 세계보건기구 삶의 질 간편형 척도 (WHOQOL-BREF) 질문지

※ 다음의 질문은 여러분의 삶의 질, 건강 및 여러 영역들에 대해서 어떻게 느끼는지를 물어보는 문항입니다. 각 문항을 읽고 해당되는 부분에 ✓ 표를 해 주세요.

	문항 내용	매우 나쁨	나쁨	나쁘지도 좋지도 않음	좋음	매우 좋음
1	당신의 삶의 질을 어떻게 평가하시겠습니까?	①	②	③	④	⑤
	문항 내용	매우 불만족	불만족	만족하지도 불만족 하지도 않음	만족	매우 만족
2	당신의 건강 상태에 대해 얼마나 만족하고 있습니까?	①	②	③	④	⑤
	다음은 당신이 지난 2주 동안(오늘을 포함해서) 어떤 것들을 얼마나 많이 경험했는지를 묻는 질문들입니다.	전혀 아니다	약간 그렇다	그렇다	많이 그렇다	매우 많이 그렇다
3	당신은 (신체적) 통증으로 인해 당신이 해야 할 일들을 어느 정도 방해받는다고 느낍니까?	①	②	③	④	⑤
4	당신은 일상생활을 잘 하기 위해 얼마나 치료가 필요합니까?	①	②	③	④	⑤
5	당신은 인생을 얼마나 즐깁니까?	①	②	③	④	⑤
6	당신은 당신의 삶이 어느 정도 의미 있다고 느낍니까?	①	②	③	④	⑤
7	당신은 얼마나 정신을 잘 집중할 수 있습니까?	①	②	③	④	⑤
8	당신은 일상생활에서 얼마나 안전하다고 느낍니까?	①	②	③	④	⑤
9	당신은 얼마나 건강에 좋은 주거환경에 살고 있습니까?	①	②	③	④	⑤
	다음은 당신이 지난 2주 동안(오늘을 포함해서) 어떤 것들을 얼마나 전적으로 경험하였으며 혹은 할 수 있었는지에 대해 묻는 것입니다.	전혀 아니다	약간 그렇다	그렇다	많이 그렇다	매우 많이 그렇다
10	당신은 일상생활을 위한 에너지를 충분히 가지고 있습니까?	①	②	③	④	⑤
11	당신의 신체적 외모에 만족합니까?	①	②	③	④	⑤

12	당신은 당신의 필요를 만족시킬 수 있는 충분한 돈을 가지고 있습니까?	①	②	③	④	⑤
13	당신은 매일매일의 삶에서 당신이 필요로 하는 정보를 얼마나 쉽게 구할 수 있습니까?	①	②	③	④	⑤
14	당신은 레저(여가) 활동을 위한 기회를 어느 정도 가지고 있습니까?	①	②	③	④	⑤
15	당신은 얼마나 잘 돌아다닐 수 있습니까?	①	②	③	④	⑤
다음은 당신이 지난 2주 동안(오늘을 포함해서) 당신의 삶과 다양한 영역에 대해 당신이 얼마나 만족했고, 행복했고, 좋았는지를 묻는 질문들입니다.		매우 불만족	불만족	만족하지도 불만족 하지도 않음	만족	매우 만족
16	당신의 건강 상태에 대해 얼마나 만족하고 있습니까?	①	②	③	④	⑤
17	당신은 일상생활의 활동을 수행하는 당신의 능력에 대해 얼마나 만족하고 있습니까?	①	②	③	④	⑤
18	당신은 일할 수 있는 당신의 능력에 대해 얼마나 만족하고 있습니까?	①	②	③	④	⑤
19	당신은 당신 스스로에게 얼마나 만족하고 있습니까?	①	②	③	④	⑤
20	당신은 당신의 대인관계에 대해 얼마나 만족하고 있습니까?	①	②	③	④	⑤
21	당신은 당신의 성생활에 대해 얼마나 만족하고 있습니까?	①	②	③	④	⑤
22	당신은 당신의 친구로부터 받고 있는 도움에 대해 얼마나 만족하고 있습니까?	①	②	③	④	⑤
23	당신은 당신이 살고 있는 장소의 상태에 대해 얼마나 만족하고 있습니까?	①	②	③	④	⑤
24	당신은 의료 서비스를 쉽게 받을 수 있다는 점에 얼마나 만족하고 있습니까?	①	②	③	④	⑤
25	당신은 당신이 사용하는 교통수단에 대해 얼마나 만족하고 있습니까?	①	②	③	④	⑤
다음은 예를 들어 당신의 가족 또는 친구로부터의 도움 혹은 안전상 위협과 같은 것들을 얼마나 자주 경험했거나 느꼈는지에 대한 질문입니다.		전혀 아니다	드물게 그렇다	제법 그렇다	매우 자주 그렇다	항상 그렇다
26	당신은 침울한 기분, 절망, 불안, 우울감과 같은 부정적 감정을 얼마나 자주 느낍니까?	①	②	③	④	⑤

부록 II. 한국판 세계보건기구 삶의 질 간편형 척도 (WHOQOL-BREF) 채점방법

삶의 질 영역과 문항번호	
신체적 영역	3, 4, 10, 15, 16, 17, 18
심리적 영역	5, 6, 11, 19, 26
사회적 영역	20,.21, 22
환경적 영역	8, 9, 12, 13, 14, 23, 24, 25

주: 3, 4, 26번 문항은 역채점 문항임.

※ 영역 점수는 영역 내에 포함된 모든 문항 점수의 평균에 4를 곱하여 계산한다(영역마다 문항 수가 다르므로).
그러므로 영역 점수는 4~20까지의 범위에 있다. 총점은 영역 점수의 합으로 계산한다.

찾아보기

SMI 39
YSQ 39

가해자-공격 양식 31
건강한 성인 양식 34
건강한 성인과 취약한 아동을 연결해 주는 '그네'
    심상 358
건강한 심리도식양식 34
건강한 양식 27
결함/수치심 25
경험적 양식 작업 44
과잉 경계와 억제 25
과잉보상 양식 69
과잉보상적 대처 방식 양식 31
관심/승인 추구 양식 31
굴복 대처 양식 70
길거리의 외롭고 겁먹은 어린아이 심상 훈련
    294

나만의 안전지대 이미지 구성하기 101
나의 SMI 118
나의 WHOQOL-BREF 114
나의 건강한 성인 양식 248
나의 건강한 성인 양식 유지 계획 364
나의 건강한 성인 양식으로부터의 메시지 250
나의 건강한 성인의 좋은 부모가 역기능적 비판
    에 답하기 320
나의 문제 분석 183

나의 부적응적 대처 양식 관리 계획 212
나의 부적응적 대처 양식 인식 요약 199
나의 심리도식치료 자기개념화 156
나의 심리도식치료 플래시카드 251
나의 심상 재구성하기 335
나의 양식 관리 계획 1단계 210
나의 양식 관리 계획 결과 요약 214
나의 양식 지도 161
나의 양식 훈습하기 362
나의 양식-심리도식 원형 도표 175
나의 양식에 따른 목표 186
나의 역기능적 비판 양식 관리 계획 238
나의 역기능적 비판 양식 인식 요약 228
나의 역기능적 비판 양식을 위한 인지적 해독제
    236
나의 역기능적 비판의 메시지 226
나의 역기능적 비판의 메시지와 싸우기 316
나의 자기모니터링 원 171
나의 자기실천 검토 263
나의 자기실천 · 자기성찰 작업을 지속하기 위한
    장단점 목록 266
나의 장단점 목록 202
나의 좋은 부모 vs. 역기능적 비판 322
나의 충족되지 않은 욕구와 관련된 심리도식
    138
나의 취약한 아동 양식 관리 계획 309
나의 취약한 아동 양식과 연결하기 292
나의 취약한 아동 양식을 위한 플래시카드 366

나의 행복한 아동 양식 불러일으키기 347
나의 화난 혹은 충동적인/비훈육된 아동 양식 분석에 대한 분석 278
나의 화난 혹은 충동적인/비훈육된 아동 양식 플래시카드 283
나의 확인된 문제를 심리도식치료 용어로 변환하기 190
내 양식에 대한 시각적 표시 159

단절과 거절 25
도피(회피) 30

마지막 양식 – 심리도식 원형 도표 367
메시지를 통해 건강한 성인 양식에 접근하기 249

복종 25
부적응적 대처 양식 27, 30
부적응적 대처 양식 변경을 위한 장단점 목록 201
부적응적 대처 양식 인식 요약 197
부정성/비관주의 25
부족한 자기통제/자기훈련 25
분리된 보호자 양식 32
분리된 자기위안자 양식 32
불신/학대 25
비판 양식의 메시지를 대체하는 건강한 성인 메시지 349

사회적 고립/소외 25
삶의 질 간편형 척도 114
선천적 아동 양식 27, 28
세계보건기구 삶의 질 질문지 113
손상된 자율성과 수행 25
손상된 한계 25
순응적 굴복자 대처 방식 양식 33
승인 추구/인정 추구 25
신체적 접지 105

실패 25
심리도식 양식 변화 38
심리도식과 양식 인식하기 168
심리도식양식 13, 27
심리도식양식 검사 118
심리도식양식 목록 13
심리도식치료 문제 분석 182
심리도식치료 사례개념화 40
심리도식치료 자기모니터링: 원 169
심리도식치료 플래시카드 사용하기 250
심리도식치료 해독제 플래시카드 282
심상 40
심상 재구성하기 58
심상 훈련 반복 298
심상을 통해 관련된 나의 아동기 경험 평가 148

안건 설정 89
안전 계획 16
안전 만들기 101
안전 비눗방울 104
안전성 수립 88
안전장치 64
안전한 애착 25
양식 관리 44
양식 관리 계획 개발 209
양식 관리하기 45
양식 인식 44
양식 인식하기 45
양식 전환 36
양식 치유: 경험적 양식 작업 45
양식별로 성취된 변화에 대한 자기실천 검토 261
양식–심리도식 원형 도표 173, 258
얼어버림(굴복) 30
엄격한 기준 13, 25
엘라를 위한 나의 '좋은 부모' 반응 146
엘라와 뇌우 이야기 143
역기능적 비판 양식 27, 29

역기능적 비판 양식 인식 요약 227

역기능적 비판 양식에 대한 나의 인식 향상시키
　　기 222

영 심리도식 질문지 13, 115

완벽주의적 과잉통제자 양식 31

요구적 비판 양식 30, 70

욕구와 감정에 대한 자유로운 표현 25

위험/질병에 대한 취약성 25

유기/불안정 25

유대감과 응집력 촉진하기 89

유대감과 정서 조절 38

융합/미발된 자기 25

의존/무능 25

이행 대상 고르기 107

이행 대상 선택 324

인지적 해독제 발달시키기 235

자기과시자 31

자기돌봄 66

자기성찰 준비하기 73

자기성찰의 과정 74

자기성찰적 글쓰기 75

자기성찰적 지침 73

자기성찰적 질문 72

자기실천 · 자기성찰 작업을 지속하기 위한 장단
　　점 목록 265

자기실천 · 자기성찰의 이점 19

자기희생 13, 25

자발성, 유희성 25

자신의 건강한 성인 양식에 대해 알아가기 247

자신의 양식 관리 계획 279

자신의 역기능적 비판의 메시지 확인하기 224

자신의 욕구 평가 136

자신의 취약한 아동 양식과 연결하기 291

자신의 화난 혹은 충동적인/비훈육된 아동 양식
　　인식하기 275

자신의 화난 혹은 충동적인/비훈육된 아동 양식
　　을 위한 양식 관리 계획 281

자율성 25, 39

정서적 박탈 25

정서적 억제 25

정서적 학습의 간극 14, 57

제한된 재양육 14

집단 이행 대상 89

처벌 25

처벌적 비판 양식 30

초기부적응도식 13

충동적인/비훈육된 아동 양식 29

취약한 아동 양식 17, 28

취약한 아동 양식으로부터의 메시지 305

취약한 아동 양식을 위한 이행 대상 323

취약한 아동 양식을 위한 플래시카드 365

취약한 아동 양식을 치유하기 위한 경험적 작업
　　331

취약한 아동 양식의 양식 관리 계획 307

치료자로서의 자신 57

타인 지향성 25

탈진 예방 66

투쟁(과잉보상) 30

특권의식 13

특권의식/과대성 25

한 개인으로서의 자신 57

핵심 아동기 욕구 23, 57

핵심 욕구 돌보기 68

행동적 패턴 파괴 해독제 237

행복한 아동 양식 35

현실적인 한계 25

화난 보호자 양식 33

화난 아동 양식 29

회피성 대처 방식 양식 32

회피성 대처 양식 69

회피성 보호자 양식 32

Joan M. Farrell 박사는 미드웨스트-인디애나폴리스센터 심리도식치료연구소의 공동책임자이며 인디애나 대학교-퍼듀 대학교 인디애나폴리스(IUPUI)의 경계성 성격장애 치료연구센터의 연구책임자이다. 그녀는 IUPUI 심리학과의 겸임교수이며 경계성 성격장애 입원 내담자 심리도식치료 프로그램을 개발하고 감독했던 인디애나 대학교 의과대학 정신의학과 임상교수로 25년간 근무했다. 그녀는 5개 국가에서 진행 중인 경계성 성격장애를 위한 국제적 심리도식치료 연구의 공동책임연구원이며, 미국 국립정신보건원에서 상금을 수여받았던 경계성 성격장애 집단 심리도식치료 연구의 책임연구원이었다. 그녀는 국제심리도식치료협회 공인 개인 및 집단 심리도식치료자 트레이너이자 수련감독자이며, 국제심리도식치료협회 이사회의 훈련 및 자격관리 위원장이다. 그녀와 1980년대부터 함께 작업해 온 Ida A. Shaw는 집단 심리도식치료의 공동개발자이기도 하다. 그들은 심리도식치료 훈련과 자기실천 · 자기성찰 워크숍을 전국적이고 국제적으로 제공하며, 두 권의 주요한 책과 수많은 책의 장과 연구 논문을 집필했다.

Ida A. Shaw 석사는 미드웨스트-인디애나폴리스센터 심리도식치료연구소의 공동책임자이며 국제심리도식치료협회 공인 개인, 집단 및 아동 · 청소년 심리도식치료자 트레이너이자 수련감독자이다. 그녀는 IUPUI의 경계성 성격장애 치료연구센터 훈련 책임자이며, 국제심리도식치료협회 훈련 및 자격관리 자문위원이다. 경험적 심리치료와 발달심리학을 바탕으로 Shaw는 집단 심리도식치료의 국제적 다중지역 임상실험 선임 임상감독자를 맡고 있으며, 회피성 성격장애, 해리장애, 복합 외상 그리고 아동 · 청소년 치료에 대한 추가적 연구 프로젝트의 실제 부문을 감독하고 있다.

역자 소개

송영희(Song, Younghee)
영남대학교 교육학박사
영남대학교 교육학과 겸임교수
상담심리사1급전문가(한국상담심리학회)
심리도식상담전문가1급(한국심리도식치료협회)
와이심리상담센터(주) 대표
(사)한국심리도식치료협회 회장
사단법인 한국심리도식치료협회 https://ksta.online/

이은희(Lee, Eunhee)
전남대학교 심리학박사
경남대학교 심리학과 교수
한국심리학회 소장학자 학술상 수상
상담심리사1급전문가(한국상담심리학회)
심리도식상담전문가1급(한국심리도식치료협회)

내면으로부터 심리도식치료 경험하기:
치료자를 위한 자기실천 및 자기성찰 워크북
Experiencing Schema Therapy from the Inside Out:
A Self-Practice/Self-Reflection Workbook for Therapists

2020년 5월 20일 1판 1쇄 발행
2023년 10월 20일 1판 2쇄 발행

지은이 • Joan M. Farrell · Ida A. Shaw
옮긴이 • 송영희 · 이은희
펴낸이 • 김진환
펴낸곳 • (주)**학지사**
　　　　　04031 서울특별시 마포구 양화로 15길 20 마인드월드빌딩
대표전화 • 02)330-5114　　　팩스 • 02)324-2345
등록번호 • 제313-2006-000265호

홈페이지 • http://www.hakjisa.co.kr
인스타그램 • https://www.instagram.com/hakjisabook

ISBN 978-89-997-2107-6 93180

정가 23,000원

출판미디어기업 **학지사**

간호보건의학출판 **학지사메디컬** www.hakjisamd.co.kr
심리검사연구소 **인싸이트** www.inpsyt.co.kr
학술논문서비스 **뉴논문** www.newnonmun.com
교육연수원 **카운피아** www.counpia.com